山海经

中华书局

· 博物志怪 ·

卷首语

　　鬼神异闻，古所多有，玄怪故事，往往而在，历代所记，浩如烟海。《山海经》，记载山川方国异人异兽，"小说之最古者"；《博物志》，记载奇境奇物神仙方术；《搜神记》，撰集古今灵异神祇、人物变化；《玄怪录》，借神鬼异事说人情世故。这次我们择选上述四种，辑为"博物志怪"，略窥古人精神世界之一斑。

目　录

卷之一

卷之二

卷之三

卷
之
一

南山经

南山经

○䧿山 招摇山

南山经之首曰䧿山。其首曰招摇之山，临于西海之上。多桂，多金、玉。有草焉，其状如韭而青华，其名曰祝馀，食之不饥。有木焉，其状如穀而黑理，其华四照，其名曰迷穀，佩之不迷。有兽焉，其状如禺而白耳，伏行人走，其名曰狌狌，食之善走。丽麂之水出焉，而西流注于海。其中多育沛，佩之无瘕疾。

○堂庭山

又东三百里曰堂庭之山。多棪木，多白猿，多水玉，多黄金。

○猨翼山

又东三百八十里曰猨翼之山。其中多怪兽，水多怪鱼，多白玉，多蝮虫，多怪蛇，多怪木，不可以上。

○杻阳山

又东三百七十里曰杻阳之山。其阳多赤金，其阴多白金。有兽焉，其状如马而白首，其文如虎而赤尾，其音如谣，其名曰鹿蜀，佩之宜子孙。怪水出焉而东流，注于宪翼之水。其中多玄龟，其状如龟而鸟首虺尾。其名曰旋龟，其音如判木。佩之不聋，可以为底。

○柢山

又东三百里柢山。多水，无草木。有鱼焉，其状如牛，陵居，蛇尾，有翼，其羽在鮅下，其音如留牛，其名曰鲮，冬死而夏生。食之无肿疾。

○亶爰山

又东四百里曰亶爰之山。多水，无草木，不可以上。有兽焉，其状如狸而有髦，其名曰类，自为牝牡，食者不妒。

○基山

又东三百里曰基山。其阳多玉，其阴多怪木。有兽焉，其状如羊，九尾四耳，其目在背，其名曰猼訑。佩之不畏。有鸟焉，其状如鸡，而三首六目，六足三翼，其名曰鹝鸺，食之无卧。

○青丘山

又东三百里曰青丘之山。其阳多玉，其阴多青䨼。有兽焉，其状如狐而九尾。其音如婴儿，能食人，食者不蛊。有鸟焉，其状如鸠，其音若呵，名曰灌灌，佩之不惑。英水出焉，南流注于即翼之泽。其中多赤鱬，其状如鱼而人面，其音如鸳鸯，食之不疥。又东三百五十里曰箕尾之山。其尾踆于东海，多沙石。汸水出焉，而南流注于滒，其中多白玉。

　　凡䧿山之首自招摇之山以至箕尾之山，凡十山，二千九百五十里。其神状皆鸟身而龙首。其祠之礼：毛用一璋玉瘗，糈用稌米，一璧，稻米，白菅为席。

○柜山

　　南次二经之首曰柜山。西临流黄，北望诸毗，东望长右。英水出焉，西南流注于赤水，其中多白玉，多丹粟。有兽焉，其状如豚，有距，其音如狗吠，其名曰狸力，见则其县多土功。有鸟焉，其状如鸱而人手，其音如痹，其名曰鴸，其名白号也，见则其县多放士。

○长右山

　　东南四百五十里曰长右之山。无草木，多水。有兽焉，其状如禺而四耳，其名长右，其音如吟，见则郡县大水。

○尧光山

又东三百四十里曰尧光之山。其阳多玉，其阴多金。有兽焉，其状如人而彘鬣，穴居而冬蛰，其名曰猾褢，其音如斫木，见则县有大繇。

○羽山

又东三百五十里曰羽山。其下多水，其上多雨，无草木，多蝮虫。

○瞿父山

又东三百七十里曰瞿父之山。无草木，多金、玉。

○句馀山

又东四百里曰句馀之山。无草木，多金、玉。

○浮玉山

又东五百里曰浮玉之山。北望具区，东望诸毗。有兽焉，其状如虎而牛尾，其音如吠犬，其名曰彘，是食人。苕水出于其阴，北流注于具区，其中多鮆鱼。

○成山

又东五百里曰成山。四方而三坛，其上多金、玉，其下多青雘。閖水出焉，而南流注于虖勺，其中多黄金。

○会稽山

又东五百里曰会稽之山。四方，其上多金、玉，其下多砆石。勺水出焉，而南流注于湨。

○夷山

又东五百里曰夷山。无草木，多沙石。湨水出焉，而南流注于列涂。

○仆勾山

又东五百里曰仆勾之山。其上多金、玉，其下多草木，无鸟兽，无水。

○咸阴山

又东五百里曰咸阴之山。无草木，无水。

○洵山

又东四百里曰洵山。其阳多金，其阴多玉。有兽焉，其状如羊而无口，不可杀也，其名曰𤟤。洵水出焉，而南流注于阏之泽，其中多茈蠃。

○虖勺山

又东四百里曰虖勺之山。其上多梓、楠，其下多荆、杞。滂水出焉，而东流注于海。

○区吴山

又东五百里曰区吴之山。无草木，多沙石。鹿水出焉，而南流注于滂水。

○鹿吴山

又东五百里曰鹿吴之山。上无草木，多金石。泽更之水出焉，而南流注于滂水。水有兽焉，名曰蛊雕，其状如雕而有角，其音如婴儿之音，是食人。

○漆吴山 望丘山

东五百里曰漆吴之山。无草木，多博石，无玉。处于东海，望丘山，其光载出载入，是惟日次。

凡南次二经之首自柜山至于漆吴之山，凡十七山，七千二百里。其神状皆龙身而鸟首。其祠：毛用一璧瘗，糈用稌。

○天虞山

南次三经之首曰天虞之山。其下多水，不可以上。

○祷过山

东五百里曰祷过之山。其上多金、玉，其下多犀、兕，多象。有鸟焉，其状如鵁而白首，三足，人面，其名曰瞿如，其鸣自号也。泿水出焉，而南流注于海，其中有虎蛟，其状鱼身而蛇尾，其音如鸳鸯，食者不肿，可以已痔。

○丹穴山

又东五百里曰丹穴之山。其上多金、玉。丹水出焉，而南流注于渤海。有鸟焉，其状如鸡，五采而文，名曰凤皇，首文曰德，翼文曰义，背文曰礼，膺文曰仁，腹文曰信。是鸟也，饮食自然，自歌自舞，见则天下安宁。

○发爽山

又东五百里曰发爽之山。无草木，多水，多白猿。汜水出焉，而南流注于渤海。

○旄山

又东四百里至于旄山之尾。其南有谷，曰育遗，多怪鸟，凯风自是出。又东四百里，至于非山之首。其上多金、玉，无水，其下多蝮虫。

○阳夹山

又东五百里曰阳夹之山。无草木，多水。

○灌湘山

又东五百里曰灌湘之山。上多木，无草。多怪鸟，无兽。

○鸡山

又东五百里曰鸡山。其上多金，其下多丹雘。黑水出焉，而南流注于海。其中有鱄鱼，其状如鲋而彘毛，其音如豚，见则天下大旱。

○令丘山

又东四百里曰令丘之山。无草木，多火。其南有谷焉，曰中谷，条风自是出。有鸟焉，其状如枭，人面四目而有耳，其名曰颙，其鸣自号也。见则天下大旱。

○仑者山

又东三百七十里曰仑者之山。其上多金、玉，其下多青雘。有木焉，其状如榖而赤理，其汗如漆，其味如饴，食者不饥，可以释劳，其名曰白䓘，可以血玉。

○禺稾山

又东五百八十里曰禺稾之山。多怪兽，多大蛇。

○南禺山

又东五百八十里曰南禺之山。其上多金、玉，其下多水。有穴焉，水出辄入，夏乃出，冬则闭。佐水出焉，而东南流注于海。有凤皇、鹓鸰。

凡南次三经之首，自天虞之山以至南禺之山，凡一十四山，六千五百三十里。其神皆龙身而人面。其祠：皆一白狗祈，糈用稌。

右南经之山志，大小凡四十山，万六千三百八十里。

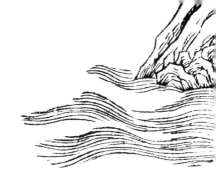

卷之二

西山经

西山经

○钱来山

　　西山经华山之首曰钱来之山。其上多松，其下多洗石。有兽焉，其状如羊而马尾，名曰羬羊，其脂可以已腊。

○松果山

　　西四十五里曰松果之山。濩水出焉，北流注于渭。其中多铜。有鸟焉，其名曰螐渠，其状如山鸡，黑身赤足，可以已㿋。

○太华山

　　又西六十里曰太华之山。削成而四方，其高五千仞，其广十里，鸟兽莫居。有蛇焉，名曰肥𧑐，六足四翼，见则天下大旱。

○小华山

又西八十里曰小华之山。其木多荆、杞，其兽多柞牛。其阴多磬石，其阳多㻬琈之玉。鸟多赤鷩，可以御火。其草有萆荔，状如乌韭而生于石上，亦缘木而生，食之已心痛。

○符禺山

又西八十里曰符禺之山。其阳多铜，其阴多铁。其上有木焉，名曰文茎，其实如枣，可以已聋。其草多条，其状如葵，而赤华黄实，如婴儿舌，食之使人不惑。符禺之水出焉，而北流注于渭。其兽多葱聋，其状如羊而赤鬣。其鸟多鴖，其状如翠而赤喙，可以御火。

○石脆山

又西六十里曰石脆之山。其木多棕、楠。其草多条，其状如韭而白华黑实，食之已疥。其阳多㻬琈之玉，其阴多铜。灌水出焉，而北流注于禺水。其中有流赭，以涂牛马，无病。

○英山

又西七十里曰英山。其上多杻、橿。其阴多铁，其阳多赤金。禺水出焉，北流注于招水。其中多䱱鱼，其状如鳖，其音如羊。其阳多箭、䉋。其兽多㸲牛、羬羊。有鸟焉，其状如鹑，黄身而赤喙，其名曰肥遗，食之已疠，可以杀虫。

○竹山

又西五十二里曰竹山。其上多乔木，其阴多铁。有草焉，其名曰黄雚，其状如樗，其叶如麻，白华而赤实，其状如赭，浴之已疥，又可以已胕。竹水出焉，北流注于渭。其阳多竹箭，多苍玉。丹水出焉，东南流注于洛水，其中多水玉，多人鱼。有兽焉，其状如豚而白毛，大如笄而黑端，名曰豪彘。

○浮山

又西百二十里曰浮山。多盼木，枳叶而无伤，木虫居之。有草焉，名曰薰草，麻叶而方茎，赤华而黑实，臭如蘪芜，佩之可以已疠。

○羭次山

又西七十里曰羭次之山。漆水出焉，北流注于渭。其上多棫、橿，其下多竹箭。其阴多赤铜，其阳多婴垣之玉。有兽焉，其状如禺而长臂善投，其名曰猩。有鸟焉，其状如枭，人面而一足，曰橐𤟤，冬见夏蛰，服之不畏雷。

○时山

又西百五十里曰时山。无草木。逐水出焉，北流注于渭。其中多水玉。

○南山

又西百七十里曰南山。上多丹粟。丹水出焉，北流注于渭。兽多猛豹，鸟多尸鸠。

○大时山

又西百八十里曰大时之山。上多榖、柞，下多杻、橿。阴多银，阳多白玉。涔水出焉，北流注于渭。清水出焉，南流注于汉水。

○嶓冢山

又西三百二十里曰嶓冢之山。汉水出焉，而东南流注于沔。嚣水出焉，北流注于汤水。其上多桃枝、钩端。兽多犀、兕、熊、罴，鸟多白翰、赤鷩。有草焉，其叶如蕙，其本如桔梗，黑华而不实，名曰蓇蓉，食之使人无子。

○天帝山

又西三百五十里曰天帝之山。上多棕、枏，下多菅、蕙。有兽焉，其状如狗，名曰溪边，席其皮者不蛊。有鸟焉，其状如鹑，黑文而赤翁，名曰栎，食之已痔。有草焉，其状如葵，其臭如蘼芜，名曰杜衡，可以走马，食之已瘿。

○皋涂山

西南三百八十里曰皋涂之山。蔷水出焉，西流注于诸资之水。涂水出焉，南流注于集获之水。其阳多丹粟，其阴多银、黄金。其上多桂木。有白石焉，其名曰礜，可以毒鼠。有草焉，其状如稾茇，其叶如葵而赤背，名曰无条，可以毒鼠。有兽焉，其状如鹿而白尾，马足人手而四角，名曰玃如。有鸟焉，其状如鸱而人足，名曰数斯，食之已瘿。

○黄山

又西百八十里曰黄山。无草木，多竹箭。盼水出焉，西流注于赤水，其中多玉。有兽焉，其状如牛而苍黑大目，其名曰㹀。有鸟焉，其状如鸮，青羽赤喙，人舌能言，名曰鹦鹉。

○翠山

又西二百里曰翠山。其上多棕、枬，其下多竹箭。其阳多黄金、玉，其阴多旄牛、麢、麝。其鸟多鸓，其状如鹊，赤黑而两首四足，可以御火。

○騩山

又西二百五十里曰騩山，是錞于西海。无草木，多玉。凄水出焉，西流注于海，其中多采石、黄金，多丹粟。

凡西经之首，自钱来之山至于騩山，凡十九山，二千九百五十七里。华山，冢也，其祠之礼：太牢。

羭山，神也，祠之：用烛，斋百日，以百牺，瘗用百瑜，汤其酒百樽，婴以百珪百璧。其馀十七山之属，皆毛牷，用一羊祠之。烛者，百草之未灰。白席，采等纯之。

○钤山

西次二经之首曰钤山。其上多铜，其下多玉。其木多杻、橿。

○泰冒山

西二百里曰泰冒之山。其阳多金，其阴多铁。浴水出焉，东流注于河，其中多藻玉，多白蛇。

○数历山

又西一百七十里曰数历之山。其上多黄金，其下多银。其木多杻、橿。其鸟多鹦䳇。楚水出焉，而南流注于渭，其中多白珠。

○高山

又西百五十里高山。其上多银，其下多青碧、雄黄。其木多棕，其草多竹。泾水出焉，而东流注于渭，其中多磬石、青碧。

○女床山

西南三百里曰女床之山。其阳多赤铜，其阴多石涅。其兽多虎、豹、犀、兕。有鸟焉，其状如翟而五采文，名曰鸾鸟，见则天下安宁。

○龙首山

又西二百里曰龙首之山。其阳多黄金，其阴多铁。苕水出焉，东南流注于泾水，其中多美玉。

○鹿台山

又西二百里曰鹿台之山。其上多白玉，其下多银。其兽多炸牛、羬羊、白豪。有鸟焉，其状如雄鸡而人面，名曰凫徯，其鸣自叫也，见则有兵。

○鸟危山

西南二百里曰鸟危之山。其阳多磬石，其阴多檀、楮，其中多女床。鸟危之水出焉，西流注于赤水，其中多丹粟。

○小次山

又西四百里曰小次之山。其上多白玉，其下多赤铜。有兽焉，其状如猿而白首赤足，名曰朱厌，见则大兵。

○大次山

又西三百里曰大次之山。其阳多垩，其阴多碧。其兽多炸牛、麢羊。

○薰吴山

又西四百里曰薰吴之山。无草木，多金、玉。

○厎阳山

又西四百里曰厎阳之山。其木多㮹、楠、豫章。其兽多犀、兕、虎、豹、㸲牛。

○众兽山

又西二百五十里曰众兽之山。其上多璆琈之玉，其下多檀、楮，多黄金。其兽多犀、兕。

○皇人山

又西五百里曰皇人之山。其上多金、玉，其下多青雄黄。皇水出焉，西流注于赤水，其中多丹粟。

○中皇山

又西三百里曰中皇之山。其上多黄金，其下多蕙、棠。

○西皇山

又西三百五十里曰西皇之山。其阳多金，其阴多铁。其兽多麋、鹿、牦牛。

○莱山

又西三百五十里曰莱山。其木多檀、楮。其鸟多罗罗，是食人。

凡西次二经之首，自钤山至于莱山，凡十七山，四千一百四十里。其十神者，皆人面而马身，其七神皆人面牛身，四足而一臂，操杖以行，是为飞兽之神。其祠之：毛用少牢，白菅为席。其十辈神者，其祠之：毛一雄鸡，钤而不糈；毛采。

○崇吾山

西次三经之首曰崇吾之山，在河之南，北望冢遂，南望䍃之泽，西望帝之搏兽之丘，东望蠵渊。有木焉，员叶而白柎，赤华而黑理，其实如枳，食之宜子孙。有兽焉，其状如禺而文臂，豹虎而善投，名曰举父。有鸟焉，其状如凫，而一翼一目，相得乃飞，名曰蛮蛮，见则天下大水。

○长沙山

西北三百里曰长沙之山。泚水出焉，北流注于泑水。无草木，多青雄黄。

○不周山

又西北三百七十里曰不周之山。北望诸毗之山，临彼岳崇之山，东望泑泽，河水所潜也，其原浑浑泡泡。爰有嘉果，其实如桃，其叶如枣，黄华而赤柎，食之不劳。

○峚山

又西北四百二十里曰峚山。其上多丹木，员叶而赤茎，黄华而赤实，其味如饴，食之不饥。丹水出焉，西流注于稷泽。其中多白玉，是有玉膏，其原沸沸汤汤，黄帝是食是飨。是生玄玉，玉膏所出，以灌丹木。丹木五岁，五色乃清，五味乃馨。黄帝乃取峚山之玉荣，而投之锺山之阳。瑾瑜之玉为良，坚粟精密，浊泽有而光，五色发作，以和柔刚。天地鬼神，是食是飨。君子服之，以御不祥。自峚山至于锺山，四百六十里，其闲尽泽也。是多奇鸟、怪兽、奇鱼，皆异物焉。

○锺山

又西北四百二十里曰锺山。其子曰鼓，其状如人面而龙身。是与钦䲹杀葆江于昆仑之阳。帝乃戮之锺山之东，曰崦崖。钦䲹化为大鹗，其状如雕而黑文，白首赤喙而虎爪，其音如晨鹄，见则有大兵。鼓亦化为鵕鸟，其状如鸱，赤足而直喙，黄文而白首，其音如鹄，见即其邑大旱。

○泰器山

又西百八十里曰泰器之山。观水出焉，西流注于流沙，是多文鳐鱼，状如鲤鱼，鱼身而鸟翼，苍文而白首赤喙，常行西海游于东海，以夜飞，其音如鸾鸡，其味酸甘，食之已狂，见则天下大穰。

○槐江山

又西三百二十里曰槐江之山。丘时之水出焉，而北流注于泑水。其中多蠃母，其上多青雄黄，多藏琅玕、黄金、玉。其阳多丹粟，其阴多采黄金、银。实惟帝之平圃，神英招司之，其状马身而人面，虎文而鸟翼，徇于四海，其音如榴。南望昆仑，其光熊熊，其气魂魂。西望大泽，后稷所潜也。其中多玉，其阴多榣木之有若。北望诸毗，槐鬼离仑居之，鹰鹯之所宅也。东望恒山四成，有穷鬼居之，各在一搏。爰有淫水，其清洛洛。有天神焉，其状如牛，而八足二首马尾，其音如勃皇，见则其邑有兵。

○昆仑丘

西南四百里曰昆仑之丘，是实惟帝之下都，神陆吾司之。其神状虎身而九尾，人面而虎爪。是神也，司天之九部及帝之囿时。有兽焉，其状如羊而四角，名曰土蝼，是食人。有鸟焉，其状如蜂，大如鸳鸯，名曰钦原，蠚鸟兽则死，蠚木则枯。有鸟焉，其名曰鹑鸟，是司帝之百服。有木焉，其状如棠，黄华赤实，其味如李而无核，名曰沙棠，可以御水，食之使人不溺。有草焉，名曰薲草，其状如葵，其味如葱，食之已劳。河水出焉，而南流东注于无达。赤水出焉，而东南流注于氾天之水。洋水出焉，而西南流注于丑涂之水。黑水出焉，而西流于大杆。是多怪鸟兽。

○乐游山

又西三百七十里曰乐游之山。桃水出焉，西流注于稷泽，是多白玉。其中多鳛鱼，其状如蛇而四足，是食鱼。

○流沙 嬴母山

西水行四百里曰流沙，二百里至于嬴母之山，神长乘司之，是天之九德也。其神状如人而豹尾。其上多玉，其下多青石而无水。

○玉山

又西三百五十里曰玉山，是西王母所居也。西王母其状如人，豹尾、虎齿而善啸，蓬发戴胜，是司天之厉及五残。有兽焉，其状如犬而豹文，其角如牛，其名曰狡，其音如吠犬，见则其国大穰。有鸟焉，其状如翟而赤，名曰胜遇，是食鱼，其音如录。见则其国大水。

○轩辕丘

又西四百八十里曰轩辕之丘。无草木。洵水出焉，南流注于黑水。其中多丹粟，多青雄黄。

○积石山

又西三百里曰积石之山。其下有石门，河水冒以西流。是山也，万物无不有焉。

○长留山

又西二百里曰长留之山，其神白帝少昊居之。其兽皆文尾，其鸟皆文首。是多文玉石。实惟员神磈氏之宫。是神也，主司反景。

○章莪山

又西二百八十里曰章莪之山。无草木，多瑶、碧，所为甚怪。有兽焉，其状如赤豹，五尾一角，其音如击石，其名如狰。有鸟焉，其状如鹤，一足，赤文青质而白喙，名曰毕方，其鸣自叫也，见则其邑有讹火。又西三百里曰阴山。浊浴之水出焉，而南流注于蕃泽，其中多文贝。有兽焉，其状如狸而白首，名曰天狗，其音如榴榴，可以御凶。

○符惕山

又西二百里曰符惕之山。其上多棕、楠，下多金、玉。神江疑居之。是山也，多怪雨，风云之所出也。

○三危山

又西二百二十里曰三危之山。三青鸟居之。是山也，广员百里。其上有兽焉，其状如牛，白身四角，其豪如披蓑，其名曰傲狠，是食人。有鸟焉，一首而三身，其状如䴅，其名曰鸱。

○騩山

又西一百九十里曰騩山。其上多玉而无石。神耆童居之，其音常如钟磬。其下多积蛇。

○天山

又西三百五十里曰天山。多金、玉，有青雄黄。英水出焉，而西南流注于汤谷。有神焉，其状如黄囊，赤如丹火，六足四翼，浑敦无面目，是识歌舞，实惟帝江也。

○泑山

又西二百九十里曰泑山。神蓐收居之。其上多婴短之玉。其阳多瑾瑜之玉，其阴多青雄黄。是山也，西望日之所入，其气员，神红光之所司也。西水行百里，至于翼望之山。无草木，多金、玉。有兽焉，其状如狸，一目而三尾，名曰讙，其音如夺百声，是可以御凶，服之已瘅。有鸟焉，其状如乌，三首六尾而善笑，名曰鸱鸺，服之使人不厌，又可以御凶。

凡西次三经之首崇吾之山至于翼望之山，凡二十三山，六千七百四十四里。其神状皆羊身人面，其祠之礼：用一吉玉瘗，糈用稷米。

○阴山

西次四经之首曰阴山。上多榖，无石，其草多茆、蕃。阴水出焉，西流注于洛。

○劳山

北五十里曰劳山，多茈草。弱水出焉，而西流注于洛。

○罢父山

西五十里曰罢父之山。洱水出焉，而西流注于洛，其中多茈、碧。

○申山

北百七十里曰申山。其上多榖、柞，其下多杻、橿，其阳多金、玉。区水出焉，而东流注于河。

○鸟山

北二百里曰鸟山。其上多桑，其下多楮。其阴多铁，其阳多玉。辱水出焉，而东流注于河。

○上申山

又北百二十里曰上申之山。上无草木而多硌石，下多榛、楛。兽多白鹿。其鸟多当扈，其状如雉，以其髯飞，食之不眴目。汤水出焉，东流注于河。

○诸次山

又北百八十里曰诸次之山。诸次之水出焉，而东流注于河。是山也，多木无草，鸟兽莫居，是多众蛇。

○号山

又北百八十里曰号山。其木多漆、棕，其草多药、虈、芎䓖。多泠石。端水出焉，而东流注于河。

○盂山

又北二百二十里曰盂山。其阴多铁，其阳多铜。其兽多白狼、白虎，其鸟多白雉、白翟。生水出焉，而东流注于河。

○白于山

西二百五十里曰白于之山。上多松、柏，下多栎、檀。其兽多牦牛、羬羊，其鸟多鸮。洛水出于其阳，而东流注于渭。夹水出于其阴，东流注于生水。

○申首山

西北三百里曰申首之山。无草木，冬夏有雪。申水出于其上，潜于其下，是多白玉。

○泾谷山

又西五十五里曰泾谷之山。泾水出焉，东南流注于渭，是多白金、白玉。

○刚山

又西百二十里曰刚山。多柒木，多琘珸之玉。刚水出焉，北流注于渭。是多神魖，其状人面兽身，一足一手，其音如钦。又西二百里至刚山之尾。洛水出焉，而北流注于河。其中多蛮蛮，其状鼠身而鳖首，其音如吠犬。

○英鞮山

又西三百五十里曰英鞮之山。上多漆木，下多金、玉，鸟兽尽白。涴水出焉，而北注于陵羊之泽。是多冉遗之鱼，鱼身蛇首六足，其目如马耳，食之使人不眯，可以御凶。

○中曲山

又西三百里曰中曲之山。其阳多玉，其阴多雄黄、白玉及金。有兽焉，其状如马而白身黑尾，一角，虎牙爪，音如鼓音，其名曰䮝，是食虎豹，可以御兵。有木焉，其状如棠，而员叶赤实，实大如木瓜，名曰櫰木，食之多力。

○邽山

又西二百六十里曰邽山。其上有兽焉，其状如牛，蝟毛，名曰穷奇，音如獆狗，是食人。蒙水出焉，南流注于洋水。其中多黄贝、羸鱼，鱼身而鸟翼，音如鸳鸯，见则其邑大水。

○鸟鼠同穴山

又西二百二十里曰鸟鼠同穴之山。其上多白虎、白玉。渭水出焉，而东流注于河。其中多鳎鱼，其状如鳝鱼，动则其邑有大兵。滥水出于其西，西流注于汉水。多鮆鮆之鱼，其状如覆铫，鸟首而鱼翼鱼尾，音如磬石之声，是生珠、玉。

○崦嵫山

西南三百六十里曰崦嵫之山。其上多丹木，其叶如榖，其实大如瓜，赤符而黑理，食之已瘅，可以御火。其阳多龟，其阴多玉。苕水出焉，而西流注于海，其中多砥、砺。有兽焉，其状马身而鸟翼，人面蛇尾，是好举人，名曰孰湖。有鸟焉，其状如鸮而人面，蜼身犬尾，其名自号也，见则其邑大旱。

凡西次四经自阴山以下至于崦嵫之山，凡十九山，三千六百八十里。其神祠礼：皆用一白鸡祈，糈以稻米，白菅为席。

右西经之山凡七十七山，一万七千五百一十七里。

卷
之
三

北山经

北山经

○单狐山

北山经之首曰单狐之山，多机木，其上多华草。漨水出焉，而西流注于泑水，其中多芘石、文石。

○求如山

又北二百五十里曰求如之山。其上多铜，其下多玉，无草木。滑水出焉，而西流注于诸毗之水。其中多滑鱼，其状如鳝，赤背，其音如梧，食之已疣。其中多水马，其状如马，文臂牛尾，其音如呼。

○带山

又北三百里曰带山。其上多玉，其下多青碧。有兽焉，其状如马，一角有错，其名曰臃疏，可以辟火。有鸟焉，其状如乌，五采而赤文，名曰鹍鹕，是自为牝牡，食之不疽。彭水出焉，而西流注于芘湖之水。其中多儵鱼，其状如鸡而赤毛三尾，六足四首，其音如鹊，食之可以已忧。

○谯明山

又北四百里曰谯明之山。谯水出焉，西流注于河。其中多何罗之鱼，一首而十身，其音如吠犬，食之已痈。有兽焉，其状如貆而赤豪，其音如榴榴，名曰孟槐，可以御凶。是山也，无草木，多青雄黄。

○涿光山

又北三百五十里曰涿光之山。嚻水出焉，而西流注于河。其中多鰼鰼之鱼，其状如鹊而十翼，鳞皆在羽端，其音如鹊，可以御火，食之不瘅。其上多松、柏，其下多棕、橿。其兽多麢羊，其鸟多蕃。

○虢山

又北三百八十里曰虢山。其上多漆，其下多桐、椐。其阳多玉，其阴多铁。伊水出焉，西流注于河。其兽多橐驼。其鸟多寓，状如鼠而鸟翼，其音如羊，可以御兵。又北四百里至于虢山之尾，其上多玉而无石。鱼水出焉，西流注于河，其中多文贝。

○丹熏山

又北二百里曰丹熏之山。其上多樗、柏，其草多韭、䪥，多丹雘。熏水出焉，而西流注于棠水。有兽焉，其状如鼠而菟首麋身，其音如獆犬，以其尾飞，名曰耳鼠，食之不睬，又可以御百毒。

○石者山

又北二百八十里曰石者之山。其上无草木，多瑶碧。泚水出焉，西流注于河。有兽焉，其状如豹而文题白身，名曰孟极，是善伏，其鸣自呼。

○边春山

又北百一十里曰边春之山。多葱、葵、韭、桃、李。杠水出焉，而西流注于泑泽。有兽焉，其状如禺而文身，善笑，见人则卧，名曰幽鸩，其鸣自呼。

○蔓联山

又北二百里曰蔓联之山，其上无草木。有兽焉，其状如禺而有鬣，牛尾、文臂、马蹄，见人则呼，名曰足訾，其鸣自呼。有鸟焉，群居而朋飞，其毛如雌雉，名曰𪁖，其鸣自呼，食之已风。

○单张山

又北百八十里曰单张之山，其上无草木。有兽焉，其状如豹而长尾，人首而牛耳，一目，名曰诸犍。善吒，行则衔其尾，居则蟠其尾。有鸟焉，其状如雉而文首，白翼黄足，名曰白鵺，食之已嗌痛，可以已痸。栎水出焉，而南流注于杠水。

○灌题山

又北三百二十里曰灌题之山。其上多樗、柘，其下多流沙，多砥。有兽焉，其状如牛而白尾，其音如訆，名曰那父。有鸟焉，其状如雌雉而人面，见人则跃，名曰竦斯，其鸣自呼也。匠韩之水出焉，而西流注于泑泽，其中多磁石。

○潘侯山

又北二百里曰潘侯之山。其上多松、柏，其下多榛、楛。其阳多玉，其阴多铁。有兽焉，其状如牛而四节生毛，名曰旄牛。边水出焉，而南流注于栎泽。

○小咸山

又北二百三十里曰小咸之山。无草木，冬夏有雪。

○大咸山

北二百八十里曰大咸之山。无草木，其下多玉。是山也，四方不可以上。有蛇名曰长蛇，其毛如彘豪，其音如鼓柝。

○敦薨山

又北三百二十里曰敦薨之山。其上多棕、枏，其下多茈草。敦薨之水出焉，而西流注于泑泽，出于昆仑之东北隅，实惟河原，其中多赤鲑。其兽多兕、旄牛，其鸟多鸤鸠。

○少咸山

又北二百里曰少咸之山。无草木，多青碧。有兽焉，其状如牛而赤身，人面马足，名曰窫窳，其音如婴儿，是食人。敦水出焉，东流注于雁门之水。其中多鲋鲋之鱼，食之杀人。

○狱法山

又北二百里曰狱法之山。瀤泽之水出焉，而东北流注于泰泽。其中多鱲鱼，其状如鲤而鸡足，食之已疣。有兽焉，其状如犬而人面，善投，见人则笑，其名山猨，其行如风，见则天下大风。

○北岳山

又北二百里曰北岳之山。多枳、棘、刚木。有兽焉，其状如牛而四角，人目彘耳，其名曰诸怀，其音如鸣雁，是食人。诸怀之水出焉，而西流注于嚣水。其中多鮨鱼，鱼身而犬首，其音如婴儿，食之已狂。

○浑夕山

又北百八十里曰浑夕之山。无草木，多铜、玉。
嚻水出焉，而西北流注于海。有蛇一首两身，名曰肥遗，
见则其国大旱。又北五十里曰北单之山。无草木，多
葱、韭。

○罴差山

又北百里曰罴差之山。无草木，多马。

○北鲜山

又北百八十里曰北鲜之山，是多马。鲜水出焉，
而西北流注于涂吾之水。

○隄山

又北百七十里曰隄山，多马。有兽焉，其状如豹而文首，名曰狍。隄水出焉，而东流注于泰泽，其中多龙龟。

凡北山经之首自单狐之山至于隄山，凡二十五山，五千四百九十里。其神皆人面蛇身。其祠之：毛用一雄鸡、彘，瘗，吉玉用一珪，瘗，而不糈。其山北人，皆生食不火之物。

○管涔山

北次二经之首在河之东，其首枕汾，其名曰管涔之山。其上无木而多草，其下多玉。汾水出焉，而西流注于河。

○少阳山

又西二百五十里曰少阳之山。其上多玉，其下多赤银。酸水出焉，而东流注于汾水。

○县雍山

其中多美赭。又北五十里曰县雍之山。其上多玉，其下多铜。其兽多闾、麋，其鸟多白翟、白鵹。晋水出焉，而东南流注于汾水。其中多鮆鱼，其状如儵而赤麟，其音如叱，食之不骄。

○狐岐山

又北二百里曰狐岐之山。无草木，多青碧。胜水出焉，而东北流注于汾水，其中多苍玉。

○白沙山

又北三百五十里曰白沙山，广员三百里尽沙也，无草木鸟兽。鲔水出于其上，潜于其下，是多白玉。

○尔是山

又北四百里曰尔是之山，无草木，无水。

○狂山

又北三百八十里曰狂山，无草木。是山也，冬夏有雪。狂水出焉，而西流注于浮水，其中多美玉。

○诸馀山

又北三百八十里曰诸馀之山。其上多铜、玉，其下多松、柏。诸馀之水出焉，而东流注于旄水。

○敦头山

又北三百五十里曰敦头之山。其上多金、玉，无草木。旄水出焉，而东流注于印泽。其中多騂马，牛尾而白身，一角，其音如呼。

○钩吾山

又北三百五十里曰钩吾之山。其上多玉，其下多铜。有兽焉，其状如羊身人面，其目在腋下，虎齿人爪，其音如婴儿，名曰狍鸮，是食人。

○北嚻山

又北三百里曰北嚻之山，无石。其阳多碧，其阴多玉。有兽焉，其状如虎而白身犬首，马尾彘鬣，名曰独㺍。有鸟焉，其状如乌，人面，名曰鸒鶋，宵飞而昼伏，食之已喝。涔水出焉，而东流注于邛泽。

○梁渠山

又北三百五十里曰梁渠之山，无草木，多金、玉。脩水出焉，而东流注于雁门。其兽多居暨，其状如彙而赤毛，其音如豚。有鸟焉，其状如夸父，四翼一目犬尾，名曰嚻，其音如鹊，食之已腹痛，可以止同。

○姑灌山

又北四百里曰姑灌之山，无草木。是山也，冬夏有雪。

○湖灌山

又北三百八十里曰湖灌之山。其阳多玉，其阴多碧。多马。湖灌之水出焉，而东流注于海，其中多鳝。有木焉，其叶如柳而赤理。

○洹山

又北水行五百里，流沙三百里，至于洹山。其上多金、玉。三桑生之，其树皆无枝，其高百仞。百果树生之，其下多怪蛇。

○敦题山

又北三百里曰敦题之山，无草木，多金、玉，是錞于北海。

凡北次二经之首，自管涔之山至于敦题之山，凡十七山，五千六百九十里。其神皆蛇身人面。其祠：毛用一雄鸡、彘，瘗，用一璧一珪，投而不糈。

○太行山 归山

北次三经之首曰太行之山，其首曰归山。其上有金、玉，其下有碧。有兽焉，其状如羚羊而四角，马尾而有距，其名曰䮝，善还，其鸣自訆。有鸟焉，其状如鹊，白身，赤尾六足，其名曰䴗，是善惊，其鸣自詨。

○龙侯山

又东北二百里曰龙侯之山。无草木，多金、玉。决决之水出焉，而东流注于河。其中多人鱼，其状如䱱鱼四足，其音如婴儿，食之无癡疾。

○马成山

又东北二百里曰马成之山。其上多文石，其阴多金、玉。有兽焉，其状如白犬而黑头，见人则飞，其名曰天马，其鸣自訆。有鸟焉，其状如乌，首白而身青、足黄，是名曰鶌鶋，其鸣自詨，食之不饥，可以已寓。

○咸山

又东北七十里曰咸山。其上有玉，其下多铜。是多松、柏，草多茈草。条菅之水出焉，而西南流注于长泽。其中多器酸，三岁一成，食之已疠。

○天池山

又东北二百里曰天池之山。其上无草木，多文石。有兽焉，其状如兔而鼠首，以其背飞，其名曰飞鼠。渑水出焉，潜于其下，其中多黄垩。

○阳山

又东三百里曰阳山。其上多玉，其下多金、铜。有兽焉，其状如牛而赤尾，其颈膺，其状如句瞿，其名曰领胡，其鸣自詨，食之已狂。有鸟焉，其状如雌雉而五采以文，是自为牝牡，名曰象蛇，其鸣自詨。留水出焉，而南流注于河。其中有鲭父之鱼，其状如鲋鱼，鱼首而彘身，食之已呕。

○贲闻山

又东三百五十里曰贲闻之山。其上多苍玉，其下多黄垩，多涅石。

○王屋山

又北百里曰王屋之山，是多石。㳘水出焉，而西北流注于泰泽。

○教山

又东北三百里曰教山，其上多玉而无石。教水出焉，西流注于河。是水冬干而夏流，实惟乾河。其中有两山，是山也，广员三百步，其名曰发丸之山，其上有金、玉。

○景山

又南三百里曰景山，南望盐贩之泽，北望少泽。其上多草藷藇，其草多秦椒。其阴多赭，其阳多玉。有鸟焉，其状如蛇，而四翼六目三足，名曰酸与，其鸣自詨，见则其邑有恐。

○孟门山

又东南三百二十里曰孟门之山。其上多苍玉，多金，其下多黄垩，多涅石。

○平山

又东南三百二十里曰平山。平水出于其上，潜于其下。是多美玉。

○京山

又东二百里曰京山。有美玉，多漆木，多竹。其阳有赤铜，其阴有玄㻬。高水出焉，南流注于河。

○虫尾山

又东二百里曰虫尾之山。其上多金、玉，其下多竹，多青碧。丹水出焉，南流注于河。薄水出焉，而东南流注于黄泽。

○彭毗山

又东三百里曰彭毗之山。其上无草木，多金、玉，其下多水。蚤林之水出焉，东南流注于河。肥水出焉，而南流注于床水，其中多肥遗之蛇。

○小侯山

又东百八十里曰小侯之山。明漳之水出焉，南流注于黄泽。有鸟焉，其状如乌而白文，名曰鸪鹠，食之不灂。

○泰头山

又东三百七十里曰泰头之山。共水出焉，南注于虖池。其上多金、玉，其下多竹箭。

○轩辕山

又东北二百里曰轩辕之山。其上多铜，其下多竹。有鸟焉，其状如枭而白首，其名曰黄鸟，其鸣自詨，食之不妒。

○谒戾山

又北二百里曰谒戾之山。其上多松、柏，有金、玉。沁水出焉，南流注于河。其东有林焉，名曰丹林，丹林之水出焉，南流注于河。婴侯之水出焉，北流注于泜水。

○沮洳山

东三百里曰沮洳之山。无草木，有金、玉。濮水出焉，南流注于河。又北三百里曰神囷之山。其上有文石，其下有白蛇，有飞虫。黄水出焉，而东流注于洹。滏水出焉，而东流注于欧水。

○发鸠山

又北二百里曰发鸠之山，其上多柘木。有鸟焉，其状如乌，文首白喙赤足，名曰精卫，其鸣自詨。是炎帝之少女，名曰女娃。女娃游于东海，溺而不返，故为精卫，常衔西山之木石，以堙于东海。漳水出焉，东流注于河。

○少山

又东北百二十里曰少山。其上有金、玉，其下有铜。清漳之水出焉，东流于浊漳之水。

○锡山

又东北二百里曰锡山。其上多玉，其下多砥。牛首之水出焉，而东流注于滏水。

○景山

又北二百里曰景山，有美玉。景水出焉，东南流注于海泽。又北百里曰题首之山。有玉焉，多石无水。

○绣山

又北百里曰绣山，其上有玉、青碧。其木多枸，其草多芍药、芎藭。洧水出焉，而东流注于河。其中有鳠、龟。

○松山

又北百二十里曰松山。阳水出焉，东北流注于河。

○敦与山

又北百二十里曰敦与之山。其上无草木，有金、玉。溹水出于其阳，而东流注于泰陆之水。泜水出于其阴，而东流注于彭水。槐水出焉，而东流注于泜泽。

○柘山

又北百七十里曰柘山。其阳有金、玉，其阴有铁。历聚之水出焉，而北流注于洧水。

○维龙山

又北三百里曰维龙之山。其上有碧玉，其阳有金，其阴有铁。肥水出焉，而东流注于皋泽，其中多礨石。敞铁之水出焉，而北流注于大泽。

○白马山

又北百八十里曰白马之山。其阳多石、玉，其阴多铁，多赤铜。木马之水出焉，而东北流注于虖沱。

○空桑山

又北二百里曰空桑之山。无草木，冬夏有雪。空桑之水出焉，东流注于虖沱。

○泰戏山

又北三百里曰泰戏之山。无草木，多金、玉。有兽焉，其状如羊，一角一目，目在耳后，其名曰辣辣，其鸣自訆。虖沱之水出焉，而东流注于溇水。液女之水出于其阳，南流注于沁水。

○石山

又北三百里曰石山，多藏金、玉。濩濩之水出焉，而东流注于虖沱。鲜于之水出焉，而南流注于虖沱。

○童戎山

又北二百里曰童戎之山。皋涂之水出焉，而东流注于溇、液水。

○高是山

又北三百里曰高是之山。滋水出焉，而南流注于
虖沱。其木多棕，其草多条。滱水出焉，东流注于河。
又北三百里曰陆山，多美玉。滱水出焉，而东流注于河。

○沂山

又北二百里曰沂山。般水出焉，而东流注于河。

○燕山

北百二十里曰燕山，多婴石。燕水出焉，东流注
于河。

○饶山

又北山行五百里，水行五百里，至于饶山。是无
草木，多瑶碧。其兽多橐驼，其鸟多鹠。历虢之水出焉，
而东流注于河。其中有师鱼，食之杀人。

○乾山

又北四百里曰乾山，无草木。其阳有金、玉，其阴有铁而无水。有兽焉，其状如牛而三足，其名曰獂，其鸣自詨。

○伦山

又北五百里曰伦山。伦水出焉，而东流注于河。有兽焉，其状如麋，其川在尾上，其名曰罴。

○碣石山

又北五百里曰碣石之山。绳水出焉，而东流注于河。其中多蒲夷之鱼。其上有玉，其下多青碧。

○雁门山

又北水行五百里，至于雁门之山，无草木。

○帝都山

又北水行四百里，至于泰泽。其中有山焉，曰帝都之山，广员百里，无草木，有金、玉。

○镎于母逢山

又北五百里曰镎于母逢之山。北望鸡号之山，其风如飇。西望幽都之山，浴水出焉。是有大蛇，赤首白身，其音如牛，见则其邑大旱。

凡北次三经之首，自太行之山以至于无逢之山，凡四十六山，万二千三百五十里。其神状皆马身而人面者廿神，其祠之：皆用一藻、茝，瘗之。其十四神状皆彘身而载玉，其祠之：皆玉，不瘗。其十神状皆彘身而八足蛇尾，其祠之：皆用一璧，瘗之。大凡四十四神，皆用稌糈米祠之，此皆不火食。

右北经之山志凡八十七山，二万三千二百三十里。

卷之四

东山经

东山经

○樕螽山

东山经之首曰樕螽之山，北临乾昧。食水出焉，而东北流注于海。其中多鳙鳙之鱼，其状如犁牛，其音如彘鸣。

○藟山

又南三百里曰藟山。其上有玉，其下有金。湖水出焉，东流注于食水。其中多活师。

○枸状山

又南三百里曰枸状之山。其上多金、玉，其下多青碧石。有兽焉，其状如犬六足，其名曰从从，其鸣自詨。有鸟焉，其状如鸡而鼠毛，其名曰蚩鼠，见则其邑大旱。汜水出焉，而北流注于湖水。其中多箴鱼，其状如儵，其喙如箴，食之无疫疾。

○勃垒山

又南三百里曰勃垒之山。无草木，无水。

○番条山

又南三百里曰番条之山。无草木，多沙。减水出焉，北流注于海。其中多鳠鱼。又南四百里曰姑儿之山。其上多漆，其下多桑、柘。姑儿之水出焉，北流注于海，其中多鳠鱼。

○高氏山

又南四百里曰高氏之山。其上多玉，其下多箴石。诸绳之水出焉，东流注于泽，其中多金、玉。

○岳山

又南三百里曰岳山。其上多桑，其下多樗。泺水出焉，东流注于泽，其中多金、玉。

○犲山

又南三百里曰犲山。其上无草木，其下多水。其中多堪𥥛之鱼。有兽焉，其状如夸父而彘毛，其音如呼，见则天下大水。

○独山

又南三百里曰独山。其上多金、玉，其下多美石。末涂之水出焉，而东南流注于沔。其中多𩽈𩽉，其状如黄蛇，鱼翼，出入有光，见则其邑大旱。

○泰山

又南三百里曰泰山。其上多玉，其下多金。有兽焉，其状如豚而有珠，名曰狪狪，其鸣自訆。环水出焉，东流注于江，其中多水玉。

○竹山

又南三百里曰竹山，锦于江。无草木，多瑶碧。激水出焉，而东南流注于娶檀之水，其中多茈蠃。

凡东山经之首自樕蟲之山以至于竹山，凡十二山，三千六百里。其神状皆人身龙首，祠：毛用一犬，祈聉用鱼。

○空桑山

东次二经之首曰空桑之山，北临食水，东望沮吴，南望沙陵，西望湣泽。有兽焉，其状如牛而虎文，其音如钦，其名曰軨軨，其鸣自叫，见则天下大水。

○曹夕山

又南六百里曰曹夕之山。其下多穀而无水，多鸟兽。

○峄皋山

又西南四百里曰峄皋之山。其上多金、玉，其下多白垩。峄皋之水出焉，东流注于激女之水，其中多蜃、珧。又南水行五百里，流沙三百里，至于葛山之尾。无草木，多砥、砺。

○葛山

又南三百八十里曰葛山之首，无草木。澧水出焉，东流注于余泽。其中多珠蟞鱼，其状如肺而有目，六足有珠，其味酸甘，食之无疠。

○馀峨山

又南三百八十里曰馀峨之山。其上多梓、楠，其下多荆、芑。杂余之水出焉，东流注于黄水。有兽焉，其状如菟而鸟喙鸱目蛇尾，见人则眠，名曰犰狳，其鸣自訆，见则螽蝗为败。

○杜父山

又南三百里曰杜父之山。无草木，多水。

○耿山

又南三百里曰耿山。无草木，多水碧，多大蛇。有兽焉，其状如狐而鱼翼，其名曰朱獳，其鸣自訆，见则其国有恐。

○卢其山

又南三百里曰卢其之山。无草木，多沙石。沙水出焉，南流注于涔水。其中多鹭䴄，其状如鸳鸯而人足，其鸣自訆，见则其国多土功。

○姑射山

又南三百八十里曰姑射之山。无草木，多水。

○北姑射山

又南水行三百里，流沙百里，曰北姑射之山。无草木，多石。

○南姑射山

又南三百里曰南姑射之山。无草木，多水。

○碧山

又南三百里曰碧山。无草木，多大蛇，多碧水玉。

○緱氏山

又南五百里曰緱氏之山。无草木，多金、玉。原水出焉，东流注于沙泽。

○姑逢山

又南三百里曰姑逢之山。无草木，多金、玉。有兽焉，其状如狐而有翼，其音如鸿雁，其名曰獙獙，见则天下大旱。

○凫丽山

又南五百里曰凫丽之山。其上多金、玉，其下多箴石。有兽焉，其状如狐而九尾九首，虎爪，名曰蠪姪，其音如婴儿，是食人。

○硜山

又南五百里曰硜山，南临硜水，东望湖泽。有兽焉，其状如马而羊目，四角牛尾，其音如獋狗，其名曰峳峳，见则其国多狡客。有鸟焉，其状如凫而鼠尾，善登木，其名曰絜钩，见则其国多疫。

凡东次二经之首自空桑之山至于硜山，凡十七山，六千六百四十里。其神状皆兽身人面载觡。其祠：毛用一鸡祈，婴用一璧瘗。

○尸胡山

又东次三经之首曰尸胡之山，北望𦍩山。其上多金、玉，其下多棘。有兽焉，其状如麇而鱼目，名曰妠胡，其鸣自詾。

○岐山

又南水行八百里曰岐山。其木多桃、李，其兽多虎。

○诸钩山

又南水行五百里曰诸钩之山。无草木，多沙石。是山也，广员百里，多寐鱼。

○中父山

又南水行七百里曰中父之山。无草木，多沙。

○胡射山

又东水行千里曰胡射之山。无草木，多沙石。

○孟子山

又南水行七百里曰孟子之山。其木多梓、桐，多桃、李，其草多菌、蒲，其兽多麋鹿。是山也，广员百里。其上有水出焉，名曰碧阳，其中多鳣、鲔。

○跂踵山

又南水行五百里曰流沙，行五百里，有山焉，曰跂踵之山。广员二百里，无草木，有大蛇，其上多玉。有水焉，广员四十里皆涌，其名曰深泽，其中多蠵龟。有鱼焉，其状如鲤而六足鸟尾，名曰鮯鮯之鱼，其名自叫。

○踇隅山

又南水行九百里曰踇隅之山。其上多草木，多金、玉，多赭。有兽焉，其状如牛而马尾，名曰精精，其鸣自叫。

○无皋山

又南水行五百里，流沙三百里，至于无皋之山。南望幼海，东望榑木，无草木，多风。是山也，广员百里。

凡东次三经之首自尸胡之山至于无皋之山，凡九山，六千九百里。其神状皆人身而羊角。其祠：用一牡羊，米用黍。是神也，见则风，雨水为败。

○北号山

又东次四经之首曰北号之山，临于北海。有木焉，其状如杨，赤华，其实如枣而无核，其味酸甘，食之不疟。食水出焉，而东北流注于海。有兽焉，其状如狼，赤首鼠目，其音如豚，名曰猲狙，是食人。有鸟焉，其状如鸡而白首，鼠足而虎爪，其名曰鬿雀，亦食人。

○旄山

又南三百里曰旄山。无草木。苍体之水出焉，而西流注于展水。其中多鳝鱼，其状如鲤而大首，食者不疣。

○东始山

又南三百二十里曰东始之山，上多苍玉。有木焉，其状如杨而赤理，其汁如血，不实，其名曰芑，可以服马。泚水出焉，而东北流注于海，其中多美贝。多茈鱼，其状如鲋，一首而十身，其臭如蘪芜，食之不糟。

○女烝山

又东南三百里曰女烝之山，其上无草木。石膏水出焉，而西注于鬲水。其中多薄鱼，其状如鳣鱼而一目，其音如欧，见则天下大旱。

○钦山

又东南二百里曰钦山，多金、玉而无石。师水出焉，而北流注于皋泽。其中多鳎鱼，多文贝。有兽焉，其状如豚而有牙，其名曰当康，其鸣自叫，见则天下大穰。

○子桐山

又东南二百里曰子桐之山。子桐之水出焉，而西流注于馀如之泽。其中多鲭鱼，其状如鱼而鸟翼，出入有光，其音如鸳鸯，见则天下大旱。

○剡山

又东北二百里曰剡山。多金、玉。有兽焉，其状如彘而人面，黄身而赤尾，其名曰合窳，其音如婴儿。是兽也食人，亦食虫蛇，见则天下大水。

○太山

又东二百里曰太山，上多金、玉、桢木。有兽焉，其状如牛而白首，一目而蛇尾，其名曰蜚，行水则竭，行草则死，见则天下大疫。钩水出焉，而北流注于劳水，其中多鳝鱼。

凡东次四经之首自北号之山至于太山，凡八山，一千七百二十里。

右东经之山志，凡四十六山，万八千八百六十里。

卷

之

五

中山经

中山经

○甘枣山

中山经薄山之首曰甘枣之山。共水出焉，而西流注于河。其上多枏木。其下有草焉，葵本而杏叶，黄华而荚实，名曰箨，可以已懵。有兽焉，其状如默鼠而文题，其名曰难，食之已瘿。

○历儿山

又东二十里曰历儿之山。其上多橿，多枥木，是木也，方茎而员叶，黄华而毛，其实如拣，服之不忘。

○渠猪山

又东十五里曰渠猪之山，其上多竹。渠豬之水出焉，而南流注于河。其中是多豪鱼，状如鮪，赤喙尾，赤羽，可以已白癣。

○葱聋山

又东三十五里曰葱聋之山，其中多大谷。是多白垩，黑、青、黄垩。又东十五里曰涹山。其上多赤铜，其阴多铁。

○脱扈山

又东七十里曰脱扈之山。有草焉，其状如葵叶而赤华、荚实，实如棕荚，名曰植楮，可以已癙，食之不眯。

○金星山

又东二十里曰金星之山。多天婴，其状如龙骨，可以已痤。又东七十里曰泰威之山。其中有谷，曰枭谷，其中多铁。

○櫮谷山

又东十五里曰櫮谷之山，其中多赤铜。

○吴林山

又东百二十里曰吴林之山，其中多蒐草。

○牛首山

又北三十里曰牛首之山。有草焉，名曰鬼草，其叶如葵而赤茎，其秀如禾，服之不忧。劳水出焉，而西流注于潏水。是多飞鱼，其状如鲋鱼，食之已痔同。

○霍山

又北四十里曰霍山，其木多榖。有兽焉，其状如貍而白尾有鬣，名曰胐胐，养之可以已忧。

○合谷山

又北五十二里曰合谷之山，是多薝棘。又北三十五里曰阴山，多砺石、文石。少水出焉，其中多雕棠，其叶如榆叶而方，其实如赤菽，食之已聋。

○鼓镫山

又东北四百里曰鼓镫之山，多赤铜。有草焉，名曰荣草，其叶如柳，其本如鸡卵，食之已风。

凡薄山之首自甘枣之山至于鼓镫之山，凡十五山，六千六百七十里。历儿，冢也，其祠礼：毛，太牢之具，县以吉玉。其馀十三山者，毛用一羊，县婴用桑封，瘗而不糈。桑封者，桑主也，方其下而锐其上，而中穿之，加金。

○ 煇诸山

中次二经济山之首曰煇诸之山，其上多桑。其兽多闾麋，其鸟多鹖。又西南二百里曰发视之山。其上多金、玉，其下多砥、砺。即鱼之水出焉，而西流注于伊水。

○ 豪山

又西三百里曰豪山，其上多金、玉而无草木。

○ 鲜山

又西三百里曰鲜山，多金、玉，无草木。鲜水出焉，而北流注于伊水。其中多鸣蛇，其状如蛇而四翼，其音如磬，见则其邑大旱。

○阳山

又西三百里曰阳山，多石，无草木。阳水出焉，而北流注于伊水。其中多化蛇，其状如人面而豺身，鸟翼而蛇行，其音如叱呼，见则其邑大水。

○昆吾山

又西二百里曰昆吾之山，其上多赤铜。有兽焉，其状如彘而有角，其音如号，名曰蠪蚳，食之不眯。

○葌山

又西百二十里曰葌山。葌水出焉，而北流注于伊水。其上多金、玉，其下多青雄黄。有木焉，其状如棠而赤叶，名曰芒草，可以毒鱼。

○独苏山

又西一百五十里曰独苏之山，无草木而多水。

○蔓渠山

又西二百里曰蔓渠之山。其上多金、玉，其下多竹箭。伊水出焉，而东流注于洛。有兽焉，其名曰马腹，其状如人面虎身，其音如婴儿，是食人。

凡济山经之首自辉诸之山至于蔓渠之山，凡九山，一千六百七十里。其神皆人面而鸟身，祠用毛，用一吉玉，投而不糈。

○敖岸山

中次三经萯山之首曰敖岸之山。其阳多㻬琈之玉，其阴多赭、黄金。神熏池居之。是常出美玉。北望河林，其状如茜如举。有兽焉，其状如白鹿而四角，名曰夫诸，见则其邑大水。

○青要山

又东十里曰青要之山，实维帝之密都。北望河曲，是多驾鸟。南望墠渚，禹父之所化，是多仆累、蒲卢。䰠武罗司之，其状人面而豹文，小要而白齿，而穿耳以镰，其鸣如鸣玉。是山也，宜女子。畛水出焉，而北流注于河。其中有鸟焉，名曰鴢，其状如凫，青身而朱目赤尾，食之宜子。有草焉，其状如葌而方茎，黄华赤实，其本如藁本，名曰荀草，服之美人色。

○騩山

又东十里曰騩山。其上有美枣，其阴有琈琈之玉。正回之水出焉，而北流注于河。其中多飞鱼，其状如豚而赤文，服之不畏雷，可以御兵。

○宜苏山

又东四十里曰宜苏之山。其上多金、玉，其下多蔓居之木。滽滽之水出焉，而北流注于河，是多黄贝。

○和山

又东二十里曰和山。其上无草木而多瑶碧，实惟河之九都。是山也五曲，九水出焉，合而北流注于河。其中多苍玉。吉神泰逢司之，其状如人而虎尾，是好居于萯山之阳，出入有光。泰逢神动天地气也。

凡萯山之首自敖岸之山至于和山，凡五山，四百四十里。其祠泰逢、熏池、武罗，皆一牡羊，副，婴用吉玉。其二神用一雄鸡，瘗之，糈用稌。

○鹿蹄山

中次四经釐山之首曰鹿蹄之山。其上多玉，其下多金。甘水出焉，而北流注于洛，其中多泠石。

○扶猪山

西五十里曰扶猪之山。其上多礝石。有兽焉，其状如貉而人目，其名曰𪊨。虢水出焉，而北流注于洛，其中多瓀石。

○釐山

又西一百二十里曰釐山。其阳多玉，其阴多蒐。有兽焉，其状如牛，苍身，其音如婴儿，是食人，其名曰犀渠。滽滽之水出焉，而南流注于伊水。有兽焉，名曰獹，其状如獳犬而有鳞，其毛如彘鬣。

○箕尾山

又西二百里曰箕尾之山。多榖，多涂石，其上多㻬琈之玉。

○柄山

又西二百五十里曰柄山。其上多玉，其下多铜。滔雕之水出焉，而北流注于洛。其中多羬羊。有木焉，其状如樗，其叶如桐而荚实，其名曰茇，可以毒鱼。

○白边山

又西二百里曰白边之山。其上多金、玉，其下多青雄黄。

○熊耳山

又西二百里曰熊耳之山。其上多漆，其下多棕。浮濠之水出焉，而西流注于洛。其中多水玉，多人鱼。有草焉，其状如苏而赤华，名曰葶苧，可以毒鱼。

○牡山

又西三百里曰牡山。其上多文石，其下多竹箭、竹箬。其兽多㸰牛、羬羊，鸟多赤鷩。

○欢举山

又西三百五十里曰欢举之山。雒水出焉，而东北流注于玄扈之水，其中多马肠之物。此二山者，洛闲也。

凡釐山之首自鹿蹄之山至于玄扈之山，凡九山，千六百七十里。其神状皆人面兽身，其祠之：毛用一白鸡，祈而不糈，以采衣之。

○苟林山

中次五经薄山之首曰苟林之山。无草木，多怪石。

○首山

东三百里曰首山。其阴多穀、柞，草多荒、芫。其阳多琈珇之玉。木多槐。其阴有谷曰机谷。多馱鸟，其状如枭而三目有耳，其音如录，食之已垫。

○县𫷭山

又东三百里曰县𫷭之山。无草木，多文石。

○蒽聋山

又东三百里曰蒽聋之山。无草木，多𪩘石。

○条谷山

东北五百里曰条谷之山。其木多槐、桐，其草多芍药、虋冬。

○超山

又北十里曰超山。其阴多苍玉，其阳有井，冬有水而夏竭。

○成侯山

又东五百里曰成侯之山。其上多檀木，其草多芃。

○朝歌山

又东五百里曰朝歌之山。谷多美垩。

○槐山

又东五百里曰槐山。谷多金、锡。

○历山

又东十里曰历山。其木多槐，其阳多玉。

○尸山

又东十里曰尸山。多苍玉。其兽多麖。尸水出焉，
南流注于洛水，其中多美玉。

○良馀山

又东十里曰良馀之山。其上多穀、柞，无石。馀
水出于其阴，而北流注于河。乳水出于其阳，而东南

流注于洛。

○蛊尾山

又东南十里曰蛊尾之山，多砺石、赤铜。龙馀之水出焉，而东南流注于洛。

○升山

又东北二十里曰升山。其木多榖、柞、棘，其草多藷薁、蕙，多寇脱。黄酸之水出焉，而北流注于河，其中多璇玉。

○阳虚山

又东十二里曰阳虚之山，多金，临于玄扈之水。

凡薄山之首自苟林之山至于阳虚之山，凡十六山，二千九百八十二里。升山冢也，其祠礼：太牢，婴用吉玉。首山，魅也，其祠：用稌，黑牺，太牢之具，蘖酿，干儛，置鼓，婴用一璧。尸水，合天也，肥牲祠之，用一黑犬于上，用一雌鸡于下，刉一牝羊，献血。婴用吉玉，采之，飨之。

○缟羝山 平逢山

中次六经缟羝山之首曰平逢之山，南望伊、洛，东望谷城之山。无草木，无水，多沙石。有神焉，其状如人而二首，名曰骄虫，是为螫虫，实惟蜂蜜之庐。其祠之：用一雄鸡，禳而勿杀。西十里曰缟羝之山。无草木，多金、玉。

○廆山

又西十里曰廆山。其阴多㻬琈之玉。其西有谷焉，名曰雚谷，其木多柳、楮。其中有鸟焉，状如山鸡而长尾，赤如丹火而青喙，名曰鸰鹖，其鸣自呼，服之不眯。交觞之水出于其阳，而南流注于洛。俞随之水出于其阴，而北流注于谷水。

○瞻诸山

又西三十里曰瞻诸之山。其阳多金，其阴多文石。渫水出焉，而东南流注于洛。少水出其阴，而东流注于谷水。

○娄涿山

又西三十里曰娄涿之山。无草木，多金、玉。瞻水出于其阳，而东流注于洛。陂水出于其阴，而北流注于谷水。其中多茈石、文石。

○白石山

又西四十里曰白石之山。惠水出于其阳，而南流注于洛，其中多水玉。涧水出于其阴，西北流注于谷水，其中多麋石、栌丹。

○谷山

又西五十里曰谷山。其上多穀，其下多桑。爽水出焉，而西北流注于谷水，其中多碧绿。

○密山

又西七十二里曰密山。其阳多玉，其阴多铁。豪水出焉，而南流注于洛。其中多旋龟，其状鸟首而鳖尾，其音如判木。无草木。

○长石山

又西百里曰长石之山。无草木，多金、玉。其西有谷焉，名曰共谷，多竹。共水出焉，西南流注于洛，其中多鸣石。

○傅山

又西一百四十里曰傅山。无草木，多瑶、碧。厌染之水出其阳，而南流注于洛，其中多人鱼。其西有林焉，名曰墦冢。谷水出焉，而东流注于洛，其中多珉玉。

○橐山

又西五十里曰橐山，其木多樗，多㭕木。其阳多金、玉，其阴多铁多萧。橐水出焉，而北流注于河。其中多脩辟之鱼，状如黾而白喙，其音如鸱，食之已白癣。

○常烝山

又西九十里曰常烝之山。无草木，多垩。潐水出焉，而东北流注于河，其中多苍玉。菑水出焉，而北流注于河。

○夸父山

又西九十里曰夸父之山。其木多棕、楠，多竹箭。其兽多㸲牛、羬羊，其鸟多鷩。其阳多玉，其阴多铁。其北有林焉，名曰桃林，是广员三百里，其中多马。湖水出焉，而北流注于河，其中多珚玉。

○阳华山

又西九十里曰阳华之山。其阳多金、玉，其阴多青雄黄。其草多藷藇，多苦辛，其状如橚，其实如瓜，其味酸甘，食之已疟。杨水出焉，而西南流注于洛，其中多人鱼。门水出焉，而东北流注于河，其中多玄𥕢。𫄨姑之水出于其阴，而东流注于门水，其上多铜。门水出于河，七百九十里入雒水。

凡缟羝山之首自平逢之山至于阳华之山，凡十四山，七百九十里。岳在其中，以六月祭之，如诸岳之祠法，则天下安宁。

○苦山　休与山

中次七经苦山之首曰休与之山。其上有石焉，名曰帝台之棋，五色而文，其状如鹑卵。帝台之石，所以祷百神者也，服之不蛊。有草焉，其状如蓍，赤叶，而本丛生，名曰夙条，可以为笴。

○鼓锺山

东三百里曰鼓锺之山，帝台之所以觞百神也。有草焉，方茎而黄华，员叶而三成，其名曰焉酸，可以为毒。其上多砺，其下多砥。

○姑媱山

又东二百里曰姑媱之山。帝女死焉，其名曰女尸，化为䔄草，其叶胥成，其华黄，其实如菟丘，服之媚于人。

○苦山

又东二十里曰苦山。有兽焉，名曰山膏，其状如逐，赤若丹火，善訾。其上有木焉，名曰黄棘，黄华而员叶，其实如兰，服之不字。有草焉，员叶而无茎，赤华而不实，名曰无条，服之不瘿。

○堵山

又东二十七里曰堵山。神天愚居之，是多怪风雨。其上有木焉，名曰天楄，方茎而葵状，服者不喱。

○放皋山

又东五十二里曰放皋之山。明水出焉，南流注于伊水，其中多苍玉。有木焉，其叶如槐，黄华而不实，其名曰蒙木，服之不惑。有兽焉，其状如蜂，枝尾而反舌，善呼，其名曰文文。

○大䣐山

又东五十七里曰大䣐之山。多琈珸之玉，多麋玉。有草焉，其状叶如榆，方茎而苍伤，其名曰牛伤，其根苍文，服者不厥，可以御兵。其阳狂水出焉，西南流注于伊水。其中多三足龟，食者无大疾，可以已肿。

○半石山

又东七十里曰半石之山。其上有草焉，生而秀，其高丈馀，赤叶赤华，华而不实，其名曰嘉荣，服之者不霆。来需之水出于其阳，而西流注于伊水。其中多䲙鱼，黑文，其状如鲋，食者不睡。合水出于其阴，而北流注于洛。多騰鱼，状如鳜，居逵，苍文赤尾，食者不痈，可以为瘘。

○少室山

又东五十里曰少室之山。百草木成囷。其上有木焉，其名曰帝休，叶状如杨，其枝五衢，黄华黑实，服者不怒。其上多玉，其下多铁。休水出焉，而北流注于洛。其中多䲇鱼，状如蟄蜼而长距，足白而对，食者无蛊疾，可以御兵。

110

○泰室山

又东三十里曰泰室之山。其上有木焉，叶状如梨而赤理，其名曰栯木，服者不妒。有草焉，其状如苏，白华黑实，泽如蘡薁，其名曰蓍草，服之不昧。上多美石。

○讲山

又北三十里曰讲山。其上多玉，多柘，多柏。有木焉，名曰帝屋，叶状如椒，反伤赤实，可以御凶。

○婴梁山

又北三十里曰婴梁之山。上多苍玉，錞于玄石。

○浮戏山

又东三十里曰浮戏之山。有木焉，叶状如樗而赤实，名曰亢木，食之不蛊。汜水出焉，而北流注于河。其东有谷，因名曰蛇谷，上多少辛。

○少陉山

又东四十里曰少陉之山。有草焉，名曰蔺草，叶状如葵，而赤茎白华，实如蘡薁，食之不愚。器难之水出焉，而北流注于役水。

○太山

又东南十里曰太山。有草焉，名曰黎，其叶状如荻而赤华，可以已疽。太水出于其阳，而东南流注于役水。承水出于其阴，而东北流注于役。

○末山

又东二十里曰末山，上多赤金。末水出焉，北流注于役。

○役山

又东二十五里曰役山，上多白金，多铁。役水出焉，北注于河。

○敏山

又东三十五里曰敏山。上有木焉，其状如荆，白华而赤实，名曰葪柏，服者不寒。其阳多㻬琈之玉。

○大騩山

又东三十里曰大騩之山。其阴多铁、美玉、青垩。有草焉，其状如蓍而毛，青华而白实，其名曰莨，服之不夭，可以为腹病。

凡苦山之首自休与之山至于大騩之山，凡十有九山，千一百八十四里。其十六神者皆豕身而人面，其祠：毛牷，用一羊羞，婴用一藻玉，瘗。苦山、少室、太室皆冢也，其祠之：太牢之具，婴以吉玉。其神状皆人面而三首，其馀属皆豕身人面也。

○景山

中次八经荆山之首曰景山。其上多金、玉，其木多杼、檀。睢水出焉，东南流注于江，其中多丹粟，多文鱼。

○荆山

东北百里曰荆山。其阴多铁，其阳多赤金。其中多牦牛，多豹、虎。其木多松、柏，其草多竹，多橘、柚。漳水出焉，而东南流注于雎，其中多黄金，多鲛鱼，其兽多闾、麋。

○骄山

又东北百五十里曰骄山。其上多玉，其下多青䨼。其木多松、柏，多桃枝、钩端。神鼍围处之，其状如人面，羊角虎爪，恒游于雎、漳之渊，出入有光。

○女几山

又东北百二十里曰女几之山。其上多玉，其下多黄金。其兽多豹、虎，多闾、麋、麖、麂，其鸟多白鷮，多翟，多鸩。

○宜诸山

又东北二百里曰宜诸之山。其上多金、玉，其下多青雘。滫水出焉，而南流注于漳，其中多白玉。

○纶山

又东北三百五十里曰纶山。其木多梓、楠，多桃枝，多柤、栗、橘、柚。其兽多闾、麈、麢、臭。

○陆郎山

又东北二百里曰陆郎之山。其上多琈瑈之玉，其下多垩。其木多杻、橿。

○光山

又东百三十里曰光山。其上多碧，其下多木。神计蒙处之，其状人身而龙首，恒游于漳渊，出入必有飘风暴雨。

○岐山

又东百五十里曰岐山。其阳多赤金，其阴多白珉。其上多金、玉，其下多青雘，其木多樗。神涉鼍处之，其状人身而方面、三足。

○铜山

又东百三十里曰铜山。其上多金、银、铁，其木多榖、柞、柤、栗、橘、柚。其兽多豹。

○美山

又东北一百里曰美山。其兽多兕牛，多闾、麈，多豕、鹿。其上多金，其下多青雘。

○大尧山

又东北百里曰大尧之山。其木多松、柏，多梓、桑，多机，其草多竹。其兽多豹、虎、麢、臭。

○灵山

又东北三百里曰灵山。其上多金、玉，其下多青䨼。其木多桃、李、梅、杏。

○龙山

又东北七十里曰龙山。上多寓木。其上多碧，其下多赤锡。其草多桃枝、钩端。

○衡山

又东南五十里曰衡山。上多寓木、穀、柞，多黄垩、白垩。

○石山

又东南七十里曰石山。其上多金，其下多青䨼，多寓木。

○若山

又南百二十里曰若山。其上多琈㻬之玉，多赭，多邽石，多寓木，多柘。

○彘山

又东南一百二十里曰彘山。多美石，多柘。

○玉山

又东南一百五十里曰玉山。其上多金、玉，其下多碧、铁，其木多柏。

○欢山

又东南七十里曰欢山。其木多檀，多邽石，多白锡。郁水出于其上，潜于其下，其中多砥、砺。

○仁举山

又东北百五十里曰仁举之山。其木多穀、柞。其阳多赤金，其阴多赭。

○师每山

又东五十里曰师每之山。其阳多砥、砺，其阴多青雘。其木多柏，多檀，多柘，其草多竹。

○琴鼓山

又东南二百里曰琴鼓之山。其木多穀、柞、椒、柘。其上多白珉，其下多洗石。其兽多豕、鹿，多白犀，其鸟多鸩。

凡荆山之首自景山至琴鼓之山，凡二十三山，二千八百九十里。其神状皆鸟身而人面，其祠：用一雄鸡祈、瘗，用一藻圭，糈用稌。骄山冢也，其祠：用羞酒、少牢祈、瘗，婴毛一璧。

○女几山

中次九经岷山之首曰女几之山。其上多石涅，其木多杻、橿，其草多菊、𦬊。洛水出焉，东注于江，其中多雄黄。其兽多虎、豹。

○岷山

又东北三百里曰岷山。江水出焉，东北流注于海，其中多良龟，多鼍。其上多金、玉，其下多白珉。其木多梅、棠。其兽多犀、象，多夔牛。其鸟多翰、鷩。

○崃山

又东北一百四十里曰崃山。江水出焉，东流注大江。其阳多黄金，其阴多麋、麈。其木多檀、柘，其草多韰、韭，多药、空夺。

○崏山

又东一百五十里曰崏山。江水出焉，东流注于大江，其中多怪蛇，多鳖鱼。其木多楢、杻，多梅、梓。其兽多夔牛、麢、臭、犀、兕。有鸟焉，状如鸮而赤身白首，其名曰窃脂，可以御火。

○高梁山

又东三百里曰高梁之山。其上多垩，其下多砥、砺。其木多桃枝、钩端。有草焉，状如葵而赤华，荚实白柎，可以走马。

○蛇山

又东四百里曰蛇山。其上多黄金，其下多垩。其木多栒，多豫章。其草多嘉荣、少辛。有兽焉，其状如狐而白尾长耳，名㹭狼，见则国内有兵。

○鬲山

又东五百里曰鬲山。其阳多金，其阴多白珉。蒲鸏之水出焉，而东流注于江，其中多白玉。其兽多犀、象、熊、罴，多猨、蜼。

○隅阳山

又东北三百里曰隅阳之山。其上多金、玉，其下多青雘。其木多梓、桑，其草多茈。徐之水出焉，东流注于江，其中多丹粟。

○岐山

又东二百五十里曰岐山。其上多白金，其下多铁。其木多梅、梓，多杻、楢。減水出焉，东南流注于江。

○勾檷山

又东三百里曰勾檷之山。其上多玉，其下多黄金。其木多栎、柘，其草多芍药。

○风雨山

又东一百五十里曰风雨之山。其上多白金，其下多石涅。其木多椒、樿，多杨。宣余之水出焉，东流注于江，其中多蛇。其兽多闾、麋，多麈、豹、虎，其鸟多白鹇。

○玉山

又东北二百里曰玉山。其阳多铜，其阴多赤金。其木多豫章、楢、杻。其兽多豕、鹿、麢、臭，其鸟多鸩。

○熊山

又东一百五十里曰熊山。有穴焉，熊之穴，恒出神人，夏启而冬闭。是穴也，冬启乃必有兵。其上多白玉，其下多白金。其木多樗、柳，其草多寇脱。

○騩山

又东一百四十里曰騩山。其阳多美玉、赤金，其阴多铁。其木多桃枝、荆、芑。

○葛山

又东二百里曰葛山。其上多赤金，其下多瑊石。其木多柤、栗、橘、柚、楢、杻，其兽多羬、臭，其草多嘉荣。

○贾超山

又东一百七十里曰贾超之山。其阳多黄垩，其阴多美赭。其木多柤、栗、橘、柚，其中多龙脩。

凡岷山之首自女几山至于贾超之山，凡十六山，三千五百里。其神状皆马身而龙首，其祠：毛用一雄鸡，瘗，糈用稌。文山、勾㣺、风雨、騩之山，是皆冢也，其祠之：羞酒，少牢具，婴毛一吉玉。熊山，席也，其祠：羞酒，太牢具，婴毛一璧。干儛，用兵以禳；祈，璆冕舞。

○首阳山

中次十经之首曰首阳之山。其上多金、玉，无草木。

○虎尾山

又西五十里曰虎尾之山。其木多椒、椐，多封石。其阳多赤金，其阴多铁。

○繁缋山

又西南五十里曰繁缋之山。其木多楢、杻，其草多枝勾。又西南二十里曰勇石之山。无草木，多白金，多水。

○复州山

又西二十里曰复州之山。其木多檀。其阳多黄金。有鸟焉，其状如鸮而一足、彘尾，其名曰跂踵，见则其国大疫。

○楮山

又西三十里曰楮山。多寓木，多椒、椐，多柘，多垩。

○又原山

又西二十里曰又原之山。其阳多青䨼，其阴多铁。其鸟多鸓鹆。

○涿山

又西五十里曰涿山。其木多穀、柞、杻。其阳多㻬琈之玉。

○丙山

又西七十里曰丙山。其木多梓、檀，多弞杻。

凡首阳山之首自首山至于丙山，凡九山，二百六十七里。其神状皆龙身而人面，其祠之：毛用一雄鸡瘗，糈用五种之糈。堵山，冢也，其祠之：少牢具，羞酒祠，婴毛一璧，瘗。騩山，帝也，其祠：羞酒，太牢其，合巫祝二人儛，婴一璧。

○翼望山

中次一十　山经荆山之首曰翼望之山。湍水出焉，东流注于济。贶水出焉，东南流注于汉，其中多蛟。其上多松、柏，其下多漆、梓。其阳多赤金，其阴多珉。

○朝歌山

又东北一百五十里曰朝歌之山。潕水出焉，东南流注于荥，其中多人鱼。其上多梓、楠，其兽多麢、麋。有草焉，名曰莽草，可以毒鱼。

○帝囷山

又东南二百里曰帝囷之山。其阳多瑎珸之玉，其阴多铁。帝囷之水出于其上，潜于其下，多鸣蛇。

○视山

又东南五十里曰视山。其上多韭。有井焉，名曰天井，夏有水，冬竭。其上多桑，多美垩、金、玉。

○前山

又东南二百里曰前山。其木多楮，多柏。其阳多金，其阴多赭。

○丰山

又东南三百里曰丰山。有兽焉，其状如猨，赤目赤喙黄身，名曰雍和，见则国有大恐。神耕父处之，常游清泠之渊，出入有光，见则其国为败。有九钟焉，是知霜鸣。其上多金，其下多穀、柞、杻、橿。

○兔床山

又东北八百里曰兔床之山。其阳多铁。其木多藷藇。其草多鸡穀，其本如鸡卵，其味酸甘，食者利于人。

○皮山

又东六十里曰皮山。多垩，多赭。其木多松、柏。

○瑶碧山

又东六十里曰瑶碧之山。其木多梓、楠。其阴多青雘，其阳多白金。有鸟焉，其状如雉，恒食蜚，名曰鸩。

○支离山

又东四十里曰支离之山。济水出焉，南流注于汉。有鸟焉，其名曰婴勺，其状如鹊，赤目赤喙白身，其尾若勺，其鸣自呼。多牂牛，多𤞤羊。

○袟篙山

又东北五十里曰袟崮之山。其上多松、柏、机、柏。又西北一百里曰堇理之山。其上多松、柏，多美梓。其阴多丹雘，多金。其兽多豹、虎。有鸟焉，其状如鹊，青身白喙，白目白尾，名曰青耕，可以御疫，其鸣自叫。

○依轱山

又东南三十里曰依轱之山。其上多杻、橿，多苴。有兽焉，其状如犬，虎爪有甲，其名曰獜，善駚牟，食者不风。

○即谷山

又东南三十五里曰即谷之山。多美玉，多玄豹，多闾、麈，多麢、臭。其阳多珉，其阴多青雘。

○鸡山

又东南四十里曰鸡山。其上多美梓，多桑，其草多韭。

○高前山

又东南五十里曰高前之山。其上有水焉，甚寒而清，帝台之浆也，饮之者不心痛。其上有金，其下有赭。

○游戏山

又东南三十里曰游戏之山。多杻、橿、榖，多玉，多封石。

○从山

又东南三十五里曰从山。其上多松、柏，其下多竹。从水出于其上，潜于其下，其中多三足鳖，枝尾，食之无蛊疫。

○婴䃌山

又东南三十里曰婴䃌之山。其上多松、柏，其下多梓、櫄。

○毕山

又东南三十里曰毕山。帝苑之水出焉，东北流注于视，其中多水玉，多蛟。其上多㻬琈之玉。

○乐马山

又东南二十里曰乐马之山。有兽焉，其状如彚，赤如丹火，其名曰狼，见则其国大疫。

○葴山

又东南二十五里曰葴山。视水出焉，东南流注于汝水，其中多人鱼，多蛟，多颉。又东四十里曰婴山。其下多青䕫，其上多金、玉。

○虎首山

又东三十里曰虎首之山，多苴、椆、椐。又东二十里曰婴侯之山。其上多封石，其下多赤锡。

○大尳山

又东五十里曰大尳之山。杀水出焉，东北流，注于视水，其中多白垩。

○卑山

又东四十里曰卑山。其上多桃、李、苴、梓，多累。

○倚帝山

又东三十里曰倚帝之山。其上多玉，其下多金。有兽焉，其状如鼣鼠，白耳白喙，名曰狙如，见则其国有大兵。

○鲵山

又东三十里曰鲵山。鲵水出于其上，潜于其下。其中多美垩。其上多金，其下多青雘。

○雅山

又东三十里曰雅山。澧水出焉，东流注于视水，其中多大鱼。其上多美桑，其下多苴，多赤金。

○宣山

又东五十五里曰宣山。沦水出焉，东南流，注于视水，其中多蛟。其上有桑焉，大五十尺，其枝四衢，其叶大尺馀，赤理黄华青柎，名曰帝女之桑。

○衡山

又东四十五里曰衡山。其上多青雘，多桑。其鸟多鸜鹆。

○丰山

又东四十里曰丰山。其上多封石。其木多桑，多羊桃，状如桃而方茎，可以为皮张。又东七十里曰妪山。其上多美玉，其下多金。其草多鸡谷。

○鲜山

又东三十里曰鲜山。其木多楢、杻、苴，其草多薲冬。其阳多金，其阴多铁。有兽焉，其状如膜大，赤喙赤目白尾，见则其邑有火，名曰㺑即。

○章山

又东三十里曰章山。其阳多金，其阴多美石。皋水出焉，东流注于澧水，其中多脃石。

○大支山

又东二十五里曰大支之山。其阳多金。其木多谷、柞，无草木。又东五十里曰区吴之山。其木多苴。

○声匈山

又东五十里曰声匈之山。其木多榖。多玉，上多封石。

○大騩山

又东五十里曰大騩之山。其阳多赤金，其阴多砥石。

○踵臼山

又东十里曰踵臼之山，无草木。

○历石山

又东北七十里曰历石之山。其木多荆、芑。其阳多黄金，其阴多砥石。有兽焉，其状如狸而白首虎爪，名曰梁渠，见则其国有大兵。

○求山

又东南一百里曰求山。求水出于其上，潜于其下。中有美赭。其木多苴，多镛。其阳多金，其阴多铁。

○丑阳山

又东二百里曰丑阳之山。其上多椆、椐。有鸟焉，其状如乌而赤足，名曰䴅䴔，可以御火。

○奥山

又东三百里曰奥山。其上多柏、杻、橿。其阳多㻬琈之玉。奥水出焉，东流注于视水。

○服山

又东三十五里曰服山。其木多苴。其上多封石，其下多赤锡。

○杳山

又东百十里曰杳山。其上多嘉荣草，多金、玉。

○几山

又东三百五十里曰几山。其木多楢、檀、杻，其草多香。有兽焉，其状如彘，黄身白头白尾，名曰闻獜，见则天下大风。

凡荆山之首自翼望之山至于几山，凡四十八山，三千七百三十二里。其神状皆彘身人首，其祠：毛用一雄鸡祈，瘗用一珪，糈用五种之精。禾山，帝也，其祠：太牢之具，羞瘗，倒毛，用一璧，牛无常。堵山、玉山，冢也，皆倒祠，羞毛少牢，婴毛吉玉。

○篇遇山

中次十二经洞庭山之首曰篇遇之山。无草木，多黄金。

○云山

又东南五十里曰云山。无草木，有桂竹甚毒，伤人必死。其上多黄金，其下多琈珸之玉。

○龟山

又东南一百三十里曰龟山。其木多榖、柞、椆、椐。其上多黄金，其下多青雄黄，多扶竹。

○丙山

又东七十里曰丙山。多筀竹，多黄金、铜、铁，无木。

○风伯山

又东南五十里曰风伯之山。其上多金、玉，其下多瘃石、文石，多铁。其木多柳、杻、檀、楮。其东有林焉，名曰莽浮之林，多美木、鸟兽。

○夫夫山

又东一百五十里曰夫夫之山。其上多黄金，其下多青雄黄，其木多桑、楮、其草多竹、鸡鼓。神于儿居之其状人身而身操两蛇，常游于江渊出入有光

○洞庭山

又东南一百二十里曰洞庭之山。其上多黄金，其下多银、铁。其木多柤、棃、橘、柚，其草多葌、蘪芜、芍药、芎䓖。帝之二女居之，是常游于江渊。澧沅之风，交潇湘之渊，是在九江之间，出入必以飘风暴雨。是多怪神，状如人而载蛇，左右手操蛇，多怪鸟。

○暴山

又东南一百八十里曰暴山。其木多棕、楠、荆、芑、竹箭、䉋、箘。其上多黄金、玉，其下多文石、铁。其兽多麋、鹿、麂、就。

○即公山

又东南二百里曰即公之山。其上多黄金，其下多
璓珸之玉。其木多柳、杻、檀、桑。有兽焉，其状如
龟而白身赤首，名曰蛫，是可以御火。

○尧山

又东南一百五十九里曰尧山。其阴多黄垩，其阳
多黄金。其木多荆、芑、柳、檀，其草多藷藇、苵。

○江浮山

又东南一百里曰江浮之山。其上多银、砥、砺。
无草木。其兽多豕、鹿。

○真陵山

又东二百里曰真陵之山。其上多黄金，其下多玉。
其木多榖、柞、柳、杻，其草多荣草。

○阳帝山

又东南一百二十里曰阳帝之山。多美铜。其木多
櫺、杻、麖、楮。其兽多麢、麝。

○柴桑山

又南九十里曰柴桑之山。其上多银，其下多碧，
多泠石、赭。其木多柳、芑、楮、桑。其兽多麋、鹿，
多白蛇、飞蛇。

○荣余山

又东二百三十里曰荣余之山。其上多铜，其下多
银。其木多柳、芑。其虫多怪蛇、怪虫。

凡洞庭山之首自篇遇之山至于荣余之山，凡十五
山，二千八百里。其神状皆鸟身而龙首，其祠：毛用
一雄鸡，一牝豚刉，糈用稌。凡夫夫之山、即公之山、
尧山、阳帝之山，皆冢也，其祠皆肆瘗，祈用酒，毛
用少牢，婴毛一吉玉。洞庭、荣余山，神也，其祠皆

肆瘗，祈酒太牢祠，婴用圭璧十五，五采惠之。

右中经之山志，大凡百九十七山，二万一千三百七十一里。大凡天下名山五千三百七十，居地大凡六万四千五十六里。

禹曰：天下名山，经五千三百七十山，六万四千五十六里，居地也。言其五臧，盖其馀小山甚众，不足记云。天地之东西二万八千里，南北二万六千里。出水之山者八千里，受水者八千里。出铜之山四百六十七，出铁之山三千六百九十。此天地之所分壤树谷也，戈矛之所发也，刀铩之所起也。能者有馀，拙者不足。封于太山、禅于梁父七十二家，得失之数皆在此内，是谓国用。

卷
之
六

海外南经

海外南经

地之所载，六合之间，四海之内，照之以日月，经之以星辰，纪之以四时，要之以太岁，神灵所生，其物异形，或夭或寿，唯圣人能通其道。

○结匈国

海外自西南陬至东南陬者：结匈国在其西南，其为人结匈。南山在其东南。自此山来，虫为蛇，蛇号为鱼。一曰南山在结匈东南。比翼鸟在其东。其为鸟青、赤，两鸟比翼。一曰在南山东。

○羽民国

羽民国在其东南。其为人长头，身生羽。一曰在比翼鸟东南，其为人长颊。有神人二八，连臂，为帝司夜于此野。在羽民东。其为人小颊赤肩，尽十六人。毕方鸟在其东，青水西。其为鸟人面一脚。一曰在二八神东。

○欢头国

欢头国在其南。其为人人面有翼，鸟喙，方捕鱼。一曰在毕方东，或曰欢朱国。厌火国在其国南。兽身黑色，生火出其口中。一曰在欢朱东。

○三株树　三苗国　载国

三株树在厌火北，生赤水上，其为树如柏，叶皆为珠。一曰其为树若彗。三苗国在赤水东。其为人相随。一曰三毛国。载国在其东。其为人黄，能操弓射蛇。一曰载国在三毛东。

○贯匈国

贯匈国在其东。其为人匈有窍。一曰在戬国东。

○交胫国 不死民

交胫国在其东。其为人交胫。一曰在穿匈东。不死民在其东。其为人黑色，寿，不死。一曰在穿匈国东。

○岐舌国

岐舌国在其东。一曰在不死民东。

○昆仑虚

昆仑虚在其东。虚四方。一曰在岐舌东，为虚四方。羿与凿齿战于寿华之野，羿射杀之，在昆仑虚东。羿持弓矢，凿齿持盾。一曰戈。

○三首国

三首国在其东。其为人一身三首。

○周饶国

周饶国在其东。其为人短小，冠带。一曰焦侥国在三首东。

○长臂国

长臂国在其东。捕鱼水中，两手各操一鱼。一曰在焦侥东，捕鱼海中。

○狄山

狄山，帝尧葬于阳，帝喾葬于阴。爰有熊、罴、文虎、蜼、豹、离朱、视肉、吁咽。文王皆葬其所。一曰汤山。一曰爰有熊、罴、文虎、蜼、豹、离朱、鸱久、视肉、虖交。其范林方三百里。南方祝融，兽身人面，乘两龙。

卷
之
七

海外西经

海外西经

○灭蒙鸟

海外自西南陬至西北陬者：灭蒙鸟在结匈国北。为鸟青，赤尾。

○大运山

大运山高三百仞，在灭蒙鸟北。

○大乐野

大乐之野，夏后启于此儛九代，乘两龙，云盖三层，左手操翳，右手操环，佩玉璜。在大运山北。一曰大遗之野。

○三身国 一臂国 奇肱国 形天 女祭 女戚

三身国在夏后启北，一首而三身。一臂国在其北，一臂一目一鼻孔。有黄马，虎文，一目而一手。奇肱之国在其北。其人一臂三目，有阴有阳，乘文马。有鸟焉，两头，赤黄色，在其旁。形天与帝至此争神，帝断其首，葬之常羊之山。乃以乳为目，以脐为口，操干戚以舞。女祭、女戚在其北，居两水闲。戚操鱼鲤，祭操俎。鹓鸟、䲹鸟，其色青黄，所经国亡。在女祭北。

○维鸟 丈夫国 女丑

鹓鸟人面，居山上。一曰维鸟，青鸟、黄鸟所集。丈夫国在维鸟北。其为人衣冠带剑。女丑之尸，生而十日炙杀之。在丈夫北。以右手鄣其面。十日居上，女丑居山之上。

○巫咸国 并封

巫咸国在女丑北。右手操青蛇，左手操赤蛇。在登葆山，群巫所从上下也。并封在巫咸东。其状如彘，前后皆有首，黑。

○女子国 轩辕国

女子国在巫咸北。两女子居，水周之。一曰居一门中。轩辕之国在此穷山之际。其不寿者八百岁。在女子国北。人面蛇身，尾交首上。

○穷山 诸夭野

穷山在其北。不敢西射，畏轩辕之丘。在轩辕国北。其丘方，四蛇相绕。此诸夭之野，鸾鸟自歌，凤鸟自舞。凤皇卵，民食之，甘露，民饮之，所欲自从也。百兽相与群居。在四蛇北。其人两手操卵食之，两鸟居前道之。龙鱼陵居在其北，状如狸。一曰鰕。即有神圣乘此以行九野。一曰鳖鱼在夭野北，其为鱼也如鲤。

○白民国 肃慎国 长股国

　　白民之国在龙鱼北。白身被发。有乘黄，其状如狐，其背上有角，乘之寿二千岁。肃慎之国在白民北。有树名曰雄。常，先入伐帝，于此取之。长股之国在雄常北。被发。一曰长脚。西方蓐收，左耳有蛇，乘两龙。

卷
之
八

海外北经

海外北经

○无臂国 烛阴

海外自东北陬至西北陬者：无臂之国在长股东。为人无臂。锺山之神，名曰烛阴，视为昼，瞑为夜，吹为冬，呼为夏，不饮不食不息，息为风，身长千里。在无臂之东。其为物人面蛇身，赤色，居锺山下。一目国在其东。一目中其面而居。一曰有手足。

○柔利国

柔利国在一目东。为人一手一足，反膝，曲足居上。一云留利之国，人足反折。

○相柳氏 深目国

共工之臣曰相柳氏，九首，以食于九山。相柳之所抵，厥为泽溪。禹杀相柳，其血腥，不可以树五谷种。禹厥之，三仞三沮，乃以为众帝之台。在昆仑之北，柔利之东。相柳者九首，人面蛇身而青，不敢北射，畏共工之台。台在其东。台四方，隅有一蛇，虎色，首冲南方。深目国在其东。为人举一手一目。在共工台东。

○无肠国 聂耳国

无肠之国在深目东。其为人长而无肠。聂耳之国在无肠国东。使两文虎，为人两手聂其耳。县居海水中，及水所出入奇物。两虎在其东。

○夸父 邓林 博父国 拘婴国

夸父与日逐走,入日。渴欲得饮,饮于河渭。河渭不足,北饮大泽,未至,道渴而死。弃其杖,化为邓林。博父国在聂耳东。其为人大,右手操青蛇,左手操黄蛇。邓林在其东,二树木。一曰博父。禹所积石之山在其东,河水所入。拘缨之国在其东。一手把缨。一曰利缨之国。

○寻木 跂踵国

寻木长千里,在拘缨南,生河上西北。跂踵国在拘缨东。其为人大,两足亦大。一曰大踵。

○欧丝野

欧丝之野在大踵东。一女子跪据树欧丝。三桑无枝在欧丝东,其木长百仞,无枝。范林方三百里,在三桑东,洲环其下。

○务隅山

务隅之山，帝颛顼葬于阳，九嫔葬于阴。一曰爰
有熊、罴、文虎、离朱、鸱久、视肉。

○平丘

平丘在三桑东。爰有遗玉、青鸟、视肉、杨柳、
甘柤、甘华，百果所生。有两山夹上谷，二大丘居中，
名曰平丘。

○駒騟 駁 禺彊

北海内有兽，其状如马，名曰駒騟。有兽焉，其
名曰駁，状如白马，锯牙，食虎豹。有素兽焉，状如马，
名曰蛩蛩。有青兽焉，状如虎，名曰罗罗。北方禺彊，
人面鸟身，珥两青蛇，践两青蛇。

卷
之
九

海外东经

海外东经

海外自东南陬至东北陬者：

○醝丘 大人国

醝丘，爰有遗玉、青马、视肉、杨柳、甘柤、甘华，甘果所生。在东海，两山夹丘，上有树木。一曰嗟丘。一曰百果所在，在尧葬东。大人国在其北。为人大，坐而削船。一曰在醝丘北。

○奢比尸

奢比之尸在其北。兽身人面，大耳，珥两青蛇。一曰肝榆之尸在大人北。

○君子国

君子国在其北。衣冠带剑，食兽，使二大虎在旁，其人好让不争。有薰华草，朝生夕死。一曰在肝榆之尸北。

○䍟䍟

䍟䍟在其北。各有两首。一曰在君子国北。

○朝阳谷

朝阳之谷，神口天吴，是为水伯。在䍟䍟北两水间。其为兽也，八首人面，八足八尾，皆青黄。青丘国在其北。其狐四足九尾。一曰在朝阳北。

○竖亥 黑齿国

帝命竖亥步自东极，至于西极，五亿十选九千八百步。竖亥右手把算，左手指青丘北。一曰禹令竖亥。一曰五亿十万九千八百步。黑齿国在其北。为人黑，食稻啖蛇，一赤一青在其旁。一曰在竖亥北，为人黑首，食稻使蛇，其一蛇赤。

○汤谷 扶桑

下有汤谷，汤谷上有扶桑，十日所浴。在黑齿北，居水中，有大木，九日居下枝，一日居上枝。

○雨师妾

雨师妾在其北，其为人黑，两手各操一蛇，左耳有青蛇，右耳有赤蛇。一曰在十日北，为人黑身人面，各操一龟。

○玄股国

　　玄股之国在其北。其为人衣鱼食驱，使两鸟夹之。一曰在雨师妾北。

○毛民国

　　毛民之国在其北。为人身生毛。一曰在玄股北。

○劳民国

　　劳民国在其北。其为人黑。或曰教民。一曰在毛民北，为人面目手足尽黑。东方句芒，鸟身人面，乘两龙。

卷
之
十

海内南经

海内南经

海内东南陬以西者：

○瓯　闽

瓯，居海中。闽，在海中。其西北有山。一曰闽中山在海中。

○三天子鄣山

三天子鄣山，在闽西海北。一曰在海中。

○桂林　郁水

桂林八树，在番隅东。伯虑国、离耳国、雕题国、北朐国，皆在郁水南。郁水出湘陵南海。一曰相虑。

○枭阳国

枭阳国，在北朐之西。其为人人面长唇，黑身有毛，反踵，见人笑亦笑，左手操管。

○兕　苍梧山　氾林　狌狌

兕，在舜葬东，湘水南，其状如牛，苍黑，一角。苍梧之山，帝舜葬于阳，帝丹朱葬于阴。氾林，方三百里，在狌狌东。狌狌知人名，其为兽，如豕而人面。在舜葬西。

○犀牛　孟涂

狌狌西北有犀牛，其状如牛而黑。夏后启之臣曰孟涂，是司神于巴，人请讼于孟涂之所，其衣有血者乃执之，是请生。居山上，在丹山西。丹山在丹阳南，丹阳居属也。

○窫窳　建木

窫窳，龙首，居弱水中，在狌狌知人名之西。其状如龙首，食人。有木，其状如牛，引之有皮，若缨黄蛇，其叶如罗，其实如栾，其木若䕛，其名曰建木。在窫窳西弱水上。

○氐人国

氐人国，在建木西。其为人，人面而鱼身，无足。巴蛇食象，三岁而出其骨。君子服之，无心腹之疾。其为蛇，青黄赤黑。一曰黑蛇青首，在犀牛西。

○旄马

旄马，其状如马，四节有毛。在巴蛇西北，高山南。匈奴、开题之国、列人之国，并在西北。

卷
十
一

海内西经

海内西经

海内西南陬以北者：

○贰负之臣

贰负之臣曰危。危与贰负杀窫窳，帝乃梏之疏属之山，桎其右足，反缚两手与发，系之山上木。在开题西北。

○大泽　雁门山　高柳　　后稷之葬

大泽，方百里，群鸟所生及所解。在雁门北。雁门山，雁出其闲。在高柳北。高柳，在代北。后稷之葬，山水环之。在氏国西。

○鄳氏国

流黄鄳氏之国，中方三百里，有涂四方，中有山。在后稷葬西。

○流沙　东胡

流沙，出锺山，西行，又南行昆仑之虚，西南入海，黑水之山。东胡，在大泽东。夷人，在东胡东。

○貊国　孟鸟

貊国，在汉水东北。地近丁燕，灭之。孟鸟，在貊国东北。其鸟文赤、黄、青，东乡。

○昆仑虚 河水 开明兽

海内昆仑之虚，在西北，帝之下都。昆仑之虚方八百里，高万仞。上有木禾，长五寻，大五围。面有九井，以玉为槛。面有九门，门有开明兽守之，百神之所在。在八隅之巖，赤水之际，非仁羿莫能上冈之巖。赤水出东南隅，以行其东北。河水出东北隅，以行其北，西南又入渤海，又出海外，即西而北，入禹所道积石山。洋水、黑水出西北隅，以东，东行又东北，南入海，羽民南。弱水、青水出西南隅，以东，又北，又西南过毕方鸟东。昆仑南渊，深三百仞。开明兽身大类虎而九首，皆人面，东向立昆仑上。开明西有凤皇、鸾鸟，皆戴蛇践蛇，膺有赤蛇。开明北有视肉、珠树、文玉树、玕琪树、不死树。凤皇、鸾鸟皆戴瞂。又有离朱、木禾、柏树、甘水、圣木、曼兑。一曰挺木牙交。开明东有巫彭、巫抵、巫阳、巫履、巫凡、巫相，夹窫窳之尸，皆操不死之药以距之。窫窳者，蛇身人面，贰负臣所杀也。服常树，其上有三头人，伺琅玕树。开明南有树，鸟六首，蛟、蝮蛇、蜼、豹、鸟秩树，于表池树木，诵鸟、鶽、视肉。

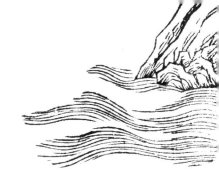

卷
十
二

海内北经

海内北经

海内西北陬以东者:

○蛇巫山

蛇巫之山，上有人操柸而东向立。一曰龟山。

○西王母

西王母，梯几而戴胜杖。其南有三青鸟，为西王母取食。在昆仑虚北。

○大行伯

有人曰大行伯，把戈。其东有犬封国。贰负之尸在大行伯东。

○犬封国

犬封国，曰犬戎国，状如犬。有一女子，方跪进杯食。有文马，缟身朱鬣，目若黄金，名曰吉量，乘之寿千岁。

○鬼国

鬼国，在贰负之尸北，为物人面而一目。一曰贰负神在其东，为物人面蛇身。

○蜪犬

蜪犬，如犬，青，食人从首始。

○穷奇

穷奇，状如虎，有翼，食人从首始，所食被发。在蜪犬北。一曰从足。

○帝尧台 帝喾台 帝丹朱台 帝舜台

帝尧台，帝喾台，帝丹朱台，帝舜台，各二台，台四方，在昆仑东北。

○大蠭 蟜 阘非

大蠭，其状如螽。朱蛾，其状如蛾。蟜，其为人虎文，胫有胕，在穷奇东。一曰状如人。昆仑虚北所有。阘非，人面而兽身，青色。

○据比尸

据比之尸，其为人折颈被发，无一手。

○环狗

环狗，其为人兽首人身。一曰蝟状如狗，黄色。

○袜 戎

袜，其为物人身，黑首从目。戎，其为人人首三角。

○骄吾 氾林 冰夷

林氏国，有珍兽，大若虎，五采毕具，尾长于身，名曰骄吾，乘之日行千里。昆仑虚南所有，氾林，方三百里。从极之渊，深三百仞，维冰夷恒都焉。冰夷人面，乘两龙。一曰忠极之渊。

○阳汗山 凌门山

阳汗之山，河出其中。凌门之山，河出其中。

○王子夜尸

王子夜之尸，两手、两股、胸、首、齿皆断，异处。

○登比氏

舜妻登比氏，生宵明、烛光，处河大泽。二女之灵能照此所方百里。一曰登北氏。

○盖国 倭北

盖国，在钜燕南，倭北。倭属燕。

○朝鲜 列阳

朝鲜，在列阳东，海北山南。列阳属燕。

○列姑射

列姑射，在海河州中。射姑国，在海中，属列姑射。西南，山环之。

○大蟹　陵鱼　大鳙

　　大蟹，在海中。陵鱼，人面、手、足、鱼身，在海中。
大鳙，居海中。

○明组邑　蓬莱山　大人市

　　明组邑，居海中。蓬莱山，在海中。大人之市，
在海中。

卷
十
三

海内东经

海内东经

海内东北陬以南者：

○钜燕

钜燕，在东北陬。

○流沙中

国在流沙中者，埻端、玺㬉，在昆仑虚东南。一曰海内之郡，不为郡县，在流沙中。

○流沙外

国在流沙外者，大夏、竖沙、居繇、月支之国。

○白玉山

　　西胡白玉山，在大夏东，苍梧在白玉山西南，皆在流沙西，昆仑虚东南。昆仑山在西胡西，皆在西北。

○雷泽

　　雷泽中有雷神，龙身而人头，鼓其腹。在吴西。

○都州

　　都州，在海中。一曰郁州。

○琅邪台

　　琅邪台，在渤海闲，琅邪之东。其北有山。一曰在海闲。

○韩雁

　　韩雁，在海中，都州南。

○始鸠

始鸠，在海中，辕厉南。

○会稽山

会稽山，在大楚南。

○岷三江

岷三江，首大江，出汶山，北江出曼山，南江出高山。高山在城都西。入海在长州南。

○浙江

浙江出三天子都，在其东。在闽西北。入海馀暨南。

○庐江

庐江出三天子都，入江彭泽西。一曰天子鄣。

○淮水　馀山

淮水出馀山。馀山在朝阳东,义乡西,入海淮浦北。

○湘水

湘水出舜葬东南陬,西环之。入洞庭下。一曰东南西泽。

○汉水

汉水出鲋鱼之山,帝颛顼葬于阳,九嫔葬于阴,四蛇卫之。

○蒙水

蒙水出汉阳西,入江聂阳西。

○温水

温水出崆峒山,在临汾南,入河华阳北。

○颍水　少室山

颍水出少室，少室山在雍氏南，入淮西鄢北。一曰缑氏。

○汝水

汝水出天息山，在梁勉乡西南，入淮极西北。一曰淮在期思北。

○泾水

泾水出长城北山，山在郁郅长垣北，北入渭戏北。

○渭水
渭水出鸟鼠同穴山，东注河，入华阴北。

○白水

白水出蜀，而东南注江，入江州城下。

○沅水

沅水山出象郡镡城西，入东注江，入下隽西，合洞庭中。

○赣水

赣水出聂都东山，东北注江，入彭泽西。

○泗水

泗水出鲁东北而南，西南过湖陵西，而东南注东海，入淮阴北。

○郁水

郁水出象郡，而西南注南海，入须陵东南。

○肆水

肆水出临晋西南，而东南注海，入番禺西。

○潢水

　　潢水出桂阳西北山，东南注肄水，入敦浦西。

○洛水

　　洛水出洛西山，东北注河，入成皋之西。

○汾水

　　汾水出上窳北，而西南注河，入皮氏南。

○沁水

　　沁水出井陉山东，东南注河，入怀东南。

○济水

　　济水出共山南东丘，绝钜鹿泽，注渤海，入齐琅
槐东北。

○潦水

　　潦水出卫皋东，东南注渤海，入潦阳。

○虖沱水

　　虖沱水出晋阳城南，而西至阳曲北，而东注渤海，
入越章武北。

○漳水

　　漳水出山阳东，东注渤海，入章武南。

卷
十
四

大荒东经

大荒东经

○少昊国

东海之外大壑，少昊之国。少昊孺帝颛顼于此，弃其琴瑟。有甘山者，甘水出焉，生甘渊。

○皮母地丘

大荒东南隅有山，名皮母地丘。

○大言山

东海之外，大荒之中有山，名曰大言，日月所出。

○大人国 小人国

有波谷山者，有大人之国。有大人之市，名曰大人之堂。有一大人踆其上，张其两耳。有小人国，名靖人。

○犁䰠尸

有神，人面兽身，名曰犁䰠之尸。

○潏山 蔿国

有潏山，杨水出焉。有蔿国，黍食，使四鸟：虎、豹、熊、罴。

○合虚

大荒之中有山，名曰合虚，日月所出。

○中容国　东口山

有中容之国。帝俊生中容，中容人食兽、木实，使四鸟：豹、虎、熊、罴。有东口之山。

○君子国

有君子之国，其人衣冠带剑。

○司幽国　大阿山

有司幽之国。帝俊生晏龙，晏龙生司幽，司幽生思士，不妻，思女，不夫。食黍食兽，是使四鸟。有大阿之山者。

○明星山

大荒中有山，名曰明星，日月所出。

○白民国

　　有白民之国。帝俊生帝鸿，帝鸿生白民。白民销姓，黍食，使四鸟：虎、豹、熊、罴。

○青丘国

　　有青丘之国，有狐九尾。有柔仆民，是维嬴土之国。

○黑齿国

　　有黑齿之国。帝俊生黑齿，姜姓，黍食，使四鸟。

○夏州国　盖余国

　　有夏州之国。有盖余之国。

○天吴

　　有神人，八首人面，虎身十尾，名曰天吴。

○鞠陵于天　折丹

大荒之中有山，名曰鞠陵于天、东极、离瞀，日月所出，名曰折丹。东方曰折，来风曰俊，处东极以出入风。

○禺强　禺京

东海之渚中有神，人面鸟身，珥两黄蛇，践两黄蛇，名曰禺虢。黄帝生禺虢，禺虢生禺京。禺京处北海，禺虢处东海，是惟海神。

○招摇山　玄股国

有招摇山，融水出焉。有国曰玄股，黍食，使四鸟。

○困民国 王亥 有易

有困民国，勾姓而食。有人曰王亥，两手操鸟，方食其头。王亥托于有易、河伯、仆牛，有易杀王亥，取仆牛。河念有易，有易潜出，为国于兽，方食之，名曰摇民。帝舜生戏，戏生摇民。

○女丑

海内有两人，名曰女丑。女丑有大蟹。

○孽摇頵羝

大荒之中有山，名曰孽摇頵羝，上有扶木，柱三百里，其叶如芥。

○温源谷

有谷曰温源谷。汤谷上有扶木。一日方至，一日方出，皆载于鸟。

○奢比尸

有神，人面、犬耳、兽身，珥两青蛇，名曰奢比尸。

○五采鸟

有五采之鸟，相乡弃沙，惟帝俊下友。帝下两坛，采鸟是司。

○猗天苏门

大荒之中有山，名曰猗天苏门，日月所生。

○壎民国

有壎民之国。有綦山。又有摇山。有綦山。又有门户山。又有盛山。又有待山。有五采之鸟。

○壑明俊疾

东荒之中有山，名曰壑明俊疾，日月所出。

○中容国

有中容之国。东北海外，又有三青马、三雅、甘华。爰有遗玉、三青鸟、三雅、视肉、甘华、甘柤。百谷所在。

○女和月母国

有女和月母之国。有人名曰鹓。北方曰鹓，来之风曰狻，是处东极隅以止日月，使无相闲出没，司其短长。

○凶犁土丘 应龙

大荒东北隅中有山，名曰凶犁土丘。应龙处南极，杀蚩尤与夸父，不得复上。故下数旱，旱而为应龙之状，乃得大雨。

○流波山　夔

　　东海中有流波山，入海七千里。其上有兽，状如牛，苍身而无角，一足，出入水则必风雨，其光如日月，其声如雷，其名曰夔。黄帝得之，以其皮为鼓橛以雷兽之骨，声闻五百里，以威天下。

卷
十
五

大荒南经

大荒南经

○跊踢 双双

南海之外，赤水之西，流沙之东，有兽，左右有首，名曰跊踢。有三青兽相并，名曰双双。有阿山者。

○氾天山

南海之中，有氾天之山，赤水穷焉。

○苍梧野

赤水之东，有苍梧之野，舜与叔均之所葬也。爰有文贝、离俞、鸱久、鹰、贾、委维、熊、罴、象、虎、豹、狼、视肉。

○荣山

有荣山，荣水出焉。黑水之南有玄蛇，食麈。

○巫山

有巫山者，西有黄鸟。帝药八斋。黄鸟于巫山，司此玄蛇。

○不庭山

大荒之中有不庭之山，荣水穷焉。有人三身。

○三身国

帝俊妻娥皇，生此三身之国。姚姓，黍食，使四鸟。有渊四方，四隅皆达。北属黑水，南属大荒，北旁名曰少和之渊，南旁名曰从渊，舜之所浴也。又有成山，甘水穷焉。

○季禺国

有季禺之国，颛顼之子，食黍。

○羽民国 卵民国

有羽民之国，其民皆生毛羽。有卵民之国，其民皆生卵。

○不姜山 贾山 言山 登备山 恝恝山 蒲山 隗山

大荒之中有不姜之山，黑水穷焉。又有贾山，汔水出焉。又有言山，又有登备之山，有恝恝之山。又有蒲山，澧水出焉。又有隗山，其西有丹，其东有玉。又南有山，漂水出焉。

○尾山 翠山 盈民国

有尾山，有翠山。有盈民之国，于姓，黍食。又有人方食木叶。

○不死国

有不死之国，阿姓，甘木是食。

○去痊山

大荒之中有山，名曰去痊。南极果，北不成，去痊果。

○不廷胡余

南海渚中有神，人面，珥两青蛇，践两赤蛇，曰不廷胡余。

○因因乎

有神名曰因因乎，南方曰因乎，夸风曰乎民，处南极以出入风。

○襄山　重阴山

有襄山，又有重阴之山。

○季釐国

有人食兽，曰季釐。帝俊生季釐，故曰季釐之国。

○缗渊

有缗渊。少昊生倍伐，倍伐降处缗渊。

○俊坛

有水四方，名曰俊坛。

○載民国

有载民之国。帝舜生无淫，降载处，是谓巫载民。巫载民朌姓，食谷，不绩不经，服也；不稼不穑，食也。爰有歌舞之鸟，鸾鸟自歌，凤鸟自舞。爰有百兽，相群爰处，百谷所聚。

○融天

大荒之中有山，名曰融天，海水南入焉。有人曰凿齿，羿杀之。

○蜮民国

有蜮山者，有蜮民之国，桑姓，食黍，射蜮是食。有人方扞弓射黄蛇，名曰蜮人。

○宋山　枫木

有宋山者。有赤蛇，名曰育蛇。有木生山上，名曰枫木。枫木，蚩尤所弃其桎梏，是谓枫木。

○祖状尸

有人方齿虎尾，名曰祖状之尸。

○焦侥国

有小人，名曰焦侥之国，几姓，嘉谷是食。

○歹涂山

大荒之中有山，名歹涂之山，青水穷焉。

○云雨山

有云雨之山，有木名曰栾。禹攻云雨，有赤石焉，生栾，黄木，赤枝，青叶，群帝焉取药。

○颛顼国

有国曰颛顼，生伯服，食黍。

○鼬姓国　白水山

　　有鼬姓之国。有苕山，又有宗山，又有姓山，又
有壑山，又有陈州山，又有东州山。又有白水山，白
水出焉，而生白渊，昆吾之师所浴也。

○张弘国

　　有人名曰张弘，在海上捕鱼。海中有张弘之国，
食鱼，使四鸟。有人焉，鸟喙有翼，方捕鱼于海。

○欢头

　　大荒之中有人，名曰欢头。鲧妻士敬，士敬子曰
炎融，生欢头。欢头人面鸟喙，有翼，食海中鱼，杖
翼而行。维宜芑苣，穋杨是食。有欢头之国。

○岳山

帝尧、帝喾、帝舜葬于岳山。爰有文贝、离俞、鸱久、鹰、延维、视肉、熊、罴、虎、豹。朱木，赤枝、青华、玄实。有申山者。

○天台高山

大荒之中有山，名曰天台高山，海水入焉。

○羲和国

东南海之外，甘水之间，有羲和之国。有女子名曰羲和，方日浴于甘渊。羲和者，帝俊之妻，生十日。

○盖犹山

有盖犹之山者，其上有甘柤，枝干皆赤，黄叶、白华、黑实。东又有甘华，枝干皆赤，黄叶。有青马，有赤马，名曰三骓。有视肉。

○菌人山

　　有小人，名曰菌人。有南类之山，爰有遗玉、青马、三骓、视肉、甘华，百谷所在。

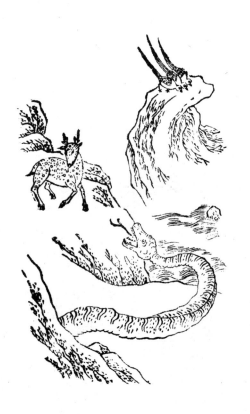

卷
十
六

大荒西经

大荒西经

○不周负子 寒暑水 湿山 幕山

西北海之外，大荒之隅，有山而不合，名曰不周负子，有两黄兽守之。有水曰寒暑之水。水西有湿山，水东有幕山。有禹攻共工国山。

○淑士国 女娲之肠

有国名曰淑士，颛顼之子。有神十人，名曰女娲之肠。化为神，处栗广之野，横道而处。

○石夷 白氏国

有人名曰石夷，来风曰韦，处西北隅，以司日月之长短。有五采之鸟，有冠，名曰狂鸟。有大泽之长山。有白氏之国。

○长胫国

西北海之外，赤水之东，有长胫之国。

○西周国

有西周之国，姬姓，食谷。有人方耕，名曰叔均。帝俊生后稷，稷降以百谷。稷之弟曰台玺，生叔均。叔均是代其父及稷播百谷，始作耕。有赤国妻氏。有双山。

○方山

西海之外，大荒之中，有方山者，上有青树，名曰柜格之松，日月所出入也。

○先民国

西北海之外，赤水之西，有先民之国，食谷，使四鸟。

○北狄国

有北狄之国。黄帝之孙曰始均，始均生北狄。有芒山。有桂山。有榣山，其上有人，号曰太子长琴。颛顼生老童，老童生祝融，祝融生太子长琴，是处榣山，始作乐风。有五采鸟三名：一曰皇鸟，一曰鸾鸟，一曰凤鸟。有虫，状如菟，胷以后者裸不见，青如猨状。

○丰沮玉门

大荒之中有山，名曰丰沮玉门，日月所入。

○灵山

有灵山，巫咸、巫即、巫盼、巫彭、巫姑、巫真、巫礼、巫抵、巫谢、巫罗十巫从此升降，百药爰在。西有王母之山、壑山、海山。

○沃国

有沃之国，沃民是处。沃之野，凤鸟之卵是食，甘露是饮。凡其所欲，其味尽存。爰有甘华、甘柤、白柳、视肉、三骓、璇瑰、瑶碧、白木、琅玕、白丹、青丹，多银、铁。鸾凤自歌，凤鸟自舞。爰有百兽，相群是处，是谓沃之野。有三青鸟，赤首黑目，一名曰大鵹，一名少鵹一名曰青鸟。

○轩辕台

有轩辕之台，射者不敢西向射，畏轩辕之台。

○龙山 三泽水 女丑尸

大荒之中有龙山，日月所入。有三泽水，名曰三淖，昆吾之所食也。有人衣青，以袂蔽面，名曰女丑之尸。

○女子国

有女子之国。有桃山，有䖟山，有桂山，有于土山。

○丈夫国

有丈夫之国。有弇州之山。五采之鸟仰天，名曰鸣鸟。爰有百乐歌儛之风。

○轩辕国

有轩辕之国。江山之南栖为吉。不寿者乃八百岁。

○弇兹

西海䃟中有神，人面鸟身，珥两青蛇，践两赤蛇，名曰弇兹。

○日月山

大荒之中有山，名曰日月山，天枢也。吴姖天门，日月所入。有神，人面无臂，两足反属于头山，名曰嘘。颛顼生老童，老童生重及黎。帝令重献上天，令黎邛下地，下地是生噎，处于西极，以行日月星辰之行次。

○天虞 常羲

有人反臂，名曰天虞。有女子方浴月。帝俊妻常羲，生月十有二，此始浴之。

○玄丹山

有玄丹之山。有五色之鸟，人面有发。爰有青鸧、黄鹜，青鸟、黄鸟，其所集者其国亡。有池名孟翼之攻颛顼之池。

○鏖鏊钜山

大荒之中有山，名曰鏖鏊钜，日月所入者。有兽，左右有首，名曰屏蓬。有巫山者。有壑山者。

○金门山

有金门之山，有人名曰黄姬之尸。有比翼之鸟。有白鸟，青翼、黄尾、玄喙。有赤犬，名曰天犬，其所下者有兵。

○昆仑丘 西王母

西海之南，流沙之滨，赤水之后，黑水之前，有大山，名曰昆仑之丘。有神，人面虎身，有文有尾，皆白处之。其下有弱水之渊环之。其外有炎火之山，投物辄然。有人，戴胜虎齿，有豹尾，穴处，名曰西王母。此山万物尽有。

○长洋山

大荒之中有山，名曰常阳之山，日月所入。

○寒荒国

有寒荒之国，有二人，女祭、女薎。

○寿麻国

有寿麻之国。南岳娶州山女，名曰女虔，女虔生季格。季格生寿麻。寿麻正立无景，疾呼无响。爰有大暑，不可以往。

○夏耕尸

有人无首，操戈盾立，名曰夏耕之尸。故成汤伐夏桀于章山，克之，斩耕厥前。耕既立，无首，走厥咎，乃降于巫山。

○吴回 盖山国

　　有人名曰吴回，奇左，是无右臂。有盖山之国。有树，赤皮支干，青叶，名曰朱木。有一臂民。

○大荒山

　　大荒之中有山，名曰大荒之山，日月所入。有人焉三面，是颛顼之子，三面一臂。三面之人不死。是谓大荒之野。

○夏后开

　　西南海之外，赤水之南，流沙之西，有人，珥两青蛇，乘两龙，名曰夏后开。开上三嫔于天，得九辩与九歌以下。此天穆之野，高二千仞，开焉得始歌九招。

○互人国

　　有互人之国。炎帝之孙，名曰灵恝。灵恝生互人，是能上下于天。有鱼偏枯，名曰鱼妇。颛顼死即复苏。风道北来，天乃大水泉，蛇乃化为鱼，是谓鱼妇。颛顼死即复苏。有青鸟，身黄，赤足，六首，名曰鸀鸟。有大巫山。有金之山。西南大荒之中隅，有偏句、常羊之山。

卷十七

大荒北经

大荒北经

○附禺山

东北海之外，大荒之中，河水之间，附禺之山，帝颛顼与九嫔葬焉。爰有鸱久、文贝、离俞、鸾鸟、皇鸟、大物、小物。有青鸟、琅鸟、玄鸟、黄鸟、虎、豹、熊、罴、黄蛇、视肉、璿瑰、瑶碧，皆出卫于山。丘方员三百里，丘南帝俊竹林在焉，大可为舟。竹南有赤泽水，名曰封渊。有三桑无枝。丘西有沈渊，颛顼所浴。

○胡不与国

有胡不与之国，烈姓，黍食。

○不咸山　肃慎国

大荒之中有山，名曰不咸。有肃慎氏之国。有蜚蛭，四翼。有虫，兽首蛇身，名曰琴虫。

○大人国

有人名曰大人。有大人之国，釐姓，黍食。有大青蛇，黄头，食麈。有榆山。有鲧攻程州之山。

○衡天山

大荒之中有山，名曰衡天。有先民之山。有槃木千里。

○叔歜国

有叔歜国。颛顼之子，黍食，使四鸟：虎、豹、熊、罴。有黑虫，如熊状，名曰猎猎。

○北齐国

有北齐之国，姜姓，使虎、豹、熊、罴。

○先槛大逢山　禹所积石山

大荒之中有山，名曰先槛大逢之山，河、济所入海北注焉。其西有山，名曰禹所积石。有阳山者。有顺山者，顺水出焉。

○始州国　大泽

有始州之国。有丹山。有大泽方千里，群鸟所解。

○毛民国

有毛民之国，依姓，食黍，使四鸟。禹生均国，均国生役采，役采生修鞈，修鞈杀绰人。帝念之，潜为之国，是此毛民。

○儋耳国

有儋耳之国，任姓。禺号子，食谷北海之渚中。有神，人面鸟身，珥两青蛇，践两赤蛇，名曰禺彊。

○北极天柜山

大荒之中有山，名曰北极天柜，海水北注焉。有神，九首，人面，鸟身，名曰九凤。又有神，衔蛇操蛇，其状虎首人身，四蹄长肘，名曰彊良。

○成都载天山

大荒之中有山，名曰成都载天。有人珥两黄蛇，把两黄蛇，名曰夸父。后土生信，信生夸父。夸父不量力，欲追日景，逮之于禺谷。将饮河而不足也，将走大泽，未至，死于此。应龙已杀蚩尤，又杀夸父，乃去南方处之，故南方多雨。

○无肠国

又有无肠之国，是任姓。无继子，食鱼。

○相繇

共工臣名曰相繇，九首，蛇身自环，食于九土。其所歍所尼，即为源泽，不辛乃苦，百兽莫能处。禹埋洪水，杀相繇，其血腥臭，不可生谷，其地多水，不可居也。禹湮之，三仞三沮，乃以为池，群帝是因以为台。在昆仑之北。

○岳山

有岳之山，寻竹生焉。

○不句山 共工台

大荒之中有山，名曰不句，海水入焉。有系昆之山者，有共工之台，射者不敢北乡。

○黄帝女魃

有人衣青衣，名曰黄帝女魃。蚩尤作兵伐黄帝，黄帝乃令应龙攻之冀州之野。应龙畜水，蚩尤请风伯、雨师纵大风雨。黄帝乃下天女曰魃，雨止，遂杀蚩尤。魃不得复上，所居不雨。叔均言之帝，后置之赤水之北。叔均乃为田祖。魃时亡之。所欲逐之者令曰：神北行。先除水道，决通沟渎。

○深目民国

有人方食鱼，名曰深目民之国，盼姓，食鱼。有锺山者。

○赤水女子献

有女子衣青衣，名曰赤水女子献。

○融父山

大荒之中有山，名曰融父山，顺水入焉。

○犬戎

有人名曰犬戎。黄帝生苗龙，苗龙生融吾，融吾生弄明，弄明生白犬。白犬有牝牡，是为犬戎，肉食。有赤兽，马状无首，名曰戎宣王尸。有山名曰齐州之山、君山、鸞山、鲜野山、鱼山。

○一目民

有人一目，当面中生。一曰是威姓，少昊之子，食黍。

○继无民

有继无民。继无民任姓，无骨子，食气、鱼。

○中輪国

西北海外，流沙之东，有国曰中輪，颛顼之子，食黍。

○赖丘国　犬戎国

有国名曰赖丘。有犬戎国。有神，人面兽身，名曰犬戎。

○苗民国

西北海外，黑水之北，有人有翼，名曰苗民。颛顼生欢头，欢头生苗民，苗民釐姓，食肉。有山，名曰章山。

○大荒中

大荒之中有衡石山、九阴山、泂野之山，上有赤树，青叶赤华，名曰若木。

○牛黎国

有牛黎之国。有人无骨，儋耳之子。

○章尾山　烛龙

　　西北海之外，赤水之北，有章尾山。有神，人面蛇身而赤，直目正乘，其瞑乃晦，其视乃明。不食不寝不息，风雨是谒。是烛九阴，是谓烛龙。

卷
十
八

海内经

海内经

○朝鲜国　天毒国

东海之内，北海之隅，有国名曰朝鲜、天毒，其人水居，偎人爱之。

○壑市国　氾叶国

西海之内，流沙之中，有国名曰壑市。西海之内，流沙之西，有国名曰氾叶。

○鸟山　淮山

流沙之西有鸟山者，三水出焉。爰有黄金、璿瑰、丹货、银、铁，皆流于此中。又有淮山，好水出焉。

○朝云国　司彘国

流沙之东，黑水之西，有朝云之国、司彘之国。

○韩流

黄帝妻雷祖，生昌意。昌意降处若水，生韩流。韩流擢首、谨耳、人面、豕喙、麟身、渠股、豚止，取淖子曰阿女，生帝颛顼。

○不死山

流沙之东，黑水之间，有山名不死之山。

○肇山

华山青水之东，有山名曰肇山，有人名曰柏高，柏高上下于此，至于天。

○都广野

西南黑水之间，有都广之野，后稷葬焉。爰有膏菽、膏稻、膏黍、膏稷。百谷自生，冬夏播琴。鸾鸟自歌，凤鸟自儛，灵寿实华，草木所聚。爰有百兽，相群爰处。此草也，冬夏不死。

○禺中国 列襄国

南海之外，黑水、青水之间，有木名曰若木，若水出焉。有禺中之国。有列襄之国。有灵山。有赤蛇在木上，名曰蝡蛇，木食。

○盐长国

有盐长之国。有人焉，鸟首，名曰鸟氏。

○九丘

有九丘，以水络之，名曰陶唐之丘。有叔得之丘、孟盈之丘、昆吾之丘、黑白之丘、赤望之丘、参卫之丘、武夫之丘、神民之丘。

○建木

有木，青叶紫茎，玄华黄实，名曰建木。百仞无枝，有九欘，下有九枸，其实如麻，其叶如芒。大皞爰过，黄帝所为。

○窫窳　猩猩

有窫窳，龙首，是食人。有青兽，人面，名曰猩猩。

○巴国

西南有巴国。大皞生咸鸟，咸鸟生乘釐，乘釐生后照，后照是始为巴人。

○流黄辛氏　朱卷国

有国名曰流黄辛氏，其域中方三百里，其出是尘土。有巴遂山，渑水出焉。又有朱卷之国，有黑蛇，青首，食象。

○赣巨人　黑人

南方有赣巨人，人面长臂，黑身有毛，反踵，见人笑亦笑，唇蔽其面，因即逃也。又有黑人，虎首鸟足，两手持蛇方啗之。

○嬴民　苗民

有嬴民，鸟足。有封豕。有人曰苗民。有神焉，人首蛇身，长如辕，左右有首，衣紫衣，冠旃冠，名曰延维。人主得而飨食之，伯天下。

○凤鸟

有鸾鸟自歌，凤鸟自舞。凤鸟首文曰德，翼文曰顺，膺文曰仁，背文曰义，见则天下和。又有青兽，如菟，名曰菌狗。有翠鸟。有孔鸟。

○南海内

南海之内，有衡山，有菌山，有桂山。有山名三天子之都。

○九嶷山

南方苍梧之丘，苍梧之渊，其中有九嶷山，舜之所葬，在长沙零陵界中。

○蛇山 不距山

北海之内，有蛇山者，蛇水出焉，东入于海。有五采之鸟，飞蔽一乡，名曰翳鸟。又有不距之山，巧倕葬其西。

○相顾尸

北海之内，有反缚盗械、带戈常倍之佐，名曰相顾之尸。

○氐羌

伯夷父生西岳，西岳生先龙，先龙是始生氐羌，氐羌乞姓。

○幽都山

北海之内有山，名曰幽都之山，黑水出焉。其上有玄鸟、玄蛇、玄豹、玄虎、玄狐蓬尾。

○大玄山

有大玄之山。有玄丘之民。有大幽之国。有赤胫之民。有钉灵之国，其民从膝已下有毛，马蹄，善走。

○古史

炎帝之孙伯陵，伯陵同吴权之妻阿女缘妇。缘妇孕三年，是生鼓、延、殳，始为侯。鼓、延是始为钟，为乐风。黄帝生骆明，骆明生白马，白马是为鲧。帝俊生禺号，禺号生淫梁，淫梁生番禺，是始为舟。番禺生奚仲，奚仲生吉光，吉光是始以木为车。少皞生般，般是始为弓矢。帝俊赐羿彤弓、素矰，以扶下国。羿是始去恤下地之百艰。帝俊生晏龙，晏龙是为琴瑟。帝俊有子八人，是始为歌舞。帝俊生三身，三身生义均，义均是始为巧倕，是始作下民百巧。后稷是播百谷。稷之孙曰叔均，是始作牛耕。大比赤阴，是始为国。禹鲧是始布土，均定九州。炎帝之妻，赤水之子听訞生炎居，炎居生节并，节并生戏器，戏器生祝融。祝融降处于江水，生共工，共工生术器。术器首方颠，是复土穰，以处江水。共工生后土，后土生噎鸣，噎鸣生岁十有二。洪水滔天，鲧窃帝之息壤以堙洪水，不待帝命。帝令祝融杀鲧于羽郊。鲧复生禹。帝乃命禹，卒布土以定九州。

博物志

中华书局

· 博物志怪 ·

卷首语

鬼神异闻，古所多有，玄怪故事，往往而在，历代所记，浩如烟海。《山海经》，记载山川方国异人异兽，"小说之最古者"；《博物志》，记载奇境奇物神仙方术；《搜神记》，撰集古今灵异神祇、人物变化；《玄怪录》，借神鬼异事说人情世故。这次我们择选上述四种，辑为"博物志怪"，略窥古人精神世界之一斑。

目　录

卷之八

卷之九

卷之十

佚 文

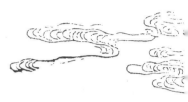

卷之一

余视《山海经》及《禹贡》、《尔雅》、《说文》、地志，虽曰悉备，各有所不载者，作略说。出所不见，粗言远方，陈山川位象，吉凶有征。诸国境界，犬牙相入。春秋之后，并相侵伐。其土地不可具详，其山川地泽，略而言之，正国十二。博物之士，览而鉴焉。

地理略，自魏氏日已前，夏禹治四方而制之。

《河图括地象》曰：地南北三亿三万五千五百里。地坻之位起形高大者有昆仑山，广万里，高万一千里，神物之所生，圣人仙人之所集也。出五色云气，五色流水，其白水南流入中国，名曰河也。其山中应于天，最居中，八十城布绕之，中国东南隅，居其一分，是好城也。

中国之域，左滨海，右通流沙，方而言之，万五千里。东至蓬莱，西至陇右，右跨京北，前及衡岳，尧舜土万里，时七千里，亦无常，随德劣优也。

尧别九州，舜为十二。

秦，前有蓝田之镇，后有胡苑之塞，左崤函，右陇蜀，西通流沙，险阻之国也。

蜀汉之土与秦同域，南跨邛笮，北阻褒斜，西即隈碍，隔以剑阁，穷险极峻，独守之国也。

周在中枢，西阻崤谷，东望荆山，南面少室，北有太岳，三河之分，雷风所起，四险之国也。

魏，前枕黄河，背漳水，瞻王屋，望梁山，有蓝田之宝，浮池之渊。

赵，东临九州，西瞻恒岳，有沃瀑之流，飞壶、井陉之险，至于颍阳、涿鹿之野。

燕，却背沙漠，进临易水，西至君都，东至于辽，长蛇带塞，险陆相乘也。

齐，南有长城、巨防、阳关之险。北有河、济，足以为固。越海而东，通于九夷。西界岱岳、配林之险，坂固之国也。

鲁，前有淮水，后有岱岳、蒙、羽之向，洙、泗之流。大野广土，曲阜尼丘。

宋，北有泗水，南迄睢涡，有孟诸之泽，砀山之塞也。

楚，后背方城，前及衡岳，左则彭蠡，右则九疑，有江汉之流，实险阻之国也。

南越之国，与楚为邻。五岭已前至于南海，负海之邦，交趾之土，谓之南裔。

吴，左洞庭，右彭蠡，后滨长江，南至豫章，水戒险阻之国也。

东越通海，处南北尾闾之间。三江流入南海，通东治，嵩海深，险绝之国也。

卫，南跨于河，北得洪水，南过汉上，左通鲁泽，右指黎山。

赞曰：

地理广大，四海八方，遐远别域，略以难详。

侯王设险，守固保疆，远遮川塞，近备城隍。

司察奸非，禁御不良，勿恃危陋，恣其淫荒。

无德则败，有德则昌，安屋犹惧，乃可不亡。

进用忠直，社稷永康，教民以孝，舜化以彰。

地

　　天地初不足，故女娲氏练五色石以补其阙，断鳌足以立四极。其后共工氏与颛顼争帝，而怒触不周之山，折天柱，绝地维。故天后倾西北，日月星辰就焉；地不满东南，故百川水注焉。

　　昆仑山北，地转下三千六百里，有八玄幽都方二十万里。地下有四柱，四柱广十万里。地有三千六百轴，犬牙相掣。

　　泰山一曰天孙，言为天帝孙也。主召人魂魄。东方万物始成，知人生命之长短。

　　《考灵耀》曰：地有四游，冬至地行上北而西三万里，夏至地行下南而东三万里，春秋二分其中矣。地常动不止，譬如人在舟而坐，舟行而人不觉。七戎六蛮，九夷八狄，形总而言之，谓之四海。言皆近海，海之言晦昏无所睹也。

地以名山为之辅佐，石为之骨，川为之脉，草木为之毛，土为之肉。三尺以上为粪，三尺以下为地。

山

五岳：华、岱、恒、衡、嵩。

按北太行山而北去，不知山所限极处。亦如东海不知所穷尽也。

石者，金之根甲。石流精以生水，水生木，木含火。

水

漠北广远，中国人鲜有至北海者。汉使骠骑将军霍去病北伐单于，至瀚海而还，有北海明矣。

汉使张骞渡西海，至大秦。西海之滨，有小昆仑，高万仞，方八百里。东海广漫，未闻有渡者。

南海短狄，未及西南夷以穷断。今渡南海至交趾者，不绝也。

《史记·封禅书》云：威宣、燕昭遣人乘舟入海，有蓬莱、方丈、瀛州三神山，神人所集。欲采仙药，盖言先有至之者。其鸟兽皆白，金银为宫阙，悉在渤海中，去人不远。

四渎：河出昆仑墟，江出岷山，济出王屋，淮出桐柏。八流亦出名山：渭出鸟鼠，汉出嶓冢，洛出熊耳，泾出少室，汝出燕泉，泗出涪尾，沔出月台，沃出太山。

水有五色，有浊有清。汝南有黄水，华山南有黑水。泞水不流。渊或生明珠而岸不枯，山泽通气，以兴雷云，气触石，肤寸而合，不崇朝以雨。

江河水赤，名曰泣血。道路涉骸，于河以处也。

山水总论

　　五岳视三公，四渎视诸侯，诸侯赏封内名山者，通灵助化，位相亚也。故地动臣叛，名山崩，王道讫，川竭神去，国随已亡。海投九仞之鱼，流水涸，国之大诫也。泽浮舟，川水溢，臣盛君衰，百川沸腾，山冢卒崩，高岸为谷，深谷为陵，小人握命，君子陵迟，白黑不别，大乱之征也。

　　《援神契》曰：五岳之精神圣，四渎之精仁明，河者水之伯，上应天汉。太山，天帝孙也，主召人魂。东方万物始成，故知人生命之长短。

五方人民

东方少阳，日月所出，山谷清朗，其人佼好。

西方少阴，日月所入，其土窈冥，其人高鼻、深目、多毛。

南方太阳，土下水浅，其人大口多傲。

北方太阴，土平广深，其人广面缩颈。

中央四析，风雨交，山谷峻，其人端正。

南越巢居，北朔穴居，避寒暑也。

东南之人食水产，西北之人食陆畜。食水产者，龟蛤螺蚌以为珍味，不觉其腥臊也。食陆畜者，狸兔鼠雀以为珍味，不觉其膻也。

有山者采，有水者渔。山气多男，泽气多女。平衍气仁，高凌气犯，丛林气躄，故择其所居。居在高中之平，下中之高，则产好人。

居无近绝溪，群冢狐虫之所近，此则死气阴匿之处也。

山居之民多瘿肿疾，由于饮泉之不流者。今荆南诸山郡东多此疾瘴。由践土之无卤者，今江外诸山县偏多此病也。

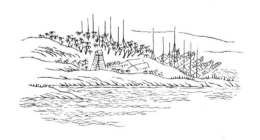

物产

地性含水土山泉者，引地气也。山有沙者生金，有毂者生玉。名山生神芝，不死之草。上芝为车马，中芝为人形，下芝为六畜。土山多云，铁山多石。五土所宜，黄白宜种禾，黑坟宜麦黍，苍赤宜菽芋，下泉宜稻。得其宜，则利百倍。

和气相感则生朱草，山出象车，泽出神马，陵出黑丹，阜出土怪。江南大贝，海出明珠，仁主寿昌，民延寿命，天下太平。

名山大川，孔穴相内，和气所出，则生石脂、玉膏，食之不死，神龙灵龟行于穴中矣。

神宫在高石沼中，有神人，多麒麟，其芝神草有英泉，饮之，服三百岁乃觉，不死。去琅玡四万五千里。三珠树生赤水之上。

员丘山上有不死树，食之乃寿。有赤泉，饮之不老。多大蛇，为人害，不得居也。

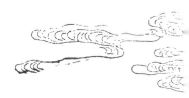

卷之二

外国 / 异人 / 异俗 / 异产

外国

　　夷海内西北有轩辕国，在穷山之际，其不寿者八百岁。渚沃之野，鸾自舞，民食凤卵，饮甘露。

　　白民国，有乘黄，状如狐，背上有角，乘之寿三千岁。

　　君子国，人衣冠带剑，使两虎，民衣野丝，好礼让，不争。土千里，多薰华之草，民多疾风气，故人不番息，好让，故为君子国。

　　三苗国，昔唐尧以天下让于虞舜，三苗之民非之。帝杀，有苗之民叛，浮入南海为三苗国。

　　欢兜国，其民尽似仙人。帝尧司徒。欢兜民。常捕海岛中，人面鸟口，去南国万六千里，尽似仙人也。

大人国，其人孕三十六年，生白头，其儿则长大能乘云而不能走，盖龙类，去会稽四万六千里。

厌光国民，光出口中，形似猿猴，黑色。

结胸国，有灭蒙鸟。奇肱民善为机巧，以杀百禽，能为飞车，从风远行。汤时西风至，吹其车至豫州。汤破其车，不以视民，十年东风至，乃复作车遣返，而其国去玉门关四万里。

羽民国，民有翼，飞不远，多鸾鸟，民食其卵。去九疑四万三千里。

穿胸国，昔禹平天下，会诸侯会稽之野，防风氏后到，杀之。夏德之盛，二龙降之，禹使范成光御之，行域外。既周而还至南海，经房风，房风之神二臣以涂山之戮，见禹使，怒而射之，迅风雷雨，二龙升去。二臣恐，以刃自贯其心而死。禹哀之，乃拔其刃疗以不死之草，是为穿胸民。

交趾民在穿胸东。

孟舒国民，人首鸟身。其先主为䳀氏，训百禽，夏后之世，始食卵。孟舒去之，凤皇随焉。

异人

《河图玉板》云：龙伯国人长三十丈，生万八千岁而死。大秦国人长十丈，中秦国人长一丈，临洮人长三丈五尺。

禹致群臣于会稽，防风氏后至，戮而杀之，其骨专车。长狄乔如，身横九亩，长五丈四尺，或长十丈。

秦始皇二十六年，有大人十二见于临洮，长五丈，足迹六尺。东海之外，大荒之中，有大人国僬侥氏，长三丈。《诗含神雾》曰：东北极人长九丈。

东方有螳螂，沃焦。防风氏长三丈。短人处九寸。远夷之名雕题、黑齿、穿胸、儋耳、大竺、岐首。

子利国，人一手二足，拳反曲。

无启民，居穴食土，无男女。死埋之，其心不朽，百年还化为人。细民，其肝不朽，百年而化为人。皆穴居处，二国同类也。

蒙双民，昔高阳氏有同产而为夫妇，帝放之此野，相抱而死，神鸟以不死草覆之，七年男女皆活，同颈二头、四手，是蒙双民。

有一国亦在海中，纯女无男。又说得一布衣，从海浮出，其身如中国人衣，两袖长二丈。又得一破船，随波出在海岸边，有一人项中复有面，生得，与语不相通，不食而死。其地皆在沃沮东大海中。

南海外有鲛人，水居如鱼，不废织绩，其眠能泣珠。

呕丝之野，有女子方跪，据树而呕丝，北海外也。

江陵有猛人，能化为虎，俗又曰虎化为人，好著紫葛衣，足无踵。

日南有野女，群行觅夫，状晶且目，裸袒无衣裈。

异俗

越之东有骇沐之国，其长子生则解而食之，谓之宜弟。父死则负其母而弃之，言鬼妻不可与同居。

楚之南有炎人之国，其亲戚死，朽之肉而弃之，然后埋其骨，乃为孝也。

秦之西有义渠国，其亲戚死，聚柴积而焚之熏之，即烟上谓之登遐，然为孝。此上以为政，下以为俗，中国未足为非也。此事见《墨子》。

荆州极西南界至蜀，诸民曰獠子，妇人妊娠七月而产。临水生儿，便置水中。浮则取养之，沉便弃之，然千百多浮。既长，皆拔去上齿牙各一，以为身饰。

毋丘俭遣王领追高句丽王宫，尽沃沮东界，问其耆老，言国人常乘船捕鱼，遭风吹，数十日，东得一岛，上有人，言语不相晓。其俗常以七夕取童女沉海。

交州夷名曰俚子，俚子弓长数尺，箭长尺馀，以焦铜为镝，涂毒药于镝锋，中人即死，不时敛藏，即膨胀沸烂，须臾焦煎都尽，唯骨耳。其俗誓不以此药治语人。治之，饮妇人月水及粪汁，时有差者。唯射猪犬者，无他，以其食粪故也。焦铜者，故烧器。其长老唯别焦铜声，以物杵之，徐听其声，得焦毒者，便凿取以为箭镝。

景初中，苍梧吏到京，云："广州西南接交州数郡，桂林、晋兴、宁浦间人有病将死，便有飞虫大如小麦，或云有甲，在舍上。人气绝，来食亡者。虽复扑杀有斗斛，而来者如风雨，前后相寻续，不可断截，肌肉都尽，唯馀骨在，更去尽。贫家无相缠者，或殡殓不时，皆受此弊。有物力者，则以衣服布帛五六重裹亡者。此虫恶梓木气，即以板障防左右，并以作器，此虫便不敢近也。入交界更无，转近郡亦有，但微少耳。"

异产

汉武帝时,弱水西国有人乘毛车以渡弱水来献香者,帝谓是常香,非中国之所乏,不礼其使。留久之,帝幸上林苑,西使千乘舆闻,并奏其香。帝取之,看大如燕卵,三枚,与枣相似。帝不悦,以付外库。后长安中大疫,宫中皆疫病。帝不举乐,西使乞见,请烧所贡香一枚,以辟疫气。帝不得已听之,宫中病者登日并差。长安中百里咸闻香气,芳积九月馀日,香由不歇。帝乃厚礼发遣饯送。一说汉制献香不满斤,西使临去,乃发香气如大豆者,拭著宫门,香气闻长安数十里,经数日乃歇。

汉武帝时,西海国有献胶五两者,帝以付外库。馀胶半两,西使佩以自随。后从武帝射于甘泉宫,帝弓弦断,从者欲更张弦,西使乃进,乞以所送馀香胶续之,座上左右莫不怪。西使乃以口濡胶为以住断弦两头,相连注弦,遂相著。帝乃使力士各引其一头,终不相离。西使曰："可以射。"终日不断，帝大怪，左右称奇，因名曰续弦胶。

《周书》曰：西域献火浣布，昆吾氏献切玉刀。火浣布污则烧之则洁，刀切玉如腊。布，汉世有献者，刀则未闻。

魏文帝黄初三年，武都西都尉王褒献石胆二十斤，四年，献三斤。

临邛火井一所，从广五尺，深二三丈。井在县南百里。昔时人以竹木投以取火，诸葛丞相往视之，后火转盛热，盆盖井上，煮盐得盐。入以家火即灭，讫今不复燃也。酒泉延寿县南山名火泉，火出如炬。

徐公曰：西域使王畅说石流黄出足弥山，去高昌八百里，有石流黄数十丈，从广五六十亩。有取流黄昼视孔中，上状如烟而高数尺。夜视皆如灯光明，高尺馀，畅所亲见之也。言时气不和，皆往保此山。

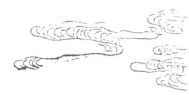

卷之三

异兽 / 异鸟 / 异虫 / 异鱼 / 异草木

异兽

汉武帝时，大苑之北胡人有献一物，大如狗，然声能惊人，鸡犬闻之皆走，名曰猛兽。帝见之，怪其细小。及出苑中，欲使虎狼食之。虎见此兽即低头著地，帝为反观，见虎如此，欲谓下头作势，起搏杀之。而此兽见虎甚喜，舐唇摇尾，径往虎头上立，因搦虎面，虎乃闭目低头，匍匐不敢动，搦鼻下去，下去之后，虎尾下头去，此兽顾之，虎辄闭目。后魏武帝伐冒顿，经白狼山，逢师子，使人格之，杀伤甚众，王乃自率常从军数百击之，师子哮吼奋起，左右咸惊，王忽见一物从林中出，如狸，起上王车轭，师子将至，此兽便跳起在师子头上，即伏不敢起。于是遂杀之，得师子一。还，来至洛阳，三千里鸡犬皆伏，无鸣吠。

九真有神牛，乃生溪上，黑出时共斗，即海沸，黄或出斗，岸上家牛皆怖，人或遮则霹雳，号曰神牛。

昔日南贡四象，各有雌雄。其一雄死于九真，乃至南海百有馀日，其雌涂土著身，不饮食，空草，长史问其所以，闻之辄流涕。

越巂国有牛，稍割取肉，牛不死，经日肉生如故。

大宛国有汗血马，天马种，汉、魏西域时有献者。

文马，赤鬣身白，似若黄金，名吉黄之乘，复蓟之露犬也。能飞食虎豹。

蜀山南高山上，有物如猕猴，长七尺，能人行，健走，名曰猴玃，一名马化，或曰猳玃。同行道妇女有好者，辄盗之以去，人不得知。行者或每遇其旁，皆以长绳相引，然故不免。此得男子气，自死，故取女不取男也。取去为室家，其年少者终身不得还。十年之后，形皆类之，意亦迷惑，不复思归。有子者辄俱送还其家，产子皆如人，有不食养者，其母辄死，故无不敢养也。乃长与人无异，皆以杨为姓，故今蜀中西界多谓杨率皆猳玃、马化之子孙，时时相有玃爪也。

小山有兽，其形如鼓，一足如蠡。泽有委蛇，状如毂，长如辕，见之者霸。

猩猩若黄狗，人面能言。

异鸟

　　崇丘山有鸟，一足，一翼，一目，相得而飞，名曰蛮，见则吉良，乘之寿千岁。

　　比翼鸟，一青一赤，在参嵎山。

　　有鸟如乌，文首，白喙，赤足，曰精卫。故精卫常取西山之木石，以填东海。

　　越地深山有鸟如鸠，青色，名曰冶鸟。穿大树作巢如升器，其户口径数寸，周饰以土垩，赤白相次，状如射侯。伐木见此树，即避之去。或夜冥，人不见鸟，鸟亦知人不见己也，鸣曰咄咄去，明日便宜急上树去；咄咄下去，明日便宜急下。若使去但言笑而不已者，可止伐也。若有秽恶及犯其止者，则虎通夕来守，人不知者即害人。此鸟白日见其形，鸟也；夜听其鸣，人也。时观乐便作人悲，形长三尺，涧中取石蟹就人火间炙之，不可犯也。越人谓此鸟为越祝之祖。

异虫

南方有落头虫，其头能飞。其种人常有所祭祀，号曰虫落，故因取之焉。以其飞因服便去，以耳为翼，将晓还，复著体，吴时往往得此人也。

江南山溪中水射上虫，甲类也，长一二寸，口中有弩形，气射人影，随所著处发疮，不治则杀人。今鹦蝼虫溺人影。亦随所著处生疮。

蝮蛇秋月毒盛，无所蜇螫，啮草木以泄其气，草木即死。人樵采，设为草木所伤刺者亦杀人，毒治于蝮啮，谓之蛇迹也。

华山有蛇名肥遗，六足四翼，见则天下大旱。

常山之蛇名率然，有两头，触其一头，头至；触其中，则两头俱至，孙武以喻善用兵者。

异鱼

南海有鳄鱼，状似鼍，斩其头而乾之，去齿而更生，如此者三乃止。

东海有半体鱼，其形状如牛，剥其皮悬之，潮水至则毛起，潮去则毛伏。

东海蛟错鱼，生子，子惊还入母腹，寻复出。

吴王江行食脍有馀，弃于中流，化为鱼。今鱼中有名吴王脍馀者，长数寸，大者如箸，犹有脍形。

广陵陈登食脍作病，华佗下之，脍头皆成虫，尾犹是脍。

东海有物，状如凝血，从广数尺，方员，名曰鲊鱼，无头目处所，内无藏，众虾附之，随其东西。人煮食之。

异草木

太原晋阳以北生屏风草。

海上有草焉，名筛。其实食之如大麦，七月稔熟，名曰自然谷，或曰禹馀粮。

尧时有屈佚草，生于庭，佞人入朝，则屈而指之，一名指佞草。

右詹山，帝女化为詹草。其叶郁茂，其萼黄，实如豆，服者媚于人。

止些山，多竹，长千仞，凤食其实。去九疑万八千里。

江南诸山郡中，大树断倒者，经春夏生菌，谓之椹。食之有味，而忽毒杀，人云此物往往自有毒者，或云蛇所著之。

　　枫树生者啖之，令人笑不得止，治之，饮土浆即愈。

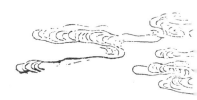

卷之四

物性 / 物理 / 物类 / 药物 / 药论 / 食忌 / 药术 / 戏术

物性

九窍者胎化，八窍者卵生，龟鳖皆此类，咸卵生影伏。

白鹢雄雌相视则孕。或曰雄鸣上风，则雌孕。

兔舐毫望月而孕，口中吐子，旧有此说，余自所见也。

大腰无雄，龟鼍类也。无雄，与蛇通气则孕。细腰无雌，蜂类也。

取桑蚕则阜螽子呪而成子，《诗》云"螟蛉之子，蜾蠃负之"，是也。

蚕三化，先孕而后交。不交者亦产子，子后为蟹，皆无眉目，易伤，收采亦薄。

鸟雌雄不可别，翼右掩左，雄；左掩右，雌。二足而翼谓之禽，四足而毛谓之兽。

鹊巢门户背太岁，得非才智也。

鹳雉长毛，雨雪，惜其尾，栖高树杪，不敢下食，往往饿死。时魏景初中天下所说。

鹳，水鸟也。伏卵时，卵冷则不沸，取矾石周绕卵，以时助燥气，故方术家以鹳巢中矾石为真物。

山鸡有美毛，自爱其色，终日映水，目眩则溺死。

龟三千岁游于莲叶，巢于卷耳之上。

屠龟，解其肌肉，唯肠连其头，而经日不死，犹能啮物。鸟往食之，则为所得。渔者或以张鸟，神蛇复续。

蛴螬以背行，快于足用。

《周官》云："貉不渡汶水，鹳鹆不渡济水"，鲁国无鹳鹆，来巢，记异也。

　　橘渡淮北，化为枳。今之淮东，甚有枳橘。

　　百足一名马蚿，中断成两段，各行而去。

物理

凡月晕，随灰画之，随所画而阙。

麒麟斗而日蚀，鲸鱼死则彗星出，婴儿号妇乳出。

《庄子》曰："地三年种蜀黍，其后七年多蛇。"

积艾草，三年后烧，津液下流成铅锡，已试，有验。

煎麻油，水气尽，无烟，不复沸则还冷，可内手搅之。得水则焰起，散卒而灭。此亦试之有验。

庭州灞水以金银铁器盛之皆漏，唯瓠叶则不漏。

龙肉以醯渍之，则文章生。

积油满万石，则自然生火。武帝泰始中武库火，积油所致。

物类

烧铅锡成胡粉，犹类也。

烧丹朱成水银，则不类，物同类异用者。

魏文帝所记诸物相似乱者：武夫怪石似美玉；蛇床乱蘼芜；荠苨乱人参；杜衡乱细辛；雄黄似石流黄；鳊鱼相乱，以有大小相异；敌休乱门冬；百部似门冬；房葵似狼毒；钩吻草与荇华相似；拔揳与萆薢相似，一名狗脊。

药物

乌头、天雄、附子，一物，春秋冬夏采各异也。

远志，苗曰小草，根曰远志。

芎䓖，苗曰江蓠，根曰芎䓖。

菊有二种，苗花如一，唯味小异，苦者不中食。

野葛食之杀人。家葛种之三年，不收，后旅生亦不可食。

《神仙传》云："松柏脂入地千年化为茯苓，茯苓化为琥珀。"琥珀一名红珠。今泰山出茯苓而无琥珀，益州永昌出琥珀而无茯苓。或云烧蜂巢所作。未详此二说。

地黄蓝首断心分根菜种皆生。女萝寄生兔丝，兔丝寄生木上，生根不著地。

菫花朝生夕死。

药论

《神农经》曰："上药养命，谓五石之练形，六芝之延年也。中药养性，合欢蠲忿，萱草忘忧。下药治病，谓大黄除实，当归止痛。夫命之所以延，性之所以利，痛之所以止，当其药应以痛也。违其药，失其应，即怨天尤人，设鬼神矣。

《神农经》曰：药物有大毒不可入口鼻耳目者，入即杀人，一曰钩吻。

《神农经》曰：药种有五物：一曰狼毒，占斯解之；二曰巴豆，藿汁解之；三曰黎卢，汤解之；四曰天雄、乌头大豆解之；五曰班茅，戎盐解之。毒采害，小儿尿、乳汁解，先食饮二升。

食忌

人啖豆三年，则身重行止难。

啖榆则眠，不欲觉。

啖麦稼，令人力健行。

饮真茶，令人少眠。

人常食小豆，令人肥肌粗燥。

食燕麦令人骨节断解。

人食燕肉，不可入水，为蛟龙所吞。

人食冬葵为狗所啮，疮不差或致死。

马食谷则足重不能行。

雁食粟则翼重不能飞。

药术

胡粉、白石灰等以水和之，涂鬓须不白。涂讫著油，单里令温暖，候欲燥未燥间洗之。汤则不得著，晚则多折，用暖汤洗讫，泽涂之。欲染，当熟洗，鬓须有腻不著药，临染时，亦当拭须燥温之。

陈葵子微火炒，令爆咤，散著熟地，遍蹋之，朝种暮生，远不过经宿耳。

陈葵子秋种，覆盖，令经冬不死，春有子也。

烧马蹄羊角成灰，春夏散著湿地，生罗勒。

蟹漆相合成为水，《神仙药服食方》云。

戏术

削木令圆，举以向日，以艾于后成其影，则得火。

取火法，如用珠取火，多有说者，此未试。

《神农本草》云："鸡卵可作琥珀，其法取伏卵段黄白浑杂者煮，及尚软随意刻作物，以苦酒渍数宿，既坚，内著粉中，佳者乃乱真矣。此世所恒用，作无不成者。

烧白石作白灰，既讫，积著地，经日都冷，遇雨及水浇即更燃，烟焰起。

五月五日埋蜻蜓头于西向户下，埋至三日不食则化成青真珠。又云埋于正中门。

蜥蜴或名蝘蜓。以器养之，以朱砂，体尽赤，所食满七斤，治捣万杵，点女人支体，终年不灭。唯房室事则灭，故号守宫。《传》云："东方朔语汉武帝，试之有验。"

取鳖挫令如棋子大，捣赤苋汁和合，厚以茅苞，五六日中作，投地中，经旬窥窥尽成鳖也。

卷之五

方士 / 服食 / 辨方士

方士

魏武帝好养性法，亦解方药，招引四方之术士如左元放、华佗之徒无不毕至。

魏王所集方士名：上党王真、陇西封君达、甘陵甘始、鲁女生、谯国华佗字元化、东郭延年、唐霅、冷寿光、河南卜式、张貂、蓟子训、汝南费长房、鲜奴辜、魏国军吏河南赵圣卿、阳城郄俭字孟节、卢江左慈字元放。右十六人，魏文帝、东阿王、仲长统所说，皆能断谷不食，分形隐没，出入不由门户。左慈能变形，幻人视听，厌刻鬼魅，皆此类也。《周礼》所谓怪民，《王制》称挟左道者也。

魏时方士，甘陵甘始，卢江有左慈，阳城有郄俭。始能行气道引，慈晓房中之术，善辟谷不食，悉号二百岁人。凡如此之徒，武帝皆集之于魏，不使游散。甘始老而少容，曹子建密问其所行，始言本师姓韩字世雄，尝与师于南海作金，投数万斤于海。又取鲤鱼一双，鲤游行沉浮，有若处渊，其无药者已熟而食。言此药去此踰远万里，已不可行，不能得也。

皇甫隆遇青牛道士姓封名君达，其馀养性法即可放用，大略云："体欲常少劳无过虚，食去肥浓，节酸咸，减思虑，损喜怒，除驰逐，慎房室。施泻，秋冬闭藏。"别篇，武帝行之有效。

文帝《典论》曰：陈思王曹植《辩道论》云：世有吾王悉招至之，甘陵有甘始，庐江有左慈，阳城有郗俭。始能行气，俭善辟谷，悉号三百岁人。自王与太子及余之兄弟咸以为调笑，不全信之。然尝试郗俭辟谷百日，犹与寝处，行步起居自若也。夫人不食七日则死，而俭乃能如是。左慈修房中之术，可以终命，然非有至情，莫能行也。甘始老而少容，自诸术士咸共归之，王使郗孟节主领诸人。

近魏明帝时，河东有焦生者，裸而不衣，处火不燋，入水不冻。杜恕为太守，亲所呼见，皆有实事。

颖川陈元方、韩元长，时之通才者。所以并信有仙者，其父时所传闻，河南密县有成公，其人出行，不知所至，复来还，语其家云："我得仙。"因与家人辞诀而去，其步渐高，良久乃没而不见。至今密县传其仙去。二君以信有仙，盖由此也。

桓谭《新论》说方士有董仲君，有罪系狱，佯死，臭自陷出，既而复生。

黄帝问天老曰："天地所生，岂有食之令人不死者乎？"天老曰："太阳之草，名曰黄精，饵而食之，可以长生。太阴之草，名曰钩吻，不可食，入口立死。人信钩吻之杀人，不信黄精之益寿，不亦惑乎？"

服食

　　左元放荒年法：择大豆粗细调匀，必生熟按之，令有光，烟气彻豆心内。先不食一日，以冷水顿服讫。其鱼肉菜果不得复经口，渴即饮水，慎不可暖饮。初小困，十数日后，体力壮健，不复思食。

　　鲛法服三升为剂，亦当随人先食多少增损之，盛丰欲还者煮葵子及脂苏，服肉羹渐渐饮之，须豆下乃可食，豆未尽而以实物肠塞，则杀人矣。此未试，或可以然。

　　《孔子家语》曰："食水者乃耐寒而苦浮，食土者无心不息，食木者多而不治，食石者肥泽而不老，食草者善走而愚，食桑者有绪而蛾，食肉者勇而悍，食气者神明而寿，食谷者智慧而夭，不食者不死而神，《仙传》曰："虽食者，百病妖邪之所钟焉。"

　　西域有蒲萄酒，积年不败，彼俗云："可十年饮之，醉弥月乃解。"

　　所食逾少，心逾开，年逾益；所食逾多，心逾塞，
年逾损焉。

辨方士

汉淮南王谋反被诛,亦云得道轻举。

钩弋夫人被杀于云阳,而言尸解柩空。

文帝《典论》云:议郎李覃学郗俭辟谷食茯苓,饮水中不寒,泄痢殆至殒命;军祭酒弘农董芬学甘始鸱视狼头,呼吸吐纳,为之过差,气闭不通,良久乃苏;寺人严峻就左慈学补导之术,阉竖真无事于斯,而逐声若此。

又云:王仲统云:甘始、左元放、东郭延年、行容成御妇人法,并为丞相所录。间行其术,亦得其验。降就道士刘景受云母丸子,元放年三百岁,莫之所在。武帝恒御此药,亦云有验。刘德治淮南王狱,得《枕中鸿宝秘书》,及子向咸而奇之。信黄白之术可成,谓神仙之道可致,卒亦无验,乃以罹罪也。

刘根不觉饥渴。或谓能忍盈虚，王仲都当盛夏之月，十炉火炙之不热；当严冬之时，裸之而不寒。恒山君以为性耐寒暑。恒山以无仙道，好奇者为之，前者已述焉。

司马迁云：无尧以天下让许由事。扬雄亦云：夸大者为之。扬雄又云：无仙道。桓谭亦同。

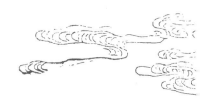

卷之六

人名考 / 文籍考 / 地理考 / 典礼考 / 器名考 / 物名考

人名考

昔彼高阳，是生伯鲧，布土，取帝之息壤，以填洪水。

殷三仁：微子、箕子、比干。

文王四友：南宫括、散宜生、闳夭、太颠。仲尼四友：颜渊、子贡、子路、子张。

曹参字伯敬。

蔡伯喈母，袁公妹曜卿姑也。

古之善射者甘蝇，蝇之弟子曰飞卫。

平原管辂善卜筮，解鸟语。

蔡邕有书万卷，汉末年载数车与王粲。粲亡后，相国掾魏讽谋反，粲子与焉。既被诛，邕所与粲书，悉入粲族子叶字长绪，即正宗父，正宗即辅嗣兄也。初，粲与族兄凯避地荆州依刘表，表有女。表爱粲才，欲以妻之，嫌其形陋周率，乃谓曰："君才过人而体貌躁，非女婿才。"凯有风貌，乃妻凯，生叶，即女所生。

太丘长陈寔，寔子鸿胪卿纪，纪子司空群，群子泰，四世于汉、魏二朝有重名，而其德渐小减，故时人为其语曰："公惭卿，卿惭长。"

文籍考

圣人制作曰经，贤者著述曰传，郑玄注《毛诗》曰笺，不解此意。或云毛公尝为北海郡守，玄是此郡人，故以为敬。

何休注《公羊传》，云"何氏学"。又不能解者，或答云："休谦词，受学于师，乃宣此义不出于己。"此言为允。

太古书今见存有《神农经》、《山海经》，或云禹所作。《素问》，黄帝作。《连山》、《归藏》，夏殷之书，周时曰《易》，蔡邕云：《礼记·月令》周公作。

《谥法》、《司马法》，周公所作。

余友下邳陈德龙谓余言曰：《灵光殿赋》，南郡宜城王子山所作。子山尝之泰山，从鲍子真学算，过鲁国而都殿赋之。还归本州，溺死湘水，时年二十馀也。

地理考

周自后稷至于文、武，皆都关中，号为宗周。秦为阿房殿，在长安西南二十里。殿东西千步，南北三百步，上可以坐万人，庭中受十万人。二世为赵高所杀于宜春宫，在杜城南三里，葬于旁。

尧时德泽盛，蒿大以为宫柱，名曰蒿宫。

姜原祠在墉城，长安西南三十里。

盗跖冢在大阳县西。

赵鞅冢在临水县界。

始皇陵在骊山之北，高数十丈，周回六七里。今在阴盘县界。北陵虽高大，不足以销六丈冰，背陵障使东西流。又此山名运取大石于渭北渚，故歌曰："运石甘泉口，渭水为不流。千人唱，万人钩，金陵馀石大如坯。"其销功力皆如此类。

旧洛阳字作水边各，火行也，忌水，故去水而加佳。又魏于行次为土，水得土而流，土得水而柔，故复佳加水，变雒为洛焉。

洞庭君山，帝之二女居之，曰湘夫人。又《荆州图经》曰："湘君所游，故曰君山。"

《南荆赋》：江陵有台甚大而有一柱，众木皆拱之。

典礼考

三让：一曰礼让，二曰固让，三曰终让。

汉丞秦，群臣上书皆曰昧死言。王莽盗位慕古，去昧死曰稽首，光武因而不改。

肉刑，明王之制，荀卿每论之。至汉文帝感太仓公女之言而废之。班固著论宜复。迄汉末魏初，陈纪又论宜申古制，孔融云不可。复欲申之，钟繇、王朗不同，遂寝。夏侯玄、李胜、曹羲、丁谧建私议，各有彼此，多去时未可复，故遂道焉。

上公备物九锡：一、大辂各一，玄牡二驷。二、衮冕之服，赤舄副之。三、轩悬之乐，六佾之舞。四、朱户以居。五、纳陛以登。六、虎贲之士三百人。七、钛钺各一。八、彤弓一，彤矢百，玈弓十，玈矢千。九、秬鬯一，卣珪瓒副之。

乐考

汉末丧乱无金石之乐，魏武帝至汉中得杜夔旧法，始复设轩悬钟磬，至于今用之，受于夔也。

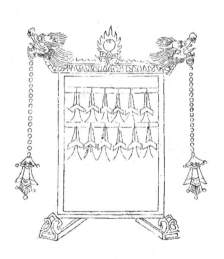

服饰考

汉末丧乱绝无玉佩，魏侍中王粲识旧佩，始复作之。今之玉佩，受法于王粲。

古者男子皆丝衣，有故乃素服。又有冠无帻，故虽凶事，皆著冠也。

汉中兴，士人皆冠葛巾。建安巾，魏武帝造白帢，于是遂废，唯二学书生犹著也。

器名考

　　宝剑名：钝钩、湛卢、豪曹、鱼肠、巨阙，五剑皆欧冶子所作。龙泉、太阿、土市，三剑皆楚王者。风胡子因吴请干将，欧冶子作。干将阳龙文，莫邪阴漫理，此二剑吴王使干将作。莫邪，干将妻也。

　　赤刀，周之宝器也。

物名考

古骏马有飞兔、腰褭。

周穆王八骏：赤骥、飞黄、白蚁、华骝、绿耳、骕骦、渠黄、盗骊。

唐公有骕骦。

项羽有骓。

周穆王有犬名毧，毛白。

晋灵公有畜狗名獒。

韩国有黑犬名卢。

宋有骏犬曰鹊。

犬四尺为獒。

张骞使西域还，乃得胡桃种。

徐州人谓尘土为蓬块，吴人谓跋跌。

卷之七

异闻

异闻

昔夏禹观河，见长人鱼身出曰："吾河精。"岂河伯也？

冯夷，华阴潼乡人也，得仙道，化为河伯，岂道同哉？仙夷乘龙虎，水神乘鱼龙，其行恍惚，万里如室。

夏桀之时，为长夜宫于深谷之中，男女杂处，十旬不出听政，天乃大风扬沙，一夕填此宫谷。又曰石室瑶台，关龙逢谏桀，言曰："吾之有民，如天之有日，日亡我则亡。"以为龙逢妖言而杀之。其后山复于谷下及在上，耆老相与谏，桀又以为妖言而杀之。

夏桀之时，费昌之河上，见二日：在东者烂烂将起；在西者沉沉将灭，若疾雷之声。昌问于冯夷曰："何者为殷？何者为夏？"冯夷曰："西夏东殷。"于是费昌徙，疾归殷。

武王伐纣至盟津，渡河，大风波。武王操戈秉麾麾之，风波立霁。

鲁阳公与韩战酣而日暮，援戈麾之日，日反三舍。

太公为灌坛令，武王梦妇人当道夜哭，问之，曰："吾是东海神女，嫁于西海神童。今灌坛令当道，废我行。我行必有大风雨，而太公有德，吾不敢以暴风雨过，是毁君德。"武王明日召太公，三日三夜，果有疾风暴雨从太公邑外过。

晋文公出，大蛇当道如拱。文公反修德，使吏守蛇。吏梦天杀蛇曰："何故当圣君道。"觉而视蛇，则自死也。

齐景公伐宋，过泰山，梦二人怒。公谓太公之神，晏子谓宋祖汤与伊尹也。为言其状，汤晳容多发，伊尹黑而短，即所梦也。景公进军不听，军鼓毁，公怒散军伐宋。

《徐偃王志》云：徐君宫人娠而生卵，以为不祥，弃之水滨。独孤母有犬名鹄苍，猎于水滨，得所弃卵，衔以东归。独孤母以为异，覆暖之，遂蚰成儿，生时正偃，故以为名。徐君宫中闻之，乃更录取。长而仁智，袭君徐国，后鹄苍临死生角而九尾，实黄龙也。偃王又葬之徐界中，今见狗垄。偃王既其国，仁义著闻，欲舟行上国，乃通沟陈、蔡之间，得朱弓矢，以己得天瑞，遂因名为弓，自称徐偃王。江淮诸侯皆伏从，伏从者三十六国。周王闻，遣使乘驷，一日至楚，使伐之，偃王仁，不忍闻言，其民为楚所败，逃走彭城武原县东山下。百姓随之者以万数，后遂名其山为徐山。山上立石室，有神灵，民人祈祷。今皆见存。

海水西，夸父与日相逐走，渴，饮水河渭，不足。北饮大泽，未至，渴而死。弃其策杖，化为邓林。

澹台子羽渡河，赍千金之璧于河，河伯欲之，至阳侯波起，两鲛挟船，子羽左掺璧，右操剑，击鲛皆死。既渡，三投璧于河伯，河伯跃而归之，子羽毁而去。

荆轲字次非，渡，鲛夹船，次非不走，断其头，而风波静除。

东阿王勇士有蕃丘䜣，过神渊，使饮马，马沉，
䜣朝服拔剑，二日一夜，杀二蛟一龙而出，雷随击之，
七日夜，眇其左目。

汉滕公薨，求葬东都门外。公卿送丧，驷马不
行，局地悲鸣，跑蹄下地得石，有铭曰："佳城郁郁，
三千年见白日，吁嗟滕公居此室。"遂葬焉。

卫灵公葬，得石椁，铭曰："不逢箕子，灵公夺
我里。"

汉西都时，南宫寝殿内有醇儒王史威长死，葬铭
曰："明明哲士，知存知亡。崇陇原垒，非宁非康。
不封不树，作灵乘光。厥铭何依，王史威长。"

元始元年，中谒者沛郡史岑上书，讼王宏夺董贤
玺绶之功。

灵帝光和元年，辽西太守黄翻上言：海边有流尸，
露冠绛衣，体貌完全，使翻感梦云："我伯夷之弟，
孤竹君也。海水坏吾棺椁，求见掩藏。"民有襁褓视，

皆无疾而卒。

汉末关中大乱，有发前汉时冢者，人犹活。既出，平复如旧。魏郭后爱念之，录著宫内，常置左右，问汉时宫中事，说之了了，皆有次序。后崩，哭泣过礼，遂死焉。

汉末发范友明冢，奴犹活。友明，霍光女婿。说光家事废立之际多与《汉书》相似。此奴常游走于民间，无止住处，今不知所在。或云尚在，余闻之于人，可信而目不可见也。

大司马曹休所统中郎谢璋部曲义兵奚侬女年四岁，病没故，埋葬五日复生。太和三年，诏令休使父母同时送女来视。其年四月三日病死，四日埋葬，至八日同墟入采桑，闻儿生活。今能饮食如常。

京兆都张潜客居辽东，还后为驸马都尉、关内侯，表言故为诸生太学时，闻故太尉常山张颢为梁相，天新雨后，有鸟如山鹊，飞翔近地，市人掷之，稍下堕，民争取之，即为一员石。言县府，颢令槌破之，得一金印，文曰"忠孝侯印"。颢表上之，藏于官库。后议郎汝南樊行夷校书东观，表上言"尧舜之时，旧有此官，今天降印，宜可复置。"

孝武建元四年，天雨粟。孝元景宁元年，南阳阳郡雨谷，小者如黍粟而青黑，味苦；大者如大豆赤黄，味如麦。下三日生根叶，状如大豆初生时也。

代城始筑，立板干，一旦亡，西南四五十板于泽中自立，结草为外门，因就营筑焉。故其城直周三十七里，为九门，故城处为东城。

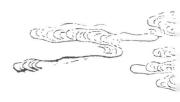

卷之八

史补

黄帝登仙，其臣左彻者削木象黄帝，帅诸侯以朝之。七年不还，左彻乃立颛顼。左彻亦仙去也。

尧之二女，舜之二妃，曰湘夫人。舜崩，二妃啼，以涕挥竹，竹尽斑。

处士东鬼块责禹乱天下事，禹退作三章。强者攻，弱者守，敌者战，城郭盖禹始也。

大姒梦见商之庭产棘，乃小子发取周庭梓树，树之于阙间，梓化为松柏棫柞。觉惊以告文王，文王曰：慎勿言。冬日之阳，夏日之阴，不召而万物自来。天道尚左，日月西移；地道尚右，水潦东流。天不享于殷，自发之夫生于今十年，禹羊在牧，水潦东流，天下飞鸿满野，日之出地无移照乎。

武王伐殷，舍于幾，逢大雨焉。率舆三百乘，甲三千，一日一夜，行三百里以战于牧野。

成王冠，周公使祝雍曰："辞达而勿多也。"祝雍曰："近于民，远于侯，近于义，啬于时，惠于财，任贤使能，陛下摛显先帝光耀，以奉皇天之嘉禄钦顺，仲壹之言曰：'遵并大道，郊域康阜，万国之休灵，始明元服，推远童稚之幼志，弘积文武之就德，肃勤高祖之清庙，六合之内，靡不蒙德，岁岁与天无极。'"右孝昭用《成王冠辞》。

《止雨祝》曰：天生五谷，以养人民，今天雨不止，用伤五谷，如何如何，灵而不幸，杀牲以赛神灵，雨则不止，鸣鼓攻之，朱绿绳萦而胁之。

《请雨》曰：皇皇上天，照临下土，集地之灵，神降甘雨，庶物群生，咸得其所。

《礼记》曰：孔子少孤，不知其父墓。母亡，问于邹曼父之母，乃合葬于防。防墓又崩，门人后至。孔子问来何迟，门人实对，孔子不应，如是者三，乃潸然流涕而止曰："古不修墓。"蒋济、何晏、夏侯玄、王肃皆云无此事，注记者谬，时贤咸从之。

孔子东游，见二小儿辩斗。问其故，一小儿曰："我以日始出时，去人近，而日中时远也。"一小儿曰："以日出而远，而日中时近。"一小儿曰："日初出时大如车盖，及日中时如盘盂，此不为远者小而大者近乎？"一小儿曰："日初出沧沧凉凉，及其中而探汤，此不为近者热而远者凉乎？"孔子不能决，两小儿曰："孰谓汝多知乎！"亦出《列子》。

子路与子贡过郑神社，社树有鸟，神牵率子路，子贡说之，乃止。

《春秋》哀公十四年：春，西狩获麟。《公羊传》曰："有以告者，孔子曰：'孰为来哉！孰为来哉！'"

《左传》曰："叔孙氏之车子鉏商获麟，以为不祥。"

燕太子丹质于秦，秦王遇之无礼，不得意，思欲归。请于秦王，王不听，谬言曰："令乌头白，马生角，乃可。"

丹仰而叹，乌即头白；俯而嗟，马生角。秦王不得已而遣之，为机发之桥，欲陷丹。丹驱驰过之，而桥不发。遁到关，关门不开，丹为鸡鸣，于是众鸡悉鸣，遂归。

詹何以独茧丝为纶，芒针为钩，荆筱为竿，割粒为饵，引盈车之鱼于百仞之渊，汩流之中，纶不绝，钩不申，竿不挠。

薛谭学讴于秦青，未穷青之旨，于一日遂辞归。秦青乃饯于郊衢，抚节悲歌，声震林木，响遏行云。薛谭乃谢求返，终身不敢言归。秦青顾谓其友曰："昔韩娥东之齐，遗粮，过雍门，鬻歌假食而去，馀响绕梁，三日不绝，左右以其人弗去。过逆旅，凡人辱之，韩娥因曼声哀哭，一里老幼喜欢抃舞，弗能自禁，乃厚赂而遣之。故雍门人至今善歌哭，效娥之遗声也。"

赵襄子率徒十万狩于中山，藉芳燔林，扇赫百里。有人从石壁中出，随烟上下，若无所之经涉者。襄子以为物，徐察之，乃人也。问其奚道而处石，奚道而入火，其人曰："奚物为火？"其人曰："不知也？"魏文侯闻之，问于子夏曰："彼何人哉？"子夏曰："以商所闻于夫子，和者同于物，物无得而伤，阅者游金石之间及蹈于水火皆可也。"文侯曰："吾子奚不为之？"子夏曰："刳心知智，商未能也。虽试语之，而即暇矣。"文侯曰："夫子奚不为之？"子夏曰："夫子能而不为。"文侯不悦。

更嬴谓魏王曰："臣能射，为虚发而下鸟。"王曰："然可于此乎。"曰：闻有鸟从东来，嬴虚发而下之也。

澹台子羽子溺水死，欲葬之，灭明曰："此命也，与蝼蚁何亲？与鱼鳖何雠？"遂使葬。

《列传》云：聂政刺韩相，白虹为之贯日；要离刺庆忌，彗星袭月：专诸刺吴王僚，鹰击殿上。

齐桓公出，因与管仲故道，自燉煌西涉流沙往外国，沙石千馀里，中无水，时则有沃流处，人莫能知，皆乘骆驼，骆驼知水脉，遇其处辄停不肯行，以足蹋地，人于其蹋处掘之，辄得水。

楚熊渠子夜行，射穷石以为伏虎，矢为没羽。

汉武帝好仙道，祭祀名山大泽以求神仙之道。时西王母遣使乘白鹿告帝当来，乃供帐九华殿以待之。七月七日夜漏七刻，王母乘紫云车而至于殿西，南面东向，头上戴七种，青气郁郁如云。有三青鸟，如乌大，使侍母旁。时设九微灯。帝东面西向，王母索七桃，大如弹丸，以五枚与帝，母食二枚。帝食桃辄以核著膝前，母曰："取此核将何为？"帝曰："此桃甘美，欲种之。"母笑曰："此桃三千年一生实。"唯帝与母对坐，其从者皆不得进。时东方朔窃从殿南厢朱鸟牖中窥母，母顾之谓帝曰："此窥牖小儿，尝三来盗吾此桃。"帝乃大怪之。由此世人谓方朔神仙也。

君山有道与吴包山潜通，上有美酒数斗，得饮者不死。汉武帝斋七日，遣男女数十人至君山，得酒欲饮之，东方朔曰："臣识此酒，请视之。"因一饮致尽。帝欲杀之，朔乃曰："杀朔若死，此为不验。以其有验，杀亦不死。"乃赦之。

卷之九

杂说上

杂说上

老子云："万民皆付西王母，唯王、圣人、真人、仙人、道人之命上属九天君耳。"

黄帝治天下百年而死。民畏其神百年，以其数百年，故曰黄帝三百年。上古男三十而妻，女二十而嫁。曾子曰："弟子不学古知之矣，贫者不胜其忧，富者不胜其乐。"

昔西夏仁而去兵，城廓不修，武士无位，唐伐之，西夏亡。昔者玄都贤鬼神道，废人事，其谋臣不用，龟策是从，忠臣无禄，神巫用国。

榆煚氏之君孤而无使，曲沃进伐之以亡。

昔有巢氏有臣而贵任之，专国主断，已而夺之。臣怒而生变，有巢以民。昔者清阳强力，贵美女，不治国而亡。

昔有洛氏宫室无常，囿池广大，人民困匮，商伐之，有洛以亡。

《神仙传》曰："说上据辰尾为宿，岁星降为东方朔。傅说死后有此宿，东方生无岁星。"

曾子曰："好我者知吾美矣，恶我者知吾恶矣。"

思士不妻而感，思女不夫而孕。后稷生乎巨迹，伊尹生乎空桑。

箕子居朝鲜，其后伐燕，之朝鲜，亡入海为鲜国。雨师妾墨色，珥两青蛇，盖勾芒也。

汉兴多瑞应，至武帝之世特甚，麟凤数见。王莽时，郡国多称瑞应，岁岁相寻，皆由顺时之欲，承旨求媚，多无实应，乃使人猜疑。

子胥伐楚，燔其府库，破其九龙之钟。

蓍一千岁而三百茎，其本以老，故知吉凶。蓍末大于本为上吉，茎必沐浴斋洁食香，每日望浴蓍，必五浴之。浴龟亦然。明夷曰："昔夏后茎乘飞龙而登于天。而牧占四华陶，陶曰：'吉。昔夏启茎徙九鼎，启果徒之。'"

昔舜茎登天为神，牧占有黄龙神曰："不吉。"武王伐殷而牧占蓍老，蓍老曰："吉。"桀茎伐唐，而牧占荧惑曰："不吉。"昔鲧茎注洪水，而牧占大明曰："不吉，有初无后。"

蓍末大于本为卜吉，次蒿，次荆，皆如是。龟蓍皆月望浴之。

水之怪为龙罔象，木石之怪为夔罔两，土之怪为獖羊，火之怪为宋无忌。

斗战死亡之处，其人马血积年化为燐。燐著地及草木如露，略不可见。行人或有触者，著人体便有光，拂拭便分散无数，愈甚有细咤声如炒豆，唯静住良久乃灭。后其人忽忽如失魂，经日乃差。今人梳头脱著衣时，有随梳解结有光者，亦有咤声。

风山之首方高三百里，风穴如电突深三十里，春风自此而出也。何以知还风也？假令东风，云反从西来，诜诜而疾，此不旋踵，立西风矣。所以然者，诸风皆从上下，或薄于云，云行疾，下虽有微风，不能胜上，上风来到反矣。

《春秋》书鼷鼠食郊牛，牛死。鼠之类最小者，食物当时不觉痛。世传云：亦食人项肥厚皮处，亦不觉。或名甘鼠。俗人讳此所啮，衰病之征。

鼠食巴豆三年，重三十斤。

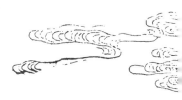

卷之十

杂说下

杂说下

妇人妊娠未满三月，著婿衣冠，平旦左绕井三匝，映详影而去，勿反顾，勿令人知见，必生男。

妇人妊娠，不欲令见丑恶物、异类鸟兽。食当避其异常味，不欲令见熊罴虎豹。御及鸟射射雉，食牛心、白犬肉、鲤鱼头。席不正不坐，割不正不食，听诵诗书讽咏之音，不听淫声，不视邪色。以此产子，必贤明端正寿考。所谓父母胎教之法。故古者妇人妊娠，必慎所感，感于善则善，恶则恶矣。妊娠者不可啖兔肉。又不可见兔，令儿唇缺。又不可啖生姜，令儿多指。

《异说》云：瞽叟夫妇凶顽而生舜。叔梁纥，淫夫也，徵在，失行也，加又野合而生仲尼焉。其在有胎教也？

豫章郡衣冠人有数妇，暴面于道，寻道争分铢以给其夫舆马衣资，及举孝廉，更取富者，一切皆给先者，虽有数年之勤，妇子满堂室，犹放黜以避后人。

诸远方山郡幽僻处出蜜腊，人往往以桶聚蜂，每年一取。

远方诸山蜜腊处，以木为器，中开小孔，以蜜腊涂器，内外令遍。春月蜂将生育时，捕取三两头著器中，蜂飞去，寻将伴来，经日渐益，遂持器归。

人借带眠者，则梦蛇。

鸟衔人之发，梦飞。

王尔、张衡、马均昔冒重雾行，一人无恙，一人病，一人死。问其故，无恙人曰："我饮酒，病者食粥，死者空腹。"

人以冷水自渍至膝，可顿啖，数十枚瓜。渍至腰，啖转多。至颈可啖百馀枚。所渍水皆作瓜气味，此事未试。人中酒不解，治之，以汤自渍即愈，汤亦作酒气味也。

昔刘玄石于中山酒家酤酒，酒家与千日酒，忘言其节度。归至家当醉，而家人不知，以为死也，权葬之。酒家计千日满，乃忆玄石前来酤酒，醉向醒耳。往视之，云玄石亡来三年，已葬。于是开棺，醉始醒，俗云："玄石饮酒，一醉千日。"

旧说云天河与海通。近世有人居海渚者，年年八月有浮槎去来，不失期，人有奇志，立飞阁于查上，多赍粮，乘槎而去。十馀日中犹观星月日辰，自后茫茫忽忽亦不觉昼夜。去十馀日，奄至一处，有城郭状，屋舍甚严。遥望宫中多织妇，见一丈夫牵牛渚次饮之。牵牛人乃惊问曰："何由至此？"此人具说来意，并问此是何处，答曰："君还至蜀郡访严君平则知之。"竟不上岸，因还如期。后至蜀，问君平，曰："某年月日有客星犯牵牛宿。"计年月，正是此人到天河时也。

人有山行堕深涧者，无出路，饥饿欲死。左右见龟蛇甚多，朝暮引颈向东方，人因伏地学之，遂不饥，体殊轻便，能登岩岸。经数年后，竦身举臂，遂超出涧上，即得还家。颜色悦怿，颇更黠慧胜故。还食谷，啖滋味，百馀日中复本质。

天门郡有幽山峻谷，而其上人有从下经过者，忽然踊出林表，状如飞仙，遂绝迹。年中如此甚数，遂名此处为仙谷。有乐道好事者，入此谷中洗沐，以求飞仙，往往得去。有长意思人，疑必以妖怪，乃以大石自坠，牵一犬入谷中，犬复飞去。其人还告乡里，募数十人执杖撠山草伐木至山顶观之，遥见一物长数十丈，其高隐人，耳如簸箕。格射刺杀之。所吞人骨积此左右有成封。蟒开口广丈馀，前后失人，皆此蟒气所嗡上。于是此地遂安稳无患。

佚
文

《三国志》裴松之注引

汉世安平崔瑗，瑗子寔，弘农张芝、芝弟昶，并善草书，而太祖亚之。桓谭、蔡邕善音乐，冯翊山子道、王九真、郭凯等善围棋，太祖皆与埒能。

魏文帝善弹棋，能用手巾角挥之。黄门跪授。时有一书生，又能低头以所冠著葛巾角撇棋。

果下马高三尺，乘之可于果树下行，故谓果下。

舒仲膺，名邵。初，伯膺亲友为人所杀，仲膺为报怨。事觉，兄弟争死，皆得免。袁术时，邵为阜陵长。

《水经》郦道元注引

酒泉延寿县南山出泉水，大如筥，注地为沟。水有肥如肉汁，取著器中，始黄后黑，如凝膏。然之，极明，与膏无异。不可食。膏车及碓缸甚佳。彼方谓之石漆。

肥泉谓之澳水。

曹著传：其神自云："姓徐，受封卢山。"后吴猛经过，山神迎猛，猛语曰："君王此山近六百年，符命已尽，不宜久居非据。"猛又赠诗云："仰瞩列仙馆，俯察王神宅，旷载畅幽怀，倾盖付三益。"

温水出鸟鼠山，下注汉水。

《江文通集》引

铸铜之工不复可得，唯蜀地羌中时有解者。

《齐民要术》引

张骞使西域，得大蒜胡荽。

樱桃者或如弹丸，或如手指。春秋冬夏，华实竟岁。

胡椒酒法：以好春酒五升。干姜一两，胡椒七十枚，皆捣末。好美安石榴五枚押取汁，皆以姜椒末及安石榴汁悉内著酒中，火暖取温，亦可冷饮，亦可热饮之，温中下气。若病酒苦觉体中不调，饮之。能者四五升，不能者可二三升从意。若欲增姜椒亦可，若嫌多欲减亦可。欲多作者，当以此为率。若饮不尽，可停数日，此胡人所谓荜拨酒也。

洛中有驱羊入蜀，胡葸子多刺，粘缀羊毛，遂至中国。故名羊负来。

平民山之阳，紫草特好也。

《后汉书》刘昭注引《博物记》

刘洪笃信好学，观乎六艺群书，意以为天文数术，探颐索隐，钩深致远，遂专心锐思。为曲城侯相，政教清均，吏民畏而爱之，为州郡之所礼异。

王城方七百二十丈，郛方一十里。南望雒水，北至陕山。又云：梁伯好土功，今梁多有城。又云：榖城瀍水出潜亭山。

河东有山泽近盐，沃地之人不才。汉兴少有名人，衣冠三世皆衰绝也。

临汾有贾乡贾伯邑。

汾阴古之纶，少康邑。

诸侯会于郹亭。

卭地在县北，防亭在焉。

唐关在中人西北百里，中人在县西四十里，左人乡在唐西北四十里。

封丘有狄沟，即败狄于长丘是也。

濮阳古昆吾国，桑中在其中。

《左传·桓公十一年》"会于阚"，即平陆之阚亭。

离狐国，古乘丘。

羽山东北，独居山西南，有渊水即羽泉也。

西海乃太公望所出，今有东吕乡。又钓于棘津，其浦今存。

临沂县东界，次睢有大丛社，民谓之食人社。

女子杜姜，左道通神，县以为妖。闭狱桎梏，卒变形，莫知所极。以状上，因以其处为庙祠，号曰东陵圣母。

麋，千千为群，掘食草根，其处成泥，名曰麋畯。民人随此畯种稻，不耕而获，其收百倍。

临菑县西有袁娄。

申伯国有申亭。又潕水出雉县。又比阳山有阳山，出紫草。

安众侯国有土鲁山，出紫石英。

穀国在县北，今谷亭。

沔阳县北有丙穴。

南安县西百里，有牙门山。

光珠即江珠也。

中兴以来，都官从事多出之河内，掊击贵族。

《一切经音义》引

襁褓，织缕为之，广八寸，长丈二尺。以约小儿于背上，负之而行。

《玉烛宝典》引

俳鶌一名忌欺，白日不见人，夜能拾蚤虱也。

《续一切经音义》引

水蛭三段而成三物。

《昭明文选》李善注引

石中黄子黄石脂

王孙公子皆古人相推敬之辞。

张骞使大夏，得石榴。李广利为贰师将军伐大宛，得蒲陶。

杜康作酒。

石蕃，卫臣也。背负千二百斗沙。

橙似橘而非，若柚而有芬香。

橘柚类甚多，甘、橙、枳皆是。

鉴胁、号钟，善琴名。

北方五狄：一曰匈奴，二曰秽貊，三曰密吉，四曰单于，五曰白屋。

西河郡鸿门县亦有火井祠，火从地出。

张彦远《历代名画记》引

刘褒，汉桓帝时人。曾画《云汉图》，人见之觉热；又画《北风图》，人见之觉凉。

112

《史记》三家注引

兖州东平郡即《尚书》之东原也。

韩说孙曾字季君。

翡身通黑，唯胸前、背上、翼后有赤毛。翠身通青黄，唯六翮上毛长寸馀青。其飞则羽鸣翠翡翠翡然，因以为名也。

桀作瓦。

太史令茂陵显武里大夫司马迁，年二十八，三年六月乙卯除六百石也。

相如作《远游》之体，以《大人》赋之也。

伏生名胜。

大梁城在浚仪县北，县西北渠水东经此城南，又北屈分为二渠。其一渠东经阳武县南，为官渡水。

　　陶居公冢在南郡华容县西，树碑云是越之范蠡也。

　　公冶长墓在城阳姑幕城东南五里所，墓极高。

　　望诸君冢在邯郸西数里。

　　赵奢冢在邯郸界西山上，谓之马服山。

　　漂母冢在泗水南岸。

《艺文类聚》引

桃林在弘农湖城县休牛之山，有石焉，曰帝台之棋也。五色而文，状如鹑卵。

三身国，一头三身三手。昔容成氏有季子好淫，白日淫于市。帝放之西南，季子妻马，生子人身有尾蹄。

蒙恬造笔。

摴蒲者，老子作之用卜，今人掷之为戏。

尧造围棋而丹朱善围棋。孔子曰："不有博弈者乎，为之犹贤乎？"案弹棋始自魏宫，文帝好之，每用手巾拂之，无不中者。

徐公时令人于西平、青山采取空青。

石郭山上杨梅，常以贡御。

葡萄即苔薁。

蚁知将雨。

汉旧事，綦国送鸢卵给太官。

外国得胡麻豆，或曰戎菽。

鸿鹄千岁者皆胎产。

祝鸡公养鸡法，今世人呼鸡云祝祝，起此也。

地有章名，则生杨梅。无章名亦有耳。有章名，
无之也。

唐房升仙，鸡狗并去。唯以鼠恶不将去，鼠悔，
一月三出肠也，谓之唐鼠。

《初学记》引

昔阳国侯溺水，因为大海之神。

昔吴相伍子胥为吴王夫差所杀，浮之于江，其神
为涛。

汉桓帝桂阳人蔡伦始捣故鱼网造纸。

不周山云川之水，温如汤也。

《北堂书钞》引

扶风太守白事云:"先是有一老公年七十馀,持五采幡,白色居多,指装军师门外。"

魏明帝时京邑有一人,失其姓名,食噉兼十许人,遂肥不能动。其父曾作远方长吏,宫徙送彼县,令故义共传食之,一二年间一乡中辄为之俭。

闽越江北山间蛮夷噉丘蝝脯。

盐体同于水。又北胡有青松盐,五原有紫盐,内国河东有印成盐。

外国有豉法:以苦酒溲。豆,暴令极燥,以麻油蒸讫,复暴三过乃止。然后细捣椒屑筛下,随多少合投之,中国谓之康伯以,是胡人姓名。传此法者云:下气调和。

西羌仲秋月，取赤头鲤以为鲊。

北方地寒，冰厚三尺，气出口为凌。

云南郡土特寒凉。四月五月犹积雪皓然。

豹死守窟。

流沙在玉门关外，有陇三断，名三断陇也。

辽东赤梁，魏武帝以为粥。

噉冶葛，饮鸩酒。

《说郛》卷十唐留存《事始》引

蹴踘黄帝所作，或曰起战国时。

伯益作井。

《北户录》引

南海有水虫名曰蒯，蚌蛤之类也。其中小蟹大如榆荚。蒯开甲食，则蟹亦出食。蒯合蟹亦还入。始终生死不相离也。

虎知衡破，又能画地卜。今人有画物上下者，推为奇偶，谓之虎卜。

嘉鱼出于丙穴，鱼鳞细似鳟鱼。

红盐如印。

金鱼脑中有麸金，出卭婆塞江。

《白孔六帖》引

鸳鸯之瓦。

《事类赋》引

　　燕戊己日不衔泥涂巢，此非才智，自然得之。

　　云南郡出茶首，茶首其音为蔡茂，是两头鹿名也。兽似鹿两头，其腹中胎常以四月中取，可以治蛇虺毒，永昌亦有之也。

　　诸远方山郡僻处出蜜蜡，蜜蜡所著皆绝岩石壁，非攀缘所及。唯于山顶以篮舆自县下，乃得之。蜂遂去不还，馀窠及蜡著石不尽者，有鸟形小于雀，群飞千数来啄之。至春都尽，其处皆如磨洗。至春蜂皆还洗处，结窠如故。年年如此，初无错乱者，人亦各占其平处，谓之蜡寨。鸟谓之灵雀，捕之终不可得。

《锦绣万花谷》引

小儿五岁曰鸠车之戏，七岁曰竹马之戏。

《太平御览》引

宋国有田夫常衣黂缊以过冬，暨春东作，自曝于日，不知天下之有广厦奥室，绵纩狐貉，顾谓其妻曰："负日之暄，人莫知者，以献吾君，将有重赏。"里之富者告之曰："昔人有美戎菽甘枲茎芹子者，对乡豪称之，乡豪取而尝之，苦于口，慁于腹，众哂而怨之。"其人大惭而止。

河东平阳，尧所都。河东太阳，虞所都。

颍川、阳翟，夏禹国。宏农、陕，虢所都。

河南偃师尸乡，汤所都。

鲁国薛，奚仲所都。河南洛阳，周公迁殷民曰成周，河南武王迁九鼎，周公营之，以为王城，平王所都。

河南巩，东周所都。

扶风槐里，周懿王所都。

扶风郇邑豳乡，公刘所封。

左冯翊榛阳，秦献公所封。

扶风雍，秦惠王所都。

荒年暂辟谷法：但食蜡半斤，辄支十日不饥。东阿王尝与甘始同寝处，百日不食而容体自若，用此术也。

汉景帝三年，有白颈乌与黑乌群斗于吕县。白颈乌不胜，堕泗水中死者数千。

贲育之勇。

周之正月，受社牲之首以出种子，帝籍蚕。又受社雍及祭以沐蚕种。上辛，乃射黑牲于帝郊，以祈来年之丰。二月，司空开冰，射桃弧棘矢五发而御其灾。

河内淇园张公老而无子，赀财累亿，求没入官。死葬园中，于今供祀牺牲。

《白雪》是天帝使素女鼓五十弦曲名，以其调高，人和遂寡。

王延寿，逸之子也。鲁作灵光殿初成，逸语其子曰："汝写状归，吾欲为赋。"文考遂以韵写简，其父曰："此即好赋，吾固不及也。"

鲁阉里蔡伯公死，求葬庭中，有二人行。顷还葬，二人复出，掘土得石椁，有铭曰："四体不勤孰为作，生不遭遇长附托，赖得二人发吾宅。"阎里祠之。

朝廷都许时，上先人刀剑楯物及铜大盆、殿上四角鼎，皆先侯所赐得也。

齐桓公猎得一鸣鹄，宰之，嗉中得一人，长三寸三分，著白圭之袍，带剑持车骂詈瞋目。后又得一折齿，方圆三尺，问群臣曰："天下有此及小儿否？"陈章答曰："昔日秦胡充一举渡海，与齐、鲁交战，伤折版齿。昔李子敖于鸣嗛中游，长三寸三分。"

夏曰念室，殷曰动止，周曰稽留，三代之异名也。又狴犴者，亦狱剐名。

光武嫌二千石绶不青而细，朱浮议更用青羽。

作燕支法：取蓝薸捣以水，洮去黄汁，作十饼如手掌，著湿草卧一宿，便阴干。欲用燕支，以水浸之，三四日，以水洮黄赤汁，尽得赤汁而止也。

近世有田夫，至巧而不自觉也。其妇称之，犹不自知。乃削木为小麦，试籴之，籴者无疑。归磨乃觉非麦。

黄孙，天毒君之孙也，名贵负。躁而好自饮汁，父母笑之，愧而去居此黄孙国，去九嶷二万一千里。

得好鼓玉角。

芜苏子染法：芜苏子一升，可染一匹，直以水浸之耳。

蜀人以絮巾焉帽絮。

酒暴熟者酢醨，酸者易臭。

燧人钻木而造火。

化民食桑二十七年，以丝自裹，九年死。

秽貊国南与辰韩，北与句丽、沃沮接，东穷大海。海中出斑鱼皮。陆出文豹。又出果下马，汉时献之，驾辇车。正始六年乐浪太守刘茂，带（朔）方太守弓遵，领东秽属句丽伐之，举邑降之。

介葛卢闻牛鸣，知生三犊，尽为牺牲。稽叔夜以为无此，皆先儒妄说。

阴夷山有淫羊，一日百遍。脯不可食，但著床席间，已自惊人。又有作淫羊脯法：取羖羝各一，别系令裁相近而不使相接。食之以地黄竹叶，饮以麦汁米淆。百馀日后，解放之，欲交未成，便牵两杀之。膊以为脯。男食羖，女食羝，则并如狂，好丑亦无所避。其势数日乃歇。治之方，煮茱萸菖蒲汁饮之。又以水银宫脂涂阴，男子即痿。宫脂，鹿脂也。

商邱子有《养猪法》，卜式有《养猪法注》。

儒者言月中兔，夫月，水也。兔在水中无不死者。夫兔，月气也。

蜀牛不施绳，右前曰排，左侧曰促，而牛解人语。

兹白若白乌。踞牙食虎豹。其状如鹊耳。身若虎豹，尾长参其身，食虎豹。

逢伯云所说，有兽缘木，缘文似豹，名虎仆。毛可为笔。

丹里之山有兽焉，状如鼠，名曰聆，以其尾飞也。

嵇山之阴，禹葬焉。圣人化感鸟兽，故象为民佃。春耕衔拔草根，秋啄除其秽。故县官禁民不得杀伤此鸟，犯者刑之无赦。

中诸毒药已死者，取生鸭断头，以鸭项内病者口中，得血三两滴入喉中，即苏也。

河阴岫穴出鲔鱼焉。

东海有蛤，鸟常啖之。其肉消尽，壳起浮出。更泊在沙中岸边。潮水往来，磋薄荡白如雪。入药最精，胜采取自死者。

秋蟹毒者，无药可疗，目相向者尤甚。

深山穷谷多毒虐之物，气则有瘴疠，人则有工虫，兽则有虎，鸟则有鸩，蛇则有蝮，虫则有射工沙虱，草则有钩吻野葛，其馀则蛟蟒之属生焉。

交州南有虫长一寸，大小如指，有廉楞，形如白石英，不知其名，视之无定色。在阴地色多绌绿，出日光中变易，或青或绿，或丹或黄，或红或赤，女人取以为首饰。宗岱每深以为物无定色，引云霞以为喻。故托此以助成其说，今孔雀毛亦随光色变易，或黄或赤，但不能如此虫耳。

荒乱不得食，可细切松柏叶，水送令下，随能否以不饥为度。粥清送为佳。当用柏叶五合，松叶三合，不可过度。

蜀中有树名桄榔，皮里出屑如面。用作饼食之，谓之桄榔面。

梨类甚多，樆、杜、朴皆是，有大小甜酢之异耳。

伏波将军唐资传蜀人煞姜法：先洒扫，别粗细为三辈，盛著笼中。作沸汤，没笼著汤中。须臾，取一片横截断视其熟否。里既熟讫，便内著罂中，细捣米末以覆上，令姜不见。讫，以向汤，令复沸，使相淹消。息视罂中，当自沸，沸便阴干之。

夫性之所以和，病之所以愈，是当其药，应其病则生；违其药，失其应则死。

地有蓼名则禹馀粮生，亦有蓼名无者矣。今药中有禹馀粮者，世传昔禹治水弃其所馀于江中而为药也。

天门冬茎间有逆刺。若叶滑者曰郄休，一名颠棘。
挼根入汤，可以浣缣素，白如绒纩，越人名为浣草，
胜于用灰，此非天门冬，乃相似耳。凡服此，先试浣衣，
如法者便非天门冬。

类草也，其根名为弱头，大者如升，其外理白，
可以灰汁煮则凝，成熟可以苦酒淹食之。不以灰煮则
不成熟，蜀人珍贵之。

《重修政和证类本草》引

芸蒿叶似邪蒿，春秋有白蒻、青蒻，长四五寸，香美可食。长安及河内并有之。

钩吻毒，桂心葱叶沸解之。

郝晦行于太行山北，得紫葳华。

桓叶似椰子。

饲猪以梓臼皮，使猎肥。

酸桶七月出穗，蜀人谓之主音穗。上有盐著可焉羹，亦谓之酢桶矣。吴人谓之为盐也。

枫树上生菌，人食即令人笑不止，饮土浆屎汁愈。

鸩鹛巢于高树，生子穴中，衔其母翅飞下。

食人死肤，令人患恶疮，多是此虫。食主之法，当以狸膏摩之，及食狸肉。凡正月食鼠残，多为鼠瘘，小孔下血者是此病也。

《太平广记》引

巴蛇食象，三岁而出其骨，食之无心腹之疾。

沈酿川者，汉郑弘灵帝时为乡啬夫，从宦入京，未至，夜宿于此，逢故人。四顾荒郊，村落绝远，沽酒无处，情抱不申。乃投钱于水中而共饮，尽夕酣畅，皆得大醉，因便名为沈酿川。明旦分首而去，弘仕至尚书。

西北荒小人中有长一寸，其君朱衣玄冠，乘辂车马，引为威仪居处，人遇其乘车，抵而食之，其味辛，终年不为物所咋。并识万物名字。又杀腹中三虫。三虫死，便可食仙药也。

蹄羌之国，其人自膝以下有毛如水蹄，常自鞭其胫，日行百里。

陆佃《埤雅》引

孔雀尾多变色，或红或黄。

《图经衍义本草》引

红蓝花生梁汉及西域，一名黄蓝，张骞所得也。

《太平寰宇记》引

　　牙门山。东峰有石穴，深数里，出钟乳。常有人持火入穴，有蝙蝠大如箕，来扑火。穴中有水流，冬夏不歇。此山之外，又有小峨眉山。

　　石羊山上有兰若溪，溪口有一穴，莫知浅深。穴口有大树，色如黛赭，形如鸟翼，或如刀剑，仰观如羊，千岁木也。

《韵语阳秋》引

杜鹃生子，寄之他巢，百鸟为饲之。

《尔雅正义》引

营与青同，海东有青邱，齐有营邱，岂是名乎？

宋蔡元度《毛诗名物解》引

食桑者有蛹而蛾，蛾类皆先孕而后交。

《海录碎事》引

凡水源有石硫黄，其泉则温。或云神人所暖，主疗人疾。

郭知达《九家注杜诗》引

鲸鱼大者数十里，小者犹数十丈。

东海之外有渤澥，故与东海共称渤海。

施注《苏诗》引

烧燕肉而致龙。

龙抱宝而眠，谓之痴龙。

徐锴《说文通释系传》引

虞，林氏国之珍兽也。

东夷有国，谓国为邦，行酒为行觞，秦之遗也。

有通儒、硕儒、腐儒、愚儒、竖儒、鄙儒。

山有水有石有金、木、火，故名山含魄，五行具也。

停水东方曰都，一名沉也。

曾慥《类说》卷二十三

　　祝融造市，高辛臣也。蚩尤造兵，炎帝臣也。挥。
造弧，牟夷造矢，仓颉造书，容成造历，伶伦造律，
颖首造数，皆黄帝臣也。仪狄造酒，禹时人。绵驹善歌，
齐人。

高似孙《纬略》引

　　昭华玉者，律琯也，又曰昭华管，秦府库中玉笛也。长二尺三寸，六孔吹之，则见车马山林隐鳞相次。息，并不复见。其上铭曰："昭华之管。"

周祈《名义考》引

　　四海之外皆复有海，南海之外有涨海，北海之外有瀚海。

杨慎《词品》引

陆文量《菽园杂记》云:《博物志》逸篇曰: 龙生九子, 不成龙, 各有所好。鸱吻, 虮蜡之类也。

吴任臣《山海经广注》引

白民国，今之白州。

鹪鹩鹳鹊，其抱以聒。

邓士龙《事类捷录》引

海中有蜃，能吐气成楼台。蜃，蚌属。

李时珍《本草纲目》引

九真一种草，似百部，但长大尔。悬火上令干，夜取四五寸切短含咽，汁主暴嗽，甚良。名为嗽药。

石发生海中者长尺馀，大小如韭叶。以肉杂蒸食，极美。

桃根为印，可以召鬼。

鼍谓之土龙。

枳首蛇，马鳖食牛血所化。

啄木鸟，此鸟能以嘴画字，令虫自出。

驼屎烧烟杀蚊虫。

以狗肝和土泥灶，令妇女孝顺。

海獱头如马，自腰以下似蝙蝠，其毛似獭，大者五六十斤，亦可烹食。

取妇人月水布，裹虾蟆，于厕前一尺入地埋之，令妇不妒。

扶南国有奇术，能令刀斫不入。惟以月水涂刀便死。

褚人获《坚瓠集》引

　　陈成初生十女，使妻绕井三匝，祝曰："女为阴，男为阳，女多灾，男多祥。"绕井三日，果生一男。

　　月布在户，妇人留连。注谓"以月布埋户限下，妇女人户则自淹留不去"。

搜神记

中华书局

· 博物志怪 ·

卷首语

　　鬼神异闻，古所多有，玄怪故事，往往而在，历代所记，浩如烟海。《山海经》，记载山川方国异人异兽，"小说之最古者"；《博物志》，记载奇境奇物神仙方术；《搜神记》，撰集古今灵异神祇、人物变化；《玄怪录》，借神鬼异事说人情世故。这次我们择选上述四种，辑为"博物志怪"，略窥古人精神世界之一斑。

目　录

卷一

卷二

卷三

卷十二

卷一

○ 神农鞭百草

神农以赭鞭鞭百草，尽知其平毒寒温之性，臭味所主。以播百谷，故天下号"神农"也。

○ 雨师赤松子

赤松子者，神农时雨师也。服冰玉散，以教神农。能入火不烧。至昆仑山，常入西王母石室中。随风雨上下。炎帝少女追之，亦得仙，俱去。至高辛时，复为雨师，游人间。今之雨师本是焉。

○ 赤将子舆

赤将子舆者，黄帝时人也。不食五谷，而啖百草华。至尧时，为木工。能随风雨上下。时于市门中卖缴，故亦谓之缴父。

○ 宁封子自焚

宁封子，黄帝时人也。世传为黄帝陶正。有异人过之，为其掌火。能出五色烟。久则以教封子。封子积火自烧，而随烟气上下。视其灰烬，犹有其骨。时人共葬之宁北山中。故谓之宁封子。

○ 偓佺采药

偓佺者，槐山采药父也。好食松实。形体生毛，长七寸，两目更方。能飞行，逐走马。以松子遗尧，尧不暇服。松者，简松也。时受服者，皆三百岁。

○ 彭祖仙室

彭祖者，殷时大夫也。姓钱，名铿。帝颛顼之孙，陆终氏之中子。历夏而至商末，号七百岁。常食桂芝。历阳有彭祖仙室。前世云：祷请风雨，莫不辄应。常有两虎在祠左右。今日祠之讫，地则有两虎迹。

○ 师门使火

师门者，啸父弟子也。能使火。食桃葩。为孔甲龙师。孔甲不能修其心意，杀而埋之外野。一旦，风雨迎之，山木皆燔。孔甲祠而祷之，未还而死。

○ 葛由乘木羊

前周葛由，蜀羌人也。周成王时，好刻木作羊卖之。一旦，乘木羊入蜀中，蜀中王侯贵人追之，上绥山。绥山多桃，在峨眉山西南，高无极也。随之者不复还，皆得仙道。故里谚曰："得绥山一桃，虽不能仙，亦足以豪。"山下立祠数十处。

○ 崔文子学仙

崔文子者，泰山人也。学仙于王子乔。子乔化为白霓，而持药与文子。文子惊怪，引戈击霓，中之，因堕其药。俯而视之，王子乔之履也。置之室中，覆以敝筐。须臾，化为大鸟。开而视之，翻然飞去。

○ 冠先钓鱼

冠先，宋人也。钓鱼为业，居睢水旁百余年。得鱼，或放，或卖，或自食之。常冠带。好种荔，食其葩实焉。宋景公问其道，不告，即杀之。后数十年，踞宋城门上鼓琴，数十日乃去。宋人家家奉祠之。

○ 琴高取龙子

琴高，赵人也。能鼓琴。为宋康王舍人。行涓、彭之术，浮游冀州、涿郡间二百余年。后辞入涿水中，取龙子。与诸弟子期之，曰："明日皆洁斋，候于水旁，设祠屋。"果乘赤鲤鱼出，来坐祠中。且有万人观之。留一月，乃复入水去。

○ 陶安公通天

陶安公者，六安铸冶师也。数行火。火一朝散上，紫色冲天。公伏冶下求哀。须臾，朱雀止冶上，曰："安公！安公！冶与天通。七月七日，迎汝以赤龙。"至时，安公骑之，从东南去。城邑数万人，豫祖安送之，皆辞诀。

○ 焦山老君

有人入焦山七年，老君与之木钻，使穿一盘石，石厚五尺。曰："此石穿，当得道。"积四十年，石穿，遂得神仙丹诀。

○ 鲁少千应门

鲁少千者，山阳人也。汉文帝尝微服怀金过之，欲问其道。少千拄金杖，执象牙扇，出应门。

○ 淮南八老公

淮南王安好道术，设厨宰以候宾客。正月上辛，有八老公诣门求见。门吏白王，王使吏自以意难之，曰："吾王好长生，先生无驻衰之术，未敢以闻。"公知不见，乃更形为八童子，色如桃花。王便见之，盛礼设乐，以享八公。援琴而弦歌曰："明明上天，照四海兮。知我好道，公来下兮。公将与余，生羽毛兮。升腾青云，蹈梁甫兮。观见三光，遇北斗兮。驱乘风云，使玉女兮。"今所谓《淮南操》是也。

○ 刘根召鬼

刘根字君安，京兆长安人也。汉成帝时，入嵩山学道。遇异人，授以秘诀，遂得仙，能召鬼。颍川太守史祈以为妖，遣人召根，欲戮之。至府，语曰："君能使人见鬼，可使形见；不者，加戮。"根曰："甚易！借府君前笔砚书符。"因以叩几。须臾，忽见五六鬼，缚二囚于祈前。祈熟视，乃父母也。向根叩头曰："小儿无状，分当万死。"叱祈曰："汝子孙不能光荣先祖，何得罪神仙，乃累亲如此！"祈哀惊悲泣，顿首请罪。根默然忽去，不知所之。

○ 王乔飞舄

汉明帝时，尚书郎河东王乔为邺令。乔有神术，每月朔，尝自县诣台。帝怪其来数而不见车骑，密令太史候望之。言其临至时，辄有双凫从东南飞来。因伏伺，见凫，举罗张之，但得一双舄。使尚方识视，四年中所赐尚书官属履也。

○ 蓟子训长寿

蓟子训，不知所从来。东汉时，到洛阳，见公卿数十处，皆持斗酒片脯候之，曰："远来无所有，示致微意。"坐上数百人，饮啖终日不尽。去后，皆见白云起，从旦至暮。时有百岁公说："小儿时，见训卖药会稽市，颜色如此。"训不乐住洛，遂遁去。正始中，有人于长安东霸城，见与一老公共摩挲铜人，相谓曰："适见铸此，已近五百岁矣。"见者呼之曰："蓟先生小住。"并行应之。视若迟徐，而走马不及。

○ 汉阴生乞市

汉阴生者，长安渭桥下乞小儿也。常于市中丐。市中厌苦，以粪洒之。旋复在市中乞，衣不见污如故。长吏知之，械收系，着桎梏。而续在市乞。又械欲杀之，乃去。洒之者家，屋室自坏，杀十数人。长安中谣言曰："见乞儿与美酒，以免破屋之咎。"

○ 常生复生

谷城乡卒常生，不知何所人也。数死而复生，时人为不然。后大水出，所害非一。而卒辄在缺门山上大呼，言："卒常生在此！"云："复雨，水五日必止。"止，则上山求祠之，但见卒衣杖革带。后数十年，复为华阴市门卒。

○ 左慈显神通

左慈字元放，庐江人也。少有神通。尝在曹公座，公笑顾众宾曰："今日高会，珍羞略备。所少者，吴松江鲈鱼为脍。"放云："此易得耳。"因求铜盘贮水，以竹竿饵钓于盘中。须臾，引一鲈鱼出。公大拊掌，会者皆惊。公曰："一鱼不周坐客，得两为佳。"放乃复饵钓之。须臾，引出。皆三尺余，生鲜可爱。公便自前脍之，周赐座席。公曰："今既得鲈，恨无蜀中生姜耳。"放曰："亦可得也。"公恐其近道买，因曰："吾昔使人至蜀买锦，可敕人告吾使，使增市二端。"人去，须臾还，得生姜。又云："于锦肆下见公使，已敕增市二端。"

后经岁余，公使还，果增二端。问之，云："昔某月某日，见人于肆下，以公敕敕之。"后公出近郊，士人从者百数。放乃赍酒一罂，脯一片，手自倾罂，行酒百官，百官莫不醉饱。公怪，使寻其故。行视沽酒家，昨悉亡其酒脯矣。公怒，阴欲杀放。放在公座，将收之，却入壁中，霍然不见。乃募取之。或见于市，欲捕之，而市人皆放同形，莫知谁是。后人遇放于阳城山头，因复逐之，遂走入羊群。公知不可得，乃令就羊中告之，曰："曹公不复相杀，本试君术耳。今既验，但欲与相见。"忽有一老羝，屈前两膝，人立而言曰："遽如许。"人即云："此羊是。"竞往赴之。而群羊数百，皆变为羝，并屈前膝，人立，云："遽如许。"于是遂莫知所取焉。老子曰："吾之所以为大患者，以吾有身也；及吾无身，吾有何患哉。"若老子之俦，可谓能无身矣，岂不远哉也。

○ 于吉请雨

孙策欲渡江袭许，与于吉俱行。时大旱，所在熇厉。策催诸将士，使速引船。或身自早出督切，见将吏多在吉许。策因此激怒，言："我为不如吉耶？而先趋附之。"便使收吉至，呵问之曰："天旱不雨，道路艰涩，不时得过，故自早出。而卿不同忧戚，安坐船中，作鬼物态，败吾部伍。今当相除。"令人缚置地上，暴之，使请雨。若能感天，日中雨者，当原赦；不尔，行诛。俄而云气上蒸，肤寸而合。比至日中，大雨总至，溪涧盈溢。将士喜悦，以为吉必见原，并往庆慰。策遂杀之。将士哀惜，藏其尸。天夜，忽更兴云覆之。明旦往视，不知所在。策既杀吉，每独坐，仿佛见吉在左右。意深恶之，颇有失常。后治疮方差，而引镜自照，见吉在镜中，顾而弗见。如是再三。扑镜大叫，疮皆崩裂，须臾而死。吉，琅邪人，道士。

○ 介琰隐形

介琰者，不知何许人也。住建安方山，从其师白羊公杜受玄一无为之道。能变化隐形。尝往来东海，暂过秣陵，与吴主相闻。吴主留琰，乃为琰架宫庙。一日之中，数遣人往问起居。琰或为童子，或为老翁，无所食啖，不受饷遗。吴主欲学其术，琰以吴主多内御，积月不教。吴主怒，敕缚琰，着甲士引弩射之。弩发，而绳缚犹存，不知琰之所之。

○ 徐光种瓜

吴时有徐光者，尝行术于市里。从人乞瓜，其主勿与，便从索瓣，杖地种之。俄而瓜生蔓延，生花成实，乃取食之，因赐观者。鬻者反视所出卖，皆亡耗矣。凡言水旱甚验。过大将军孙綝门，褰衣而趋，左右唾践。或问其故，答曰："流血臭腥不可耐。"綝闻恶而杀之。斩其首，无血。及綝废幼帝，更立景帝，将拜陵，上车，有大风荡綝车，车为之倾。见光在松树上拊手指挥，嗤笑之。綝问侍从，皆无见者。俄而景帝诛綝。

○ 葛玄使法术

葛玄字孝先，从左元放受《九丹液仙经》。与客对食，言及变化之事。客曰："事毕，先生作一事特戏者。"玄曰："君得无即欲有所见乎？"乃嗽口中饭，尽变大蜂数百，皆集客身，亦不螫人。久之，玄乃张口，蜂皆飞入，玄嚼食之，是故饭也。又指虾蟆及诸行虫燕雀之属，使舞，应节如人。冬为客设生瓜枣，夏致冰雪。又以数十钱使人散投井中，玄以一器于井上呼之，钱一一飞从井出。为客设酒，无人传杯，杯自至前；如或不尽，杯不去也。尝与吴主坐楼上，见作请雨土人。帝曰："百姓思雨，宁可得乎？"玄曰："雨易得耳！"乃书符着社中，顷刻间，天地晦冥，大雨流淹。帝曰："水中有鱼乎？"玄复书符掷水中，须臾，有大鱼数百头。使人治之。

○ 吴猛止风

吴猛，濮阳人。仕吴，为西安令，因家分宁。性至孝。遇至人丁义，授以神方；又得秘法神符，道术大行。尝见大风，书符掷屋上，有青乌衔去，风即止。或问其故，曰："南湖有舟，遇此风，道士求救。"验之果然。武宁令干庆，死已三日，猛曰："数未尽，当诉之于天。"遂卧尸旁。数日，与令俱起。后将弟子回豫章，江水大急，人不得渡。猛乃以手中白羽扇画江水，横流，遂成陆路，徐行而过。过讫，水复。观者骇异。尝守浔阳，参军周家有狂风暴起，猛即书符掷屋上，须臾风静。

○ 园客养蚕

园客者，济阴人也。貌美，邑人多欲妻之，客终不娶。尝种五色香草，积数十年，服食其实。忽有五色神蛾，止香草之上，客收而荐之以布，生桑蚕焉。至蚕时，有神女夜至，助客养蚕，亦以香草食蚕。得茧百二十头，大如瓮，每一茧缲六七日乃尽。缲讫，女与客俱仙去，莫知所如。

○ 董永与织女

汉董永，千乘人。少偏孤，与父居。肆力田亩，鹿车载自随。父亡，无以葬，乃自卖为奴，以供丧事。主人知其贤，与钱一万，遣之。永行三年丧毕，欲还主人，供其奴职。道逢一妇人曰："愿为子妻。"遂与之俱。主人谓永曰："以钱与君矣。"永曰："蒙君之惠，父丧收藏。永虽小人，必欲服勤致力，以报厚德。"主曰："妇人何能？"永曰："能织。"主曰："必尔者，但令君妇为我织缣百匹。"于是永妻为主人家织，十日而毕。女出门，谓永曰："我，天之织女也。缘君至孝，天帝令我助君偿债耳。"语毕，凌空而去，不知所在。

○ 钩弋夫人

初，钩弋夫人有罪，以谴死。既殡，尸不臭，而香闻十余里。因葬云陵。上哀悼之，又疑其非常人，乃发冢开视，棺空无尸，惟双履存。一云，昭帝即位，改葬之，棺空无尸，独丝履存焉。

○ 杜兰香与张传

汉时有杜兰香者，自称南康人氏。以建兴四年春，数诣张传。传年十七，望见其车在门外，婢通言："阿母所生，遣授配君，可不敬从？"传，先改名硕，硕呼女前，视，可十六七，说事邈然久远。有婢子二人：大者萱支，小者松支。钿车青牛，上饮食皆备。作诗曰："阿母处灵岳，时游云霄际。众女侍羽仪，不出墉宫外。飘轮送我来，岂复耻尘秽。从我与福俱，嫌我与祸会。"至其年八月旦，复来，作诗曰："逍遥云汉间，呼吸发九嶷。流汝不稽路，弱水何不之。"出薯蓣子三枚，大如鸡子，云："食此，令君不畏风波，辟寒温。"硕食二枚，欲留一，不肯，令硕食尽。言："本为君作妻，情无旷远。以年命未合，其小乖。太岁东方卯，当还求君。"兰香降时，硕问："祷祀何如？"香曰："消魔自可愈疾，淫祀无益。"香以药为消魔。

○ 弦超与神女

魏济北郡从事掾弦超，字义起。以嘉平中夜独宿，梦有神女来从之。自称天上玉女，东郡人，姓成公，字知琼，早失父母，天帝哀其孤苦，遣令下嫁从夫。超当其梦也，精爽感悟，嘉其美异，非常人之容。觉寤钦想，若存若亡。如此三四夕。一旦，显然来游，驾辎𫐐车，从八婢，服绫罗绮绣之衣，姿颜容体，状若飞仙。自言年七十，视之如十五六女。车上有壶、榼、青白琉璃五具，食啖奇异。馔具醴酒，与超共饮食。谓超曰："我，天上玉女，见遣下嫁，故来从君。不谓君德，宿时感运，宜为夫妇。不能有益，亦不能为损。然往来常可得驾轻车，乘肥马；饮食常可得远味异膳，缯素常可得充用不乏。然我神人，不为君生子，亦无妒忌之性，不害君婚姻之义。"遂为夫妇。赠诗一篇，其文曰："飘飖浮勃逢，敖曹云石滋。芝英不须润，至德与时期。神仙岂虚感，应运来相之。纳我荣五族，逆我致祸菑。"此其诗之大较，其文二百余言，不能尽录。兼注《易》七卷，有卦有象，以象为属。故其文言既有义理，又可以占吉凶，犹扬子之《太玄》、薛氏之《中经》也。超皆能通其旨意，用之占候。

作夫妇经七八年,父母为超娶妇之后,分日而燕,分夕而寝,夜来晨去,倏忽若飞,唯超见之,他人不见。虽居暗室,辄闻人声,常见踪迹,然不睹其形。后人怪问,漏泄其事。玉女遂求去,云:"我,神人也。虽与君交,不愿人知。而君性疏漏,我今本末已露,不复与君通接。积年交结,恩义不轻,一旦分别,岂不怆恨?势不得不尔,各自努力!"又呼侍御下酒饮啖。发簏,取织成裙衫两副遗超。又赠诗一首,把臂告辞,涕泣流离,肃然升车,去若飞迅。超忧感积日,殆至委顿。

去后五年,超奉郡使至洛,到济北鱼山下陌上。西行,遥望曲道头有一马车,似知琼。驱驰至前,果是也。遂披帷相见,悲喜交切。控左援绥,同乘至洛。遂为室家,克复旧好。至太康中,犹在。但不日日往来,每于三月三日、五月五日、七月七日、九月九日、旦、十五日辄下,往来经宿而去。张茂先为之作《神女赋》。

卷
二

○ 寿光侯劾鬼

　　寿光侯者，汉章帝时人也。能劾百鬼众魅，令自缚见形。其乡人有妇为魅所病，侯为劾之，得大蛇数丈，死于门外，妇因以安。又有大树，树有精，人止其下者死，鸟过之亦坠。侯劾之，树盛夏枯落，有大蛇，长七八丈，悬死树间。章帝闻之，征问，对曰："有之。"帝曰："殿下有怪，夜半后，常有数人，绛衣，披发，持火相随。岂能劾之？"侯曰："此小怪，易消耳。"帝伪使三人为之。侯乃设法，三人登时仆地，无气。帝惊曰："非魅也，朕相试耳。"即使解之。

　　或云：汉武帝时，殿下有怪，常见朱衣披发，相随持烛而走。帝谓刘凭曰："卿可除此否？"凭曰："可。"乃以青符掷之，见数鬼倾地。帝惊曰："以相试耳。"解之而苏。

○ 樊英灭火

樊英隐于壶山。尝有暴风从西南起，英谓学者曰："成都市火甚盛。"因含水嗽之，乃命计其时日。后有从蜀来者，云："是日大火，有云从东起，须臾大雨，火遂灭。"

○ 徐登与赵昺

闽中有徐登者，女子化为丈夫。与东阳赵昺，并善方术。时遭兵乱，相遇于溪，各矜其所能。登先禁溪水为不流，昺次禁杨柳为生稊。二人相视而笑。登年长，昺师事之。后登身故，昺东入章安，百姓未知。昺乃升茅屋，据鼎而爨。主人惊怪，昺笑而不应，屋亦不损。

○ 赵昞临水求渡

赵昞尝临水求渡，船人不许。昞乃张帷盖，坐其中，长啸呼风，乱流而济。于是百姓敬服，从者如归。章安令恶其惑众，收杀之。民为立祠于永康，至今蚊蚋不能入。

○ 徐赵清俭

徐登、赵昞，贵尚清俭，祀神以东流水，削桑皮以为脯。

○ 东海君遗襦

陈节访诸神，东海君以织成青襦一领遗之。

○ 边洪发狂

宣城边洪，为广阳领校，母丧归家。韩友往投之。时日已暮，出告从者："速装束，吾当夜去。"从者曰："今日已暝，数十里草行，何急复去？"友曰："此间血覆地，宁可复住。"苦留之，不得。其夜，洪欻发狂，绞杀两子，并杀妇，又斫父婢二人，皆被创。因走亡。数日，乃于宅前林中得之，已自经死。

○ 鞠道龙说黄公事

鞠道龙善为幻术。尝云："东海人黄公，善为幻，制蛇，御虎。常佩赤金刀。及衰老，饮酒过度。秦末，有白虎见于东海，诏遣黄公以赤刀往厌之。术既不行，遂为虎所杀。"

○ 谢纠食客

谢纠尝食客，以朱书符投井中，有一双鲤鱼跳出。即命作脍，一坐皆得遍。

○ 天竺胡人法术

晋永嘉中，有天竺胡人来渡江南。其人有数术：能断舌复续、吐火。所在人士聚观。将断时，先以舌吐示宾客，然后刀截，血流覆地，乃取置器中，传以示人。视之，舌头半舌犹在。既而还取含续之。坐有顷，坐人见舌则如故，不知其实断否。其续断，取绢布，与人合执一头，对剪中断之。已而取两断合，视绢布还连续，无异故体。时人多疑以为幻，阴乃试之，真断绢也。其吐火，先有药在器中，取火一片，与黍餹合之，再三吹呼，已而张口，火满口中，因就爇取以炊，则火也。又取书纸及绳缕之属投火中，众共视之，见其烧爇了尽；乃拨灰中，举而出之，故向物也。

○ 范寻养虎

扶南王范寻养虎于山，有犯罪者，投与虎，不噬，乃宥之。故山名大虫，亦名大灵。又养鳄鱼十头，若犯罪者，投与鳄鱼，不噬，乃赦之，无罪者皆不噬。故有鳄鱼池。又尝煮水令沸，以金指环投汤中，然后以手探汤：其直者，手不烂，有罪者，入汤即焦。

○ 贾佩兰说宫内事

戚夫人侍儿贾佩兰,后出为扶风人段儒妻。说:"在宫内时,尝以弦管歌舞相欢娱,竞为妖服以趋良时。十月十五日,共入灵女庙,以豚黍乐神,吹笛击筑,歌《上灵之曲》。既而相与连臂,踏地为节,歌《赤凤皇来》,乃巫俗也。至七月七日,临百子池,作于阗乐。乐毕,以五色缕相羁,谓之'相连绶'。八月四日,出雕房北户,竹下围棋。胜者,终年有福;负者,终年疾病。取丝缕,就北辰星求长命,乃免。九月,佩茱萸,食蓬饵,饮菊花酒,令人长命。菊花舒时,并采茎叶,杂黍米酿之,至来年九月九日始熟,就饮焉,故谓之'菊花酒'。正月上辰,出池边盥濯,食蓬饵,以被妖邪。三月上巳,张乐于流水。如此终岁焉。"

○ 李少翁致神

汉武帝时，幸李夫人。夫人卒后，帝思念不已。方士齐人李少翁，言能致其神。乃夜施帷帐，明灯烛，而令帝居他帐遥望之。见美女居帐中，如李夫人之状，还幄坐而步，又不得就视。帝愈益悲感，为作诗曰："是耶？非耶？立而望之，偏娜娜，何冉冉其来迟！"令乐府诸音家弦歌之。

○ 营陵道人令见死人

汉北海营陵有道人，能令人与已死人相见。其同郡人妇死已数年，闻而往见之，曰："愿令我一见亡妇，死不恨矣。"道人曰："卿可往见之。若闻鼓声，即出勿留。"乃语其相见之术。俄而得见之。于是与妇言语，悲喜恩情如生。良久，闻鼓声恨恨，不能得住。当出户时，忽掩其衣裾户间，掣绝而去。至后岁余，此人身亡。家葬之，开冢，见妇棺盖下有衣裾。

○ 白头鹅试觋

吴孙休有疾，求觋视者，得一人，欲试之。乃杀鹅而埋于苑中，架小屋，施床几，以妇人屐履服物着其上。使觋视之，告曰："若能说此冢中鬼妇人形状者，当加厚赏，而即信矣。"竟日无言。帝推问之急，乃曰："实不见有鬼，但见一白头鹅立墓上。所以不即白之，疑是鬼神变化作此相，当候其真形而定。不复移易，不知何故，敢以实上。"

○ 石子冈朱主墓

吴孙峻杀朱主，埋于石子冈。归命即位，将欲改葬之。冢墓相亚，不可识别，而宫人颇识主亡时所着衣服。乃使两巫各住一处，以伺其灵。使察战监之，不得相近。久时，二人俱白见一女人，年可三十余，上着青锦束头，紫白袷裳，丹绨丝履，从石子冈上，半冈而以手抑膝长太息，小住须臾，更进一冢上，便止，徘徊良久，奄然不见。二人之言，不谋而合。于是开冢，衣服如之。

○ 夏侯弘见鬼

夏侯弘自云见鬼，与其言语。镇西谢尚所乘马忽死，忧恼甚至。谢曰："卿若能令此马生者，卿真为见鬼也。"弘去良久，还曰："庙神乐君马，故取之。今当活。"尚对死马坐。须臾，马忽自门外走还，至马尸间，便灭，应时能动，起行。谢曰："我无嗣，是我一身之罚。"弘经时无所告。曰："顷所见，小鬼耳，必不能辨此源由。"后忽逢一鬼，乘新车，从十许人，着青丝布袍。弘前提牛鼻，车中人谓弘曰："何以见阻？"弘曰："欲有所问。镇西将军谢尚无儿。此君风流令望，不可使之绝祀。"

车中人动容曰："君所道正是仆儿。年少时，与家中婢通，誓约不再婚，而违约。今此婢死，在天诉之，是故无儿。"弘具以告。谢曰："吾少时诚有此事。"弘于江陵，见一大鬼，提矛戟，有随从小鬼数人。弘畏惧，下路避之。大鬼过后，捉得一小鬼，问："此何物？"曰："杀人以此矛戟，若中心腹者，无不辄死。"弘曰："治此病有方否？"鬼曰："以乌鸡薄之，即差。"弘曰："今欲何行？"鬼曰："当至荆、扬二州。"尔时比日行心腹病，无有不死者。弘乃教人杀乌鸡以薄之，十不失八九。今治中恶辄用乌鸡薄之者，弘之由也。

卷
三

○ 钟离意修孔庙

汉永平中，会稽钟离意，字子阿，为鲁相。到官，出私钱万三千文，付户曹孔䜣，修夫子车。身入庙，拭几席剑履。男子张伯除堂下草，土中得玉璧七枚。伯怀其一，以六枚白意。意令主簿安置几前。孔子教授堂下床首有悬瓮，意召孔䜣问："此何瓮也？"对曰："夫子瓮也。背有丹书，人莫敢发也。"意曰："夫子，圣人。所以遗瓮，欲以悬示后贤。"因发之，中得素书，文曰："后世修吾书，董仲舒；护吾车，拭吾履，发吾笥，会稽钟离意。璧有七，张伯藏其一。"意即召问："璧有七，何藏一耶？"伯叩头出之。

○ 段翳封简书

段翳字元章，广汉新都人也。习《易经》，明风角。有一生来学，积年，自谓略究要术，辞归乡里。翳为合膏药，并以简书封于筒中，告生曰："有急，发视之。"生到葭萌，与吏争度。津吏挝破从者头。生开筒得书，言："到葭萌，与吏斗，头破者，以此膏裹之。"生用其言，创者即愈。

○ 臧仲英遇怪

右扶风臧仲英，为侍御史。家人作食，设案，有不清尘土投污之。炊临熟，不知釜处。兵弩自行。火从箧簏中起，衣物尽烧，而箧簏故完。妇女婢使，一旦尽失其镜；数日，从堂下掷庭中，有人声言："还汝镜。"女孙年三四岁，亡之，求，不知处。两三日，乃于圊中粪下啼。若此非一。汝南许季山者，素善卜卦，卜之，曰："家当有老青狗物，内中侍御者名益喜，与共为之。诚欲绝，杀此狗，遣益喜归乡里。"仲英从之，怪遂绝。后徙为太尉长史，迁鲁相。

○ 乔玄见白光

太尉乔玄，字公祖，梁国人也。初为司徒长史，五月末，于中门卧。夜半后，见东壁正白，如开门明。呼问左右，左右莫见。因起自往手扪摸之，壁自如故。还床，复见。心大怖恐。其友应劭，适往候之，语次相告。劭曰："乡人有董彦兴者，即许季山外孙也。其探赜索隐，穷神知化，虽眭孟、京房，无以过也。然天性褊狭，羞于卜筮者。"间来候师王叔茂，请往迎之。须臾，便与俱来。公祖虚礼盛馔，下席行觞。彦兴自陈："下土诸生，无他异分。币重言甘，诚有踧踖。颇能别者，愿得从事。"公祖辞让再三，尔乃听之，曰："府君当有怪，白光如门明者，然不为害也。六月上旬，鸡鸣时，闻南家哭，即吉。到秋节，迁北行，郡以金为名。位至将军三公。"公祖曰："怪异如此，救族不暇，何能致望于所不图？此相饶耳。"至六月九日未明，太尉杨秉暴薨。七月七日，拜钜鹿太守。"钜"边有"金"。后为度辽将军，历登三事。

○ 管辂论怪

　　管辂字公明，平原人也。善《易》卜。安平太守东莱王基，字伯舆，家数有怪，使辂筮之。卦成，辂曰："君之卦，当有贱妇人，生一男，堕地便走，入灶中死。又，床上当有一大蛇，衔笔，大小共视，须臾便去。又，乌来入室中，与燕共斗，燕死，乌去。有此三卦。"基大惊曰："精义之致，乃至于此，幸为占其吉凶。"辂曰："非有他祸，直官舍久远，魑魅罔两，共为怪耳。儿生便走，非能自走，直宋无忌之妖将其入灶也。大蛇衔笔者，直老书佐耳。乌与燕斗者，直老铃下耳。夫神明之正，非妖能害也。万物之变，非道所止也。久远之浮精，必能之定数也。今卦中见象，而不见其凶，故知假托之数，非妖咎之征，自无所忧也。昔高宗之鼎，非雉所雊；太戊之阶，非桑所生。然而野鸟一雏，武丁为高宗；桑穀暂生，太戊以兴。焉知三事不为吉祥？愿府君安身养德，从容光大，勿以神奸污累天真。"后卒无他。迁安南将军。

　　后辂乡里刘原问辂："君往者为王府君论怪云：'老书佐为蛇，老铃下为乌。'此本皆人，何化之微贱乎？为见于爻象，出君意乎？"辂言："苟非性与天道，何由背爻象而任心胸者乎？夫万物之化，无有常形；人之变异，无有定体。或大为小，或小为大，固无优劣。万物之化，一例之道也。是以夏鲧，天子之父，赵王如意，汉高之子。而鲧为黄能，意为苍狗，斯亦至尊之位，而为黔喙之类也。况蛇者协辰巳之位，乌者栖太阳之精，此乃腾黑之明象，白日之流景。如书佐、铃下，各以微躯，化为蛇乌，不亦过乎？"

○ 管辂助颜超增寿

管辂至平原，见颜超貌主夭亡。颜父乃求辂延命。辂曰："子归，觅清酒一榼，鹿脯一斤，卯日，刈麦地南大桑树下，有二人围棋次。但酌酒置脯，饮尽更斟，以尽为度。若问汝，汝但拜之，勿言。必合有人救汝。"颜依言而往，果见二人围棋。颜置脯，斟酒于前。其人贪戏，但饮酒食脯，不顾。数巡，北边坐者忽见颜在，叱曰："何故在此？"颜唯拜之。南边坐者语曰："适来饮他酒脯，宁无情乎？"北坐者曰："文书已定。"南坐者曰："借文书看之。"见超寿止可十九岁，乃取笔挑上，语曰："救汝至九十年活。"颜拜而回。管语颜曰："大助子，且喜得增寿。北边坐人是北斗，南边坐人是南斗。南斗注生，北斗注死。凡人受胎，皆从南斗过北斗；所有祈求，皆向北斗。"

○ 管辂筮信都令家

信都令家妇女惊恐，更互疾病，使辂筮之。辂曰："君北堂西头有两死男子：一男持矛，一男持弓箭；头在壁内，脚在壁外。持矛者主刺头，故头重痛不得举也；持弓箭者主射胸腹，故心中悬痛不得饮食也。昼则浮游，夜来病人，故使惊恐也。"于是掘其室中，入地八尺，果得二棺。一棺中有矛，一棺中有角弓及箭，箭久远，木皆消烂，但有铁及角完耳。乃徙骸骨去城二十里埋之，无复疾病。

○ 管辂筮躄疾

利漕民郭恩，字义博。兄弟三人，皆得躄疾。使辂筮其所由。辂曰："卦中有君本墓，墓中有女鬼，非君伯母，当叔母也。昔饥荒之世，当有利其数升米者，排着井中，啧啧有声，推一大石下，破其头。孤魂冤痛，自诉于天耳。"

○ 淳于智杀鼠

淳于智字叔平，济北卢人也。性深沉，有思义。少为书生，能《易》筮，善厌胜之术。高平刘柔，夜卧，鼠啮其左手中指，意甚恶之。以问智，智为筮之，曰："鼠本欲杀君而不能，当为使其反死。"乃以朱书手腕横文后三寸，为田字，可方一寸二分，使夜露手以卧。有大鼠伏死于前。

○ 淳于智卜居宅

上党鲍瑗，家多丧病，贫苦。淳于智卜之，曰："君居宅不利，故令君困尔。君舍东北有大桑树。君径至市，入门数十步，当有一人卖新鞭者，便就买还，以悬此树。三年，当暴得财。"瑗承言诣市，果得马鞭。悬之三年，浚井，得钱数十万，铜铁器复二万余。于是业用既展，病者亦无恙。

○ 淳于智卜祸

谯人夏侯藻，母病困，将诣智卜，忽有一狐当门向之嗥叫。藻大愕惧，遂驰诣智。智曰："其祸甚急。君速归，在狐嗥处，拊心啼哭，令家人惊怪，大小毕出。一人不出，啼哭勿休。然其祸仅可免也。"藻还，如其言，母亦扶病而出。家人既集，堂屋五间拉然而崩。

○ 淳于智筮病

护军张劭母病笃。智筮之，使西出市沐猴，系母臂，令傍人捶拍，恒使作声，三日放去。劭从之。其猴出门，即为犬所咋死，母病遂差。

○ 郭璞撒豆成兵

郭璞字景纯，行至庐江，劝太守胡孟康急回南渡。康不从。璞将促装去之，爱其婢，无由得，乃取小豆三斗，绕主人宅散之。主人晨起，见赤衣人数千围其家，就视则灭。甚恶之，请璞为卦。璞曰："君家不宜畜此婢，可于东南二十里卖之，慎勿争价，则此妖可除也。"璞阴令人贱买此婢，复为投符于井中，数千赤衣人一一自投于井。主人大悦。璞携婢去。后数旬而庐江陷。

○ 郭璞救死马

赵固所乘马忽死，甚悲惜之，以问郭璞。璞曰："可遣数十人持竹竿，东行三十里，有山林陵树，便搅打之。当有一物出，急宜持归。"于是如言，果得一物，似猿。持归，入门，见死马，跳梁走往死马头，嘘吸其鼻。顷之，马即能起，奋迅嘶鸣，饮食如常，亦不复见向物。固奇之，厚加资给。

○ 郭璞筮病

扬州别驾顾球姊，生十年便病。至年五十余，令郭璞筮，得"大过"之"升"。其辞曰："'大过'卦者义不嘉，冢墓枯杨无英华。振动游魂见龙车，身被重累婴妖邪。法由斩祀杀灵蛇，非己之咎先人瑕。案卦论之可奈何。"球乃迹访其家事，先世曾伐大树，得大蛇，杀之，女便病。病后，有群鸟数千，回翔屋上。人皆怪之，不知何故。有县农行过舍边，仰视，见龙牵车，五色晃烂，其大非常，有顷遂灭。

○ 郭璞致白牛

义兴方叔保得伤寒，垂死，令璞占之，不吉，令求白牛厌之。求之不得，唯羊子玄有一白牛，不肯借。璞为致之，即日有大白牛从西来，径往。临，叔保惊惶，病即愈。

○ 隗炤书板

隗炤，汝阴鸿寿亭民也，善《易》。临终书板，授其妻曰："吾亡后，当大荒。虽尔，而慎莫卖宅也。到后五年春，当有诏使来顿此亭，姓龚。此人负吾金，即以此板往责之。勿负言也。"亡后，果大困，欲卖宅者数矣，忆夫言，辄止。至期，有龚使者，果止亭中，妻遂赍板责之。使者执板，不知所言，曰："我平生不负钱，此何缘尔邪？"妻曰："夫临亡，手书板见命如此，不敢妄也。"使者沉吟良久而悟，乃命取蓍筮之。卦成，抵掌叹曰："妙哉隗生！含明隐迹而莫之闻，可谓镜穷达而洞吉凶者也。"于是告其妻曰："吾不负金，贤夫自有金。乃知亡后当暂穷，故藏金以待太平。所以不告儿妇者，恐金尽而困无已也。知吾善《易》，故书板以寄意耳。金五百斤，盛以青罂，覆以铜柈，埋在堂屋东头，去壁一丈，入地九尺。"妻还掘之，果得金，皆如所卜。

○ 韩友驱魅

韩友字景先，庐江舒人也。善占卜，亦行京房厌胜之术。刘世则女病魅积年，巫为攻祷，伐空冢故城间，得狸鼍数十，病犹不差。友筮之，命作布囊，俟女发时，张囊着窗牖间。友闭户作气，若有所驱。须臾间，见囊大胀，如吹，因决败之。女仍大发。友乃更作皮囊二枚沓张之，施张如前，囊复胀满。因急缚囊口，悬着树。二十许日，渐消。开视，有二斤狐毛。女病遂差。

○ 严卿禳灾

会稽严卿善卜筮。乡人魏序欲东行，荒年多抄盗，令卿筮之。卿曰："君慎不可东行，必遭暴害，而非劫也。"序不信。卿曰："既必不停，宜有以禳之。可索西郭外独母家白雄狗，系着船前。"求索，止得驳狗，无白者。卿曰："驳者亦足，然犹恨其色不纯，当余小毒，止及六畜辈耳，无所复忧。"序行半路，狗忽然作声，甚急，有如人打之者。比视，已死，吐黑血斗余。其夕，序墅上白鹅数头，无故自死。序家无恙。

○ 华佗治疮

沛国华佗，字元化，一名旉。琅邪刘勋为河内太守，有女年几二十，苦脚左膝里有疮，痒而不痛，疮愈数十日复发。如此七八年。迎佗使视。佗曰："是易治之。当得稻糠黄色犬一头，好马二匹。"以绳系犬颈，使走马牵犬，马极辄易。计马走三十余里，犬不能行，复令步人拖曳，计向五十里。乃以药饮女，女即安卧不知人。因取大刀断犬腹近后脚之前，以所断之处向疮口，令去二三寸停之。须臾，有若蛇者，从疮中出。便以铁椎横贯蛇头，蛇在皮中动摇良久，须臾不动，乃牵出，长三尺许，纯是蛇，但有眼处而无瞳子，又逆鳞耳。以膏散着疮中，七日愈。

○ 华佗治咽病

佗尝行道，见一人病咽，嗜食不得下。家人车载，欲往就医。佗闻其呻吟声，驻车往视，语之曰："向来道边，有卖饼家蒜齑大酢，从取三升饮之，病自当去。"即如佗言，立吐蛇一枚。

卷
四

○ 风伯雨师

风伯、雨师，星也。风伯者，箕星也。雨师者，毕星也。郑玄谓司中、司命，文昌第五、第四星也。雨师一曰屏翳，一曰屏号，一曰玄冥。

○ 张宽说女宿

蜀郡张宽，字叔文。汉武帝时为侍中，从祀甘泉。至渭桥，有女子浴于渭水，乳长七尺。上怪其异，遣问之。女曰："帝后第七车者知我所来。"时宽在第七车。对曰："天星，主祭祀者。斋戒不洁，则女人见。"

○ 灌坛令当道

文王以太公望为灌坛令。期年，风不鸣条。文王梦一妇人，甚丽，当道而哭。问其故，曰："吾泰山之女，嫁为东海妇。欲归，今为灌坛令当道有德，废我行；我行必有大风疾雨。大风疾雨，是毁其德也。"文王觉，召太公问之。是日果有疾雨暴风，从太公邑外而过。文王乃拜太公为大司马。

○ 胡母班致书

胡母班，字季友，泰山人也。曾至泰山之侧，忽于树间逢一绛衣驺，呼班云："泰山府君召。"班惊愕，逡巡未答。复有一驺出，呼之。遂随行数十步，驺请班暂瞑。少顷，便见宫室，威仪甚严。班乃入阁拜谒。主为设食，语班曰："欲见君，无他，欲附书与女婿耳。"班问："女郎何在？"曰："女为河伯妇。"班曰："辄当奉书，不知缘何得达？"答曰："今适河中流，便扣舟呼'青衣'，当自有取书者。"班乃辞出。昔驺复令闭目，有顷，忽如故道。遂西行，如神言而呼青衣。须臾，果有一女仆出，取书而没。少顷，复出，云："河伯欲暂见君。"婢亦请瞑目。遂拜谒河伯。河伯乃大设酒食，词旨殷勤。临去，谓班曰："感君远为致书，无物相奉。"于是命左右："取吾青丝履来！"以贻班。班出，瞑然，忽得还舟。

遂于长安经年而还。至泰山侧，不敢潜过，遂扣树自称姓名，从长安还，欲启消息。须臾，昔驺出，引班如向法而进，因致书焉。府君请曰："当别再报。"班语讫，如厕，忽见其父着械徒作，此辈数百人。班进拜流涕问："大人何因及此？"父云："吾死不幸，见谴三年，今已二年矣，困苦不可处。知汝今为明府所识，可为吾陈之，乞免此役，便欲得社公耳。"班乃依教，叩头陈乞。府君曰："生死异路，不可相近，身无所惜。"班苦请，方许之。于是辞出，还家。

岁余，儿子死亡略尽。班惶惧，复诣泰山，扣树求见。昔驺遂迎之而见。班乃自说："昔辞旷拙，及还家，儿死亡至尽。今恐祸故未已，辄来启白，幸蒙哀救。"府君拊掌大笑曰："昔语君'死生异路，不可相近'故也。"即敕外召班父。须臾，至庭中，问之："昔求还里社，当为门户作福，而孙息死亡至尽，何也？"答云："久别乡里，自忻得还，又遇酒食充足，实念诸孙，召之。"于是代之。父涕泣而出。班遂还。后有儿皆无恙。

○ 河伯冯夷

宋时，弘农冯夷，华阴潼乡堤首人也。以八月上庚日渡河，溺死。天帝署为河伯。又《五行书》曰："河伯以庚辰日死。不可治船远行，溺没不返。"

○ 华山使

秦始皇三十六年，使者郑容从关东来，将入函关。西至华阴，望见素车白马，从华山上下。疑其非人，道住止而待之。遂至，问郑容曰："安之？"答曰："之咸阳。"车上人曰："吾华山使也。愿托一牍书，致镐池君所。子之咸阳，道过镐池，见一大梓，下有文石，取款梓，当有应者。即以书与之。"容如其言，以石款梓树，果有人来取书。明年，祖龙死。

○ 张璞投女

张璞字公直，不知何许人也。为吴郡太守，征还，道由庐山。子女观于祠室，婢使指像人以戏曰："以此配汝。"其夜，璞妻梦庐君致聘曰："鄙男不肖，感垂采择，用致微意。"妻觉，怪之。婢言其情。于是妻惧，催璞速发。中流，舟不为行。阖船震恐。乃皆投物于水，船犹不行。或曰："投女。"则船为进。皆曰："神意已可知也。以一女而灭一门，奈何？"璞曰："吾不忍见之。"乃上飞庐卧，使妻沉女于水。妻因以璞亡兄孤女代之。置席水中，女坐其上，船乃得去。璞见女之在也，怒曰："吾何面目于当世也。"乃复投己女。及得渡，遥见二女在下。有吏立于岸侧，曰："吾庐君主簿也。庐君谢君。知鬼神非匹，又敬君之义，故悉还二女。"后问女，言："但见好屋吏卒，不觉在水中也。"

○ 建康小吏曹著

建康小吏曹著，为庐山使所迎，配以女婉。著形意不安，屡屡求请退。婉潸然垂涕，赋诗序别，并赠织成裈衫。

○ 宫亭湖孤石庙二女

宫亭湖孤石庙，尝有估客至都，经其庙下，见二女子，云：“可为买两量丝履，自相厚报。”估客至都，市好丝履，并箱盛之。自市书刀，亦内箱中。既还，以箱及香置庙中而去，忘取书刀。至河中流，忽有鲤鱼跳入船内，破鱼腹，得书刀焉。

○ 宫亭庙神

南州人有遣吏献犀簪于孙权者，舟过宫亭庙而乞灵焉。神忽下教曰：“须汝犀簪。”吏惶遽不敢应。俄而犀簪已前列矣。神复下教曰：“俟汝至石头城，返汝簪。”吏不得已，遂行。自分失簪，且得死罪。比达石头，忽有大鲤鱼，长三尺，跃入舟。剖之，得簪。

○ 郭璞卜驴鼠

郭璞过江，宣城太守殷祐引为参军。时有一物，大如水牛，灰色，卑脚，脚类象，胸前尾上皆白，大力而迟钝，来到城下。众咸怪焉。祐使人伏而取之。令璞作卦，遇"遯"之"蛊"，名曰"驴鼠"。卜适了，伏者以戟刺，深尺余。郡纲纪上祠请杀之。巫云："庙神不悦。此是邺亭庐山君使，至荆山，暂来过我。不须触之。"遂去，不复见。

○ 欧明求如愿

庐陵欧明，从贾客，道经彭泽湖，每以舟中所有，多少投湖中，云："以为礼。"积数年。后复过，忽见湖中有大道，上多风尘。有数吏，乘车马来候明，云："是青洪君使要。"须臾达，见有府舍，门下吏卒。明甚怖。吏曰："无可怖！青洪君感君前后有礼，故要君。必有重遗君者，君勿取，独求'如愿'耳。"明既见青洪君，乃求"如愿"，使逐明去。如愿者，青洪君婢也。明将归，所愿辄得，数年，大富。

○ 黄石公祠

益州之西，云南之东，有神祠，克山石为室，下有神，奉祠之，自称黄公。因言此神，张良所受黄石公之灵也。清净不宰杀。诸祈祷者，持一百钱，一双笔，一丸墨，置石室中，前请乞，先闻石室中有声，须臾，问："来人何欲？"既言，便具语吉凶，不见其形。至今如此。

○ 樊道基

永嘉中，有神见兖州，自称樊道基。有姬，号成夫人。夫人好音乐，能弹箜篌。闻人弦歌，辄便起舞。

○ 戴文谋疑神

沛国戴文谋，隐居阳城山中。曾于客堂食际，忽闻有神呼曰："我天帝使者，欲下凭君，可乎？"文闻甚惊。又曰："君疑我也？"文乃跪曰："居贫，恐不足降下耳。"既而洒扫设位，朝夕进食，甚谨。后于室内窃言之。妇曰："此恐是妖魅凭依耳。"文曰："我亦疑之。"及祠飨之时，神乃言曰："吾相从，方欲相利，不意有疑心异议。"文辞谢之际，忽堂上如数十人呼声，出视之，见一大鸟五色，白鸠数十随之，东北入云而去，遂不见。

○ 麋竺逢天使

麋竺字子仲，东海朐人也。祖世货殖，家赀巨万。常从洛归，未至家数十里，见路次有一好新妇，从竺求寄载。行可二十余里，新妇谢去，谓竺曰："我天使也，当往烧东海麋竺家。感君见载，故以相语。"竺因私请之。妇曰："不可得不烧。如此，君可快去，我当缓行。日中必火发。"竺乃急行归，达家，便移出财物。日中而火大发。

○ 阴子方祀灶

汉宣帝时，南阳阴子方者，性至孝，积恩好施，喜祀灶。腊日晨炊，而灶神形见。子方再拜受庆。家有黄羊，因以祀之。自是已后，暴至巨富，田七百余顷，舆马仆隶，比于邦君。子方尝言："我子孙必将强大。"至识三世，而遂繁昌。家凡四侯，牧守数十。故后子孙尝以腊日祀灶，而荐黄羊焉。

○ 张成见蚕神

吴县张成，夜起，忽见一妇人立于宅南角，举手招成，曰："此是君家之蚕室，我即此地之神。明年正月十五，宜作白粥，泛膏于上。"以后年年大得蚕。今之作膏糜像此。

○ 戴侯祠

豫章有戴氏女，久病不差。见一小石，形像偶人，女谓曰："尔有人形，岂神？能差我宿疾者，吾将重汝。"其夜，梦有人告之："吾将佑汝。"自后疾渐差。遂为立祠山下，戴氏为巫，故名戴侯祠。

○ 刘玘成神

汉阳羡长刘玘尝言："我死当为神。"一夕，饮醉，无病而卒。风雨，失其柩。夜闻荆山有数千人噉声，乡民往视之，则棺已成冢。遂改为君山，因立祠祀之。

卷
五

○ 蒋子文成神

蒋子文者，广陵人也。嗜酒好色，挑达无度。常自谓己骨清，死当为神。汉末，为秣陵尉，逐贼至钟山下，贼击伤额，因解绶缚之，有顷遂死。及吴先主之初，其故吏见文于道，乘白马，执白羽扇，侍从如平生。见者惊走，文追之，谓曰："我当为此土地神，以福尔下民。尔可宣告百姓，为我立祠。不尔，将有大咎。"是岁夏，大疫，百姓窃相恐动，颇有窃祠之者矣。文又下巫祝："吾将大启祐孙氏，宜为我立祠。不尔，将使虫入人耳为灾。"

俄而小虫如尘虻，入耳皆死，医不能治。百姓愈恐，孙主未之信也。又下巫祝："若不祀我，将又以大火为灾。"是岁，火灾大发，一日数十处。火及公宫。议者以为鬼有所归，乃不为厉，宜有以抚之。于是使使者封子文为中都侯，次弟子绪为长水校尉，皆加印绶。为立庙堂。转号钟山为蒋山，今建康东北蒋山是也。自是灾厉止息，百姓遂大事之。

○ 蒋侯召刘赤父

刘赤父者，梦蒋侯召为主簿。期日促，乃往庙陈请："母老，子弱，情事过切，乞蒙放恕。会稽魏过，多材艺，善事神。请举过自代。"因叩头流血。庙祝曰："特愿相屈。魏过何人，而有斯举？"赤父固请，终不许。寻而赤父死焉。

○ 蒋山庙戏婚

咸宁中，太常卿韩伯子某，会稽内史王蕴子某，光禄大夫刘耽子某，同游蒋山庙。庙有数妇人像，甚端正。某等醉，各指像以戏，自相配匹。即以其夕，三人同梦蒋侯遣传教相闻，曰："家子女并丑陋，而猥垂荣顾。辄刻某日，悉相奉迎。"某等以其梦指适异常，试往相问，而果各得此梦，符协如一。于是大惧，备三牲，诣庙谢罪乞哀。又俱梦蒋侯亲来降己，曰："君等既已顾之，实贪会对。克期垂及，岂容方更中悔？"经少时并亡。

○ 蒋侯与吴望子

会稽鄮县东野有女子，姓吴，字望子，年十六，姿容可爱。其乡里有解鼓舞神者，要之，便往。缘塘行，半路忽见一贵人，端正非常。贵人乘船，挺力十余，皆整顿。令人问望子："欲何之？"具以事对。贵人云："今正欲往彼，便可入船共去。"望子辞不敢。忽然不见。望子既拜神座，见向船中贵人，俨然端坐，即蒋侯像也。问望子："来何迟？"因掷两橘与之。数数形见，遂隆情好。心有所欲，辄空中下之。尝思噉鲤，一双鲜鲤随心而至。望子芳香，流闻数里，颇有神验，一邑共事奉。经三年，望子忽生外意，神便绝往来。

○ 蒋侯助杀虎

陈郡谢玉为琅邪内史，在京城。所在虎暴，杀人甚众。有一人，以小船载年少妇，以大刀插着船，挟暮来至逻所。将出语云："此间顷来甚多草秽，君载细小，作此轻行，大为不易。可止逻宿也。"相问讯既毕，逻将适还去。其妇上岸，便为虎将去。其夫拔刀大唤，欲逐之。先奉事蒋侯，乃唤求助。如此当行十里，忽如有一黑衣为之导，其人随之，当复二十里，见大树。既至一穴，虎子闻行声，谓其母至，皆走出，其人即其所杀之。便拔刀隐树侧，住良久，虎方至，便下妇着地，倒牵入穴。其人以刀当腰斫断之。虎既死，其妇故活。向晓，能语。问之，云："虎初取，便负着背上，临至而后下之。四体无他，止为草木伤耳。"扶归还船。明夜，梦一人语之曰："蒋侯使助汝，知否？"至家，杀猪祠焉。

○ 丁姑祠

淮南全椒县有丁新妇者，本丹阳丁氏女，年十六，适全椒谢家。其姑严酷，使役有程，不如限者，仍便笞捶不可堪。九月九日，乃自经死。遂有灵响，闻于民间。发言于巫祝曰："念人家妇女，作息不倦，使避九月九日，勿用作事。"见形，着缥衣，戴青盖，从一婢，至牛渚津，求渡。有两男子共乘船捕鱼，仍呼求载。两男子笑共调弄之，言："听我为妇，当相渡也。"丁妪曰："谓汝是佳人，而无所知。汝是人，当使汝入泥死；是鬼，使汝入水。"便却入草中。须臾，有一老翁乘船载苇。妪从索渡，翁曰："船上无装，岂可露渡？恐不中载耳。"妪言："无苦。"翁因出苇半许，安处着船中，径渡之。至南岸，临去，语翁曰："吾是鬼神，非人也，自能得过。然宜使民间粗相闻知。翁之厚意，出苇相渡，深有惭感，当有以相谢者。若翁速还去，必有所见，亦当有所得也。"翁曰："恐燥湿不至，何敢蒙谢。"翁还西岸，见两男子覆水中。进前数里，有鱼千数跳跃水边，风吹至岸上。翁遂弃苇，载鱼以归。于是丁妪遂还丹阳。江南人皆呼为丁姑。九月九日，不用作事，咸以为息日也。今所在祠之。

○ 王祐与赵公明府参佐

散骑侍郎王祐，疾困，与母辞诀。既而闻有通宾者，曰："某郡某里某人，尝为别驾。"祐亦雅闻其姓字。有顷，奄然来至，曰："与卿士类，有自然之分，又州里，情便款然。今年国家有大事，出三将军，分布征发。吾等十余人，为赵公明府参佐。至此仓卒，见卿有高门大屋，故来投。与卿相得，大不可言。"祐知其鬼神，曰："不幸疾笃，死在旦夕。遭卿，以性命相托。"答曰："人生有死，此必然之事。死者不系生时贵贱。吾今见领兵三千，须卿，得度簿相付。如此地难得，不宜辞之。"祐曰："老母年高，兄弟无有，一旦死亡，前无供养。"遂欷歔不能自胜。

其人怆然曰："卿位为常伯，而家无余财。向闻与尊夫人辞诀，言辞哀苦。然则卿国士也，如何可令死。吾当相为。"因起去："明日更来。"其明日又来。祐曰："卿许活吾，当卒恩否？"答曰："大老子业已许卿，当复相欺耶？"见其从者数百人，皆长二尺许，乌衣军服，赤油为志。祐家击鼓祷祀，诸鬼闻鼓声，皆应节起舞，振袖，飒飒有声。祐将为设酒食，辞曰："不须。"因复起去，谓佑曰："病在人体中，如火，当以水解之。"因取一杯水，发被灌之。又曰："为卿留赤笔十余枝，在荐下，可与人，使簪之，出入辟恶灾，举事皆无恙。"因道曰："王甲、李乙，吾皆与之。"遂执祐手与辞。时祐得安眠，夜中忽觉，乃呼左右，令开被："神以水灌我，将大沾濡。"开被而信有水，在上被之下，下被之上，不浸，如露之在荷。量之，得三升七合。于是疾三分愈二，数日大除。凡其所道当取者，皆死亡，唯王文英半年后乃亡。所道与赤笔人，皆经疾病及兵乱，皆亦无恙。初有妖书云："上帝以三将军赵公明、钟士季各督数鬼下取人。"莫知所在。祐病差，见此书，与所道赵公明合。

○ 周式逢鬼吏

汉下邳周式尝至东海，道逢一吏，持一卷书，求寄载。行十余里，谓式曰："吾暂有所过，留书寄君船中，慎勿发之。"去后，式盗发视书，皆诸死人录，下条有式名。须臾，吏还，式犹视书。吏怒曰："故以相告，而忽视之。"式叩头流血。良久，吏曰："感卿远相载，此书不可除卿名。今日已去，还家，三年勿出门，可得度也。勿道见吾书。"式还，不出。已二年余，家皆怪之。邻人卒亡，父怒，使往吊之。式不得已，适出门，便见此吏。吏曰："吾令汝三年勿出，而今出门，知复奈何？吾求不见，连累为鞭杖。今已见汝，无可奈何。后三日日中，当相取也。"式还，涕泣具道如此。父故不信，母昼夜与相守。至三日日中时，果见来取，便死。

○ 张助种李

南顿张助于田中种禾，见李核，欲持去，顾见空桑，中有土，因植种，以余浆溉灌。后人见桑中反复生李，转相告语。有病目痛者，息阴下，言："李君令我目愈，谢以一豚。"目痛小疾，亦行自愈。众犬吠声，盲者得视，远近翕赫。其下车骑常数千百，酒肉滂沱。间一岁余，张助远出来还，见之，惊云："此有何神，乃我所种耳。"因就斫之。

○ 新井

王莽居摄，刘京上言："齐郡临淄县亭长辛当，数梦人谓曰：'吾天使也。摄皇帝当为真。即不信我，此亭中当有新井出。'亭长起视，亭中果有新井，入地百尺。"

卷六

○ 论妖怪

妖怪者，盖精气之依物者也。气乱于中，物变于外。形神气质，表里之用也。本于五行，通于五事，虽消息升降，化动万端，其于休咎之征，皆可得域而论矣。

○ 论山徙

夏桀之时厉山亡，秦始皇之时三山亡，周显王三十二年宋大丘社亡，汉昭帝之末，陈留、昌邑社亡。京房《易传》曰："山默然自移，天下兵乱，社稷亡也。"故会稽山阴琅邪中有怪山，世传本琅邪东武海中山也。时天夜，风雨晦冥，旦而见武山在焉。百姓怪之，因名曰怪山。时东武县山，亦一夕自亡去，识其形者，乃知其移来。今怪山下见有东武里，盖记山所自来，以为名也。又交州山移至青州朐县。凡山徙，皆不极之异也。此二事未详其世。《尚书·金縢》曰："山徙者，人君不用道士，贤者不兴；或禄去公室，赏罚不由君，私门成群。不救，当为易世变号。" 说曰："善言天者，必质于人；善言人者，必本于天。故天有四时，日月相推，寒暑迭代。其转运也，和而为雨，怒而为风，散而为露，乱而为雾，凝而为霜雪，张而为虹霓。此天之常数也。人有四肢五脏，一觉一寐，呼吸吐纳，精气往来，流而为荣卫，彰而为气色，发而为声音。此亦人之常数也。若四时失运，寒暑乖违，则五纬盈缩，星辰错行，日月薄蚀，彗孛流飞，此天地之危诊也。寒暑不时，此天地之蒸否也。石立土踊，此天地之瘤赘也。山崩地陷，此天地之痈疽也。冲风，暴雨，此天地之奔气也。雨泽不降，川渎涸竭，此天地之焦枯也。"

○ 龟毛兔角

商纣之时，大龟生毛，兔生角。兵甲将兴之象也。

○ 马化狐

周宣王三十三年，幽王生。是岁，有马化为狐。

○ 人化蜮

晋献公二年，周惠王居于郑，郑人入玉府，多取玉，玉化为蜮，射人。

○ 地暴长

周隐王二年四月，齐地暴长，长丈余，高一尺五寸。京房《易妖》曰："地四时暴长，占：春、夏多吉，秋、冬多凶。"历阳之郡，一夕沦入地中而为水泽，今麻湖是也。不知何时。《运斗枢》曰："邑之沦，阴吞阳，下相屠焉。"

○ 一妇四十子

周哀王八年，郑有一妇人，生四十子，其二十人为人，二十人死。其九年，晋有豕生人。吴赤乌七年，有妇人一生三子。

○ 御人产龙

周烈王六年，林碧阳君之御人产二龙。

○ 彭生为豕祸

鲁严公八年，齐襄公田于贝丘，见豕，从者曰："公子彭生也。"公怒，射之，豕人立而啼。公惧，坠车，伤足，丧屦。刘向以为近豕祸也。

○ 蛇斗

鲁严公时，有内蛇与外蛇斗郑南门中，内蛇死。刘向以为近蛇孽也。京房《易传》曰："立嗣子疑，厥妖蛇居国门斗。"

○ 龙斗

鲁昭公十九年，龙斗于郑时门之外洧渊。刘向以为近龙孽也。京房《易传》曰："众心不安，厥妖龙斗其邑中也。"

○ 九蛇绕柱

鲁定公元年，有九蛇绕柱，占以为九世庙不祀，乃立炀宫。

○ 马生人

秦孝公二十一年，有马生人。昭王二十年，牝马生子而死。刘向以为皆马祸也。京房《易传》曰："方伯分威，厥妖牝马生子。上无天子，诸侯相伐，厥妖马生人。"

○ 女子化为丈夫

魏襄王十三年，有女子化为丈夫，与妻生子。京房《易传》曰："女子化为丈夫，兹谓阴昌，贱人为王。丈夫化为女子，兹谓阴胜阳，厥咎亡。"一曰："男化为女宫刑滥，女化为男妇政行也。"

○ 五足牛

秦惠文王五年，游朐衍，有献五足牛。时秦世大用民力，天下叛之。京房《易传》曰："兴繇役，夺民时，厥妖牛生五足。"

○ 临洮大人

秦始皇二十六年，有大人长五丈，足履六尺，皆夷狄服，凡十二人，见于临洮，乃作金人十二以象之。

○ 龙现井中

汉惠帝二年正月癸酉旦，有两龙现于兰陵廷东里温陵井中，至乙亥夜去。京房《易传》曰："有德遭害，厥妖龙见井中。"又曰："行刑暴恶，黑龙从井出。"

○ 马生角

汉文帝十二年，吴地有马生角，在耳前，上向，右角长三寸，左角长二寸，皆大二寸。刘向以为马不当生角，犹吴不当举兵向上也，吴将反之变云。京房《易传》曰："臣易上，政不顺，厥妖马生角。兹谓贤士不足。"又曰："天子亲伐，马生角。"

○ 狗生角

　　文帝后元五年六月，齐雍城门外有狗生角。京房《易传》曰："执政失，下将害之，厥妖狗生角。"

○ 人生角

　　汉景帝元年九月，胶东下密人年七十余，生角，角有毛。京房《易传》曰："冢宰专政，厥妖人生角。"《五行志》以为人不当生角，犹诸侯不敢举兵以向京师也。其后遂有七国之难。至晋武帝泰始五年，元城人，年七十，生角。殆赵王伦篡乱之应也。

○ 狗与彘交

　　汉景帝三年，邯郸有狗与彘交。是时赵王悖乱，遂与六国反，外结匈奴以为援。《五行志》以为，犬兵革失众之占，豕北方匈奴之象。逆言失听，交于异类，以生害也。京房《易传》曰："夫妇不严，厥妖狗与豕交。兹谓反德，国有兵革。"

○ 白黑乌斗

景帝三年十一月，有白颈乌与黑乌群斗楚国吕县。白颈不胜，堕泗水中死者数千。刘向以为近白黑祥也。时楚王戊暴逆无道，刑辱申公，与吴谋反。乌群斗者，师战之象也；白颈者小，明小者败也；堕于水者，将死水地。王戊不悟，遂举兵应吴，与汉大战，兵败而走，至于丹徒，为越人所斩，堕泗水之效也。京房《易传》曰："逆亲亲，厥妖白黑乌斗于国中。"燕王旦之谋反也，又有一乌一鹊斗于燕宫中池上，乌堕池死。《五行志》以为楚、燕皆骨肉藩臣，骄恣而谋不义，俱有乌鹊斗死之祥。行同而占合，此天人之明表也。燕阴谋未发，独王自杀于宫，故一乌而水色者死；楚炕阳举兵，军师大败于野，故乌众而金色者死。天道精微之效也。京房《易传》曰："颛征劫杀，厥妖乌鹊斗。"

○ 牛足出背

景帝十六年，梁孝王田北山，有献牛足上出背上者。刘向以为近牛祸。内则思虑霿乱，外则土功过制，故牛祸作。足而出于背，下奸上之象也。

○ 内外蛇斗

汉武帝太始四年七月，赵有蛇从郭外入，与邑中蛇斗孝文庙下。邑中蛇死。后二年秋，有卫太子事，自赵人江充起。

○ 鼠舞门

汉昭帝元凤元年九月，燕有黄鼠衔其尾舞王宫端门中。王往视之，鼠舞如故。王使吏以酒脯祠，鼠舞不休，一日一夜死。时燕王旦谋反，将死之象也。京房《易传》曰："诛不原情，厥妖鼠舞门。"

○ 石自立

昭帝元凤三年正月，泰山芜莱山南汹汹有数千人声。民往视之，有大石自立，高丈五尺，大四十八围，入地深八尺，三石为足。石立后，有白乌数千集其旁。宣帝中兴之瑞也。

○ 食叶成文

昭帝时上林苑中大柳树断，仆地。一朝起立，生枝叶。有虫食其叶，成文字，曰"公孙病已立"。

○ 狗冠

昭帝时，昌邑王贺见大白狗冠方山冠而无尾。至熹平中，省内冠狗带绶以为笑乐。有一狗突出，走入司空府门。或见之者，莫不惊怪。京房《易传》曰："君不正，臣欲篡，厥妖狗冠出朝门。"

○ 雌鸡化雄

汉宣帝黄龙元年，未央殿辂轮中雌鸡化为雄，毛衣变化，而不鸣，不将，无距。元帝初元元年，丞相府史家雌鸡伏子，渐化为雄，冠距鸣将。至永光中有献雄鸡生角者。《五行志》以为王氏之应。京房《易传》曰："贤者居明夷之世，知时而伤，或众在位，厥妖鸡生角。"又曰："妇人专政，国不静；牝鸡雄鸣，主不荣。"

○ 范延寿断讼

宣帝之世，燕、岱之间，有三男共取一妇，生四子。及至将分妻子而不可均，乃致争讼。廷尉范延寿断之曰："此非人类，当以禽兽，从母不从父也。请戮三男，以儿还母。"宣帝嗟叹曰："事何必古？若此，则可谓当于理而厌人情也。"延寿盖见人事而知用刑矣，未知论人妖将来之验也。

○ 天雨草

汉元帝永光二年八月，天雨草，而叶相樛结，大如弹丸。至平帝元始三年正月，天雨草，状如永光时。京房《易传》曰："君吝于禄，信衰，贤去，厥妖天雨草。"

○ 断槐复立

元帝建昭五年，兖州刺史浩赏，禁民私所自立社。山阳橐茅乡社有大槐树，吏伐断之，其夜树复立故处。说曰："凡枯断复起，皆废而复兴之象也。"是世祖之应耳。

○ 鼠巢

汉成帝建始四年九月，长安城南，有鼠衔黄藁、柏叶，上民冢柏及榆树上为巢。桐柏为多。巢中无子，皆有干鼠矢数升。时议臣以为恐有水灾。鼠盗窃小虫，夜出昼匿。今正昼去穴而登木，象贱人将居贵显之占。桐柏，卫思后园所在也。其后赵后自微贱登至尊，与卫后同类。赵后终无子而为害。明年，有鸢焚巢杀子之象云。京房《易传》曰："臣私禄罔干，厥妖鼠巢。"

○ 犬祸

成帝河平元年，长安男子石良、刘音相与同居。有如人状在其室中，击之，为狗，走出。去后，有数人披甲持弓弩至良家。良等格击，或死或伤，皆狗也。自二月至六月乃止。其于《洪范》，皆犬祸，言不从之咎也。

○ 鸟焚巢

成帝河平元年二月庚子，泰山山桑谷有鸑焚其巢。男子孙通等闻山中群鸟鸑鹊声，往视之，见巢燃，尽堕池中，有三鸑鷇烧死。树大四围，巢去地五丈五尺。《易》曰："鸟焚其巢，旅人先笑后号咷。"后卒成易世之祸云。

○ 雨鱼

成帝鸿嘉四年秋，雨鱼于信都，长五寸以下。至永始元年春，北海出大鱼，长六丈，高一丈，四枚。哀帝建平三年，东莱平度出大鱼，长八丈，高一丈一尺，七枚。皆死。灵帝熹平二年，东莱海出大鱼二枚，长八九丈，高二丈余。京房《易传》曰："海数见巨鱼，邪人进，贤人疏。"

○ 木生人状

成帝永始元年二月，河南街邮樗树生枝如人头，眉目须皆具，亡发耳。至哀帝建平三年十月，汝南西平遂阳乡有材仆地生枝，如人形，身青黄色，面白，头有髭发，稍长大，凡长六寸一分。京房《易传》曰："王德衰，下人将起，则有木生为人状。"其后有王莽之篡。

○ 马出角

成帝绥和二年二月，大厩马生角，在左耳前，围长各二寸。是时王莽为大司马，害上之萌，自此始矣。

○ 燕生雀

成帝绥和二年三月，天水平襄有燕生雀，哺食至大，俱飞去。京房《易传》曰："贼臣在国，厥咎燕生雀，诸侯销。"又曰："生非其类，子不嗣世。"

○ 三足驹

汉哀帝建平三年，定襄有牡马生驹，三足，随群饮食。《五行志》以为：马，国之武用；三足，不任用之象也。

○ 僵树自立

哀帝建平三年，零陵有树僵地，围一丈六尺，长十丈七尺。民断其本，长九尺余，皆枯。三月，树卒自立故处。京房《易传》曰："弃正作淫，厥妖木断自属。妃后有颛，木仆反立，断枯复生。"

○ 儿啼腹中

哀帝建平四年四月，山阳方与女子田无啬生子。未生二月前，儿啼腹中，及生，不举，葬之陌上。后三日，有人过，闻儿啼声，母因掘收养之。

○ 西王母传书

哀帝建平四年夏，京师郡国民聚会里巷阡陌，设张博具歌舞，祠西王母。又传书曰："母告百姓，佩此书者不死。不信我言，视门枢下，当有白发。"至秋乃止。

○ 男子化女

哀帝建平中，豫章有男子化为女子，嫁为人妇，生一子。长安陈凤曰："阳变为阴，将亡继嗣，自相生之象。"一曰："嫁为人妇，生一子者，将复一世乃绝。"故后哀帝崩，平帝没，而王莽篡焉。

○ 人死复生

汉平帝元始元年二月，朔方广牧女子赵春病死，既棺殓，积七日，出在棺外，自言见夫死父，曰："年二十七，汝不当死。"太守谭以闻。说曰："至阴为阳，下人为上。厥妖人死复生。"其后王莽篡位。

○ 人生两头

汉平帝元始元年六月，长安有女子生儿，两头两颈，面俱相向，四臂共胸，俱前向，尻上有目，长二寸所。京房《易传》曰："'睽孤，见豕负涂。'厥妖人生两头。下相攘善，妖亦同。人若六畜首目在下，兹谓亡上，政将变更。厥妖之作，以谴失正，各象其类。两颈，下不一也；手多，所任邪也；足少，下不胜任，或不任下也。凡下体生于上，不敬也；上体生于下，媟渎也；生非其类，淫乱也；人生而大，上速成也；生而能言，好虚也。群妖推此类。不改，乃成凶也。

○ 三足乌

汉章帝元和元年，代郡高柳乌生子，三足，大如鸡，色赤，头有角，长寸余。

○ 德阳殿蛇

汉桓帝即位，有大蛇见德阳殿上。洛阳市令淳于翼曰："蛇有鳞，甲兵之象也。见于省中，将有椒房大臣受甲兵之象也。"乃弃官遁去。到延熹二年，诛大将军梁冀，捕治家属，扬兵京师也。

○ 雨肉

汉桓帝建和三年秋七月，北地廉雨肉，似羊肋，或大如手。是时梁太后摄政，梁冀专权，擅杀诛太尉李固、杜乔，天下冤之。其后，梁氏诛灭。

○ 梁冀妻妆

汉桓帝元嘉中，京都妇女作愁眉、啼妆、堕马髻、折腰步、龋齿笑。愁眉者，细而曲折。啼妆者，薄拭目下若啼处。堕马髻者，作一边。折腰步者，足不任下体。龋齿笑者，若齿痛，乐不欣欣。始自大将军梁冀妻孙寿所为，京都翕然，诸夏效之。天戒若曰："兵马将往收捕。妇女忧愁，踧眉啼哭；吏卒掣顿，折其腰脊，令髻邪倾；虽强语笑，无复气味也。"到延熹二年，冀举宗合诛。

○ 牛生鸡

桓帝延熹五年，临沅县有牛生鸡，两头四足。

○ 赤厄三七

汉灵帝数游戏于西园中，令后宫采女为客舍主人，身为估服，行至舍间，采女下酒食，因共饮食，以为戏乐。是天子将欲失位，降在皂隶之谣也。其后天下大乱。古志有曰："赤厄三七。"三七者，经二百一十载，当有外戚之篡，丹眉之妖。篡盗短祚，极于三六，当有飞龙之秀，兴复祖宗。又历三七，当复有黄首之妖，天下大乱矣。自高祖建业，至于平帝之末，二百一十年，而王莽篡，盖因母后之亲。十八年而山东贼樊子都等起，实丹其眉，故天下号曰"赤眉"。于是光武以兴祚，其名曰秀。至于灵帝中平元年，而张角起，置三十六方，徒众数十万，皆是黄巾，故天下号曰"黄巾贼"。至今道服，由此而兴。初起于邺，会于真定，诳惑百姓曰："苍天已死，黄天立。岁名甲子年，天下大吉。"起于邺者，天下始业也，会于真定也。小民相向跪拜趋信，荆、扬尤甚。乃弃财产，流沉道路，死者无数。角等初以二月起兵，其冬十二月悉破。自光武中兴至黄巾之起，未盈二百一十年，而天下大乱，汉祚废绝，实应三七之运。

○ 长短衣裙

灵帝建宁中，男子之衣好为长服，而下甚短；女子好为长裙，而上甚短。是阳无下而阴无上，天下未欲平也。后遂大乱。

○ 夫妇相食

灵帝建宁三年春，河内有妇食夫，河南有夫食妇。夫妇阴阳二仪，有情之深者也，今反相食。阴阳相侵，岂特日月之售哉。灵帝既没，天下大乱，君有妄诛之暴，臣有劫弑之逆，兵革相残，骨肉为仇，生民之祸极矣。故人妖为之先作。而恨不遭辛有、屠黍之论，以测其情也。

○ 寺壁黄人

灵帝熹平二年六月，洛阳民讹言，虎贲寺东壁中，有黄人，形容须眉良是。观者数万，省内悉出，道路断绝。到中平元年二月，张角兄弟起兵冀州，自号"黄天"。三十六方，四面出和。将帅星布，吏士外属。因其疲馁牵而胜之。

○ 木不曲直

灵帝熹平三年，右校别作中有两栌树，皆高四尺许。其一株宿昔暴长，长一丈余，粗大一围，作胡人状，头目鬓须发俱具。其五年十月壬午，正殿侧有槐树，皆六七围，自拔，倒竖，根上枝下。又中平中，长安城西北六七里，空树中有人面，生鬓。其于《洪范》，皆为木不曲直。

○ 雌鸡欲化雄

灵帝光和元年，南宫侍中寺雌鸡欲化为雄，一身毛皆似雄，但头冠尚未变。

○ 儿生两头

灵帝光和二年，洛阳上西门外女子生儿：两头，异肩，共胸，俱前向。以为不祥，堕地，弃之。自是之后，朝廷霿乱，政在私门，上下无别，二头之象。后董卓戮太后，被以不孝之名，放废天子，后复害之。汉元以来，祸莫逾此。

○ 梁伯夏后

光和四年，南宫中黄门寺有一男子，长九尺，服白衣。中黄门解步呵问："汝何等人？白衣妄入宫掖！"曰："我，梁伯夏后。天使我为天子。"步欲前收之，因忽不见。

○ 草作人状

光和七年，陈留济阳、长垣，济阴，东郡，冤句，离狐界中，路边生草，悉作人状，操持兵弩；牛马龙蛇鸟兽之形，白黑各如其色，羽毛、头、目、足、翅皆备，非但彷佛，像之尤纯。旧说曰："近草妖也。"是岁有黄巾贼起，汉遂微弱。

○ 两头共身

灵帝中平元年六月壬申，洛阳男子刘仓，居上西门外，妻生男，两头共身。至建安中，女子生男，亦两头共身。

○ 怀陵雀

中平三年八月中，怀陵上有万余雀，先极悲鸣，已因乱斗，相杀，皆断头悬着树枝枳棘。到六年，灵帝崩。夫陵者，高大之象也；雀者，爵也。天戒若曰："诸怀爵禄而尊厚者，还自相害，至灭亡也。"

○ 魁櫑挽歌

汉时，京师宾婚嘉会，皆作魁櫑，酒酣之后，续以挽歌。魁櫑，丧家之乐；挽歌，执绋相偶和之者。天戒若曰："国家当急殄悴，诸贵乐皆死亡也。"自灵帝崩后，京师坏灭，户有兼尸虫而相食者，"魁櫑""挽歌"，斯之效乎？

○ 京师童谣

灵帝之末，京师谣言曰："侯非侯，王非王，千乘万骑上北邙。"到中平六年，史侯登蹑至尊，献帝未有爵号，为中常侍段珪等所执，公卿百僚，皆随其后，到河上，乃得还。

○ 桓氏复生

汉献帝初平中，长沙有人姓桓氏，死，棺敛月余，其母闻棺中有声，发之，遂生。占曰："至阴为阳，下人为上。"其后曹公由庶士起。

○ 建安人妖

献帝建安七年，越巂有男子化为女子。时周群上言："哀帝时亦有此变，将有易代之事。"至二十五年，献帝封山阳公。

○ 荆州童谣

建安初，荆州童谣曰："八九年间始欲衰，至十三年无子遗。"言自中兴以来，荆州独全；及刘表为牧，民又丰乐；至建安九年，当始衰。始衰者，谓刘表妻死，诸将并零落也。十三年无子遗者，表又当死，因以丧败也。是时华容有女子，忽啼呼曰："将有大丧。"言语过差，县以为妖言，系狱。月余，忽于狱中哭曰："刘荆州今日死。"华容去州数百里，即遣马里验视，而刘表果死。县乃出之。续又歌吟曰："不意李立为贵人。"后无几，曹公平荆州，以涿郡李立字建贤为荆州刺史。

○ 树出血

建安二十五年正月，魏武在洛阳起建始殿，伐濯龙树而血出。又掘徙梨，根伤而血出。魏武恶之，遂寝疾，是月崩。是岁，为魏文黄初元年。

○ 燕巢生鹰

魏黄初元年，未央宫中有鹰生燕巢中，口爪俱赤。至青龙中，明帝为凌霄阁，始搆，有鹊巢其上。帝以问高堂隆，对曰："《诗》云：'惟鹊有巢，惟鸠居之。'今兴起宫室，而鹊来巢，此宫室未成，身不得居之象也。"

○ 妖马

魏齐王嘉平初，白马河出妖马，夜过官牧边鸣呼，众马皆应。明日，见其迹，大如斛，行数里，还入河。

○ 燕生巨鷇

魏景初元年，有燕生巨鷇于卫国李盖家，形若鹰，吻似燕。高堂隆曰："此魏室之大异，宜防鹰扬之臣于萧墙之内。"其后宣帝起，诛曹爽，遂有魏室。

○ 谯周书柱

蜀景耀五年，宫中大树无故自折。谯周深忧之，无所与言，乃书柱曰："众而大，期之会。具而授，若何复？"言曹者，众也；魏者，大也。众而大，天下其当会也。具而授，如何复有立者乎？蜀既亡，咸以周言为验。

○ 孙权死征

吴孙权太元元年八月朔，大风，江海涌溢，平地水深八尺。拔高陵树二千株，石碑差动，吴城两门飞落。明年，权死。

○ 孙亮草妖

吴孙亮五凤元年六月，交阯稗草化为稻。昔三苗将亡，五谷变种。此草妖也。其后亮废。

○ 大石自立

吴孙亮五凤二年五月，阳羡县离里山大石自立。是时孙晧承废故之家，得复其位之应也。

○ 陈焦复生

吴孙休永安四年，安吴民陈焦死七日，复生，穿冢出。乌程孙晧承废故之家得位之祥也。

○ 孙休服制

孙休后，衣服之制，上长下短，又积领五六，而裳居一二。盖上饶奢，下俭逼，上有余，下不足之象也。

卷
七

○ 开石文字

初，汉元、成之世，先识之士有言曰："魏年有和，当有开石于西三千余里，系五马，文曰'大讨曹'。"及魏之初兴也，张掖之柳谷有开石焉。始见于建安，形成于黄初，文备于太和。周围七寻，中高一仞，苍质素章，龙马、麟鹿、凤皇、仙人之象，粲然咸著。此一事者，魏、晋代兴之符也。至晋泰始三年，张掖太守焦胜上言："以留郡本国图校今石文，文字多少不同。谨具图上。"案其文有五马象：其一，有人平上帻，执戟而乘之；其一有若马形而不成。其字有"金"，有"中"，有"大司马"，有"王"，有"大吉"，有"正"，有"开寿"；其一成行，曰"金当取之"。

○ 西晋祸征

晋武帝泰始初，衣服上俭下丰，着衣者皆厌腰。此君衰弱，臣放纵之象也。至元康末，妇人出两裆，加乎交领之上。此内出外也。为车乘者，苟贵轻细，又数变易其形，皆以白篾为纯。盖古丧车之遗象，晋之祸征也。

○ 翟器翟食

胡床、貊盘，翟之器也。羌煮、貊炙，翟之食也。自晋武帝泰始以来，中国尚之。贵人富室，必畜其器。吉享嘉宾，皆以为先。戎翟侵中国之前兆也。

○ 蝘蚑化鼠

晋太康四年，会稽郡蝘蚑及蟹，皆化为鼠。其众覆野，大食稻，为灾。始成，有毛肉而无骨，其行不能过田畦。数日之后，则皆为牝。

○ 太康二龙

太康五年正月，二龙见武库井中。武库者，帝王威御之器所宝藏也。屋宇邃密，非龙所处。是后七年，藩王相害。二十八年，果有二胡僭窃神器，皆字曰"龙"。

○ 两足虎

晋武帝太康六年，南阳获两足虎。虎者，阴精而居乎阳，金兽也。南阳，火名也。金精入火，而失其形，王室乱之妖也。其七年十一月丙辰，四角兽见于河间。天戒若曰："角，兵象也。四者，四方之象。当有兵革起于四方。"后河间王遂连四方之兵，作为乱阶。

○ 死牛头语

太康九年，幽州塞北有死牛头语。时帝多疾病，深以后事为念，而付托不以至公。思瞀乱之应也。

○ 武库飞鱼

太康中，有鲤鱼二枚，现武库屋上。武库，兵府；鱼有鳞甲，亦是兵之类也。鱼既极阴，屋上太阳，鱼现屋上，象至阴以兵革之祸干太阳也。及惠帝初，诛皇后父杨骏，矢交宫阙，废后为庶人，死于幽宫。元康之末，而贾后专制，谤杀太子，寻亦诛废。十年之间，母后之难再兴，是其应也。自是祸乱搆矣。京房《易妖》曰："鱼去水，飞入道路，兵且作。"

○ 方头屐

初作屐者，妇人圆头，男子方头。盖作意欲别男女也。至太康中，妇人皆方头屐，与男无异。此贾后专妒之征也。

○ 撷子髻

晋时，妇人结发者，既成，以缯急束其环，名曰"撷子髻"。始自宫中，天下翕然化之也。其末年，遂有怀、愍之事。

○ 晋世宁舞

太康中，天下为《晋世宁》之舞。其舞，抑手以执杯盘而反覆之。歌曰："晋世宁，舞杯盘。"反覆，至危也。杯盘，酒器也。而名曰"晋世宁"者，言时人苟且饮食之间，而其智不可及远，如器在手也。

○ 毡绉头

太康中，天下以毡为绉头及络带、袴口。于是百姓咸相戏曰："中国其必为胡所破也。"夫毡，胡之所产者也，而天下以为绉头、带身、裤口。胡既三制之矣，能无败乎？

○ 折杨柳歌

太康末，京洛为《折杨柳》之歌。其曲始有兵革苦辛之辞，终以擒获斩截之事。自后杨骏被诛，太后幽死，《杨柳》之应也。

○ 辽东马

晋武帝太熙元年，辽东有马生角，在两耳下，长三寸。及帝晏驾，王室毒于兵祸。

○ 妇人兵饰

晋惠帝元康中，妇人之饰有五佩兵。又以金、银、象角、玳瑁之属，为斧、钺、戈、戟而载之，以当笄。男女之别，国之大节，故服食异等。今妇人而以兵器为饰，盖妖之甚者也。于是遂有贾后之事。

○ 钟出涕

晋元康三年闰二月，殿前六钟皆出涕，五刻乃止。前年贾后杀杨太后于金墉城，而贾后为恶不悛，故钟出涕，犹伤之也。

○ 一身二体

惠帝之世，京洛有人一身而男女二体，亦能两用人道，而性尤好淫。天下兵乱，由男女气乱，而妖形作也。

○ 安丰女子

惠帝元康中，安丰有女子曰周世宁，年八岁，渐化为男。至十七八，而气性成。女体化而不尽，男体成而不彻，畜妻而无子。

○ 临淄大蛇

元康五年三月，临淄有大蛇，长十许丈，负二小蛇，入城北门，径从市入汉城阳景王祠中，不见。

○ 吕县流血

元康五年三月，吕县有流血，东西百余步。其后八载，而封云乱徐州，杀伤数万人。

○ 雷破高禖石

元康七年，霹雳破城南高禖石。高禖，宫中求子祠也。贾后妒忌，将杀怀、愍，故天怒贾后，将诛之应也。

○ 乌杖柱掖

元康中，天下始相效为乌杖，以柱掖。其后稍施其镦，住则植之。及怀、愍之世，王室多故，而中都丧败，元帝以藩臣树德东方，维持天下，柱掖之应也。

○ 贵游保身

元康中，贵游子弟相与为散发倮身之饮，对弄婢妾。逆之者伤好，非之者负讥，希世之士，耻不与焉。胡狄侵中国之萌也。其后遂有二胡之乱。

○ 浮石登岸

惠帝太安元年，丹阳湖熟县夏架湖，有大石浮二百步而登岸。百姓惊叹，相告曰："石来！"寻而石冰入建邺。

○ 贱人入禁

太安元年四月，有人自云龙门入殿前，北面再拜，曰："我当作中书监。"即收斩之。禁庭尊秘之处，今贱人竟入，而门卫不觉者，宫室将虚，下人逾上之妖也。是后帝迁长安，宫阙遂空焉。

○ 牛能言

太安中，江夏功曹张骋所乘牛忽言曰："天下方乱，吾甚极为，乘我何之？"骋及从者数人皆惊怖，因绐之曰："令汝还，勿复言。"乃中道还。至家，未释驾，又言曰："归何早也？"骋益忧惧，秘而不言。安陆县有善卜者，骋从之卜。卜者曰："大凶。非一家之祸，天下将有兵起。一郡之内，皆破亡乎！"骋还家，牛又人立而行，百姓聚观。其秋张昌贼起。先略江夏，诳曜百姓以汉祚复兴，有凤凰之瑞，圣人当世。从军者皆绛抹头，以彰火德之祥。百姓波荡，从乱如归。骋兄弟并为将军都尉。未几而败。于是一郡破残，死伤过半，而骋家族矣。京房《易妖》曰："牛能言，如其言占吉凶。"

○ 败屦聚道

元康、太安之间，江、淮之域，有败屦自聚于道，多者至四五十量。人或散去之，投林草中，明日视之，悉复如故。或云："见猫衔而聚之。"世之所说："屦者，人之贱服。而当劳辱，下民之象也。败者，疲弊之象也。道者，地理，四方所以交通，王命所由往来也。今败屦聚于道者，象下民疲病，将相聚为乱，绝四方而壅王命也。"

○ 戟锋火光

晋惠帝永兴元年，成都王之攻长沙也，反军于邺，内外陈兵。是夜，戟锋皆有火光，遥望如悬烛，就视则亡焉。其后终以败亡。

○ 万详婢生怪子

晋怀帝永嘉元年，吴郡吴县万详婢生一子，鸟头，两足马蹄，一手无毛，尾黄色，大如碗。

○ 严根婢生他物

永嘉五年，枹罕令严根婢，产一龙，一女，一鹅。京房《易传》曰："人生他物，非人所见者，皆为天下大兵。"时帝承惠帝之后，四海沸腾，寻而陷于平阳，为逆胡所害。

○ 狗作人言

永嘉五年，吴郡嘉兴张林家，有狗忽作人言曰："天下人俱饿死。"于是果有二胡之乱，天下饥荒焉。

○ 延陵蝘鼠

永嘉五年十一月，有蝘鼠出延陵。郭璞筮之，遇"临"之"益"。曰："此郡之东县，当有妖人欲称制者，寻亦自死矣。"

○ 辛螫之木

永嘉六年正月，无锡县欻有四枝茱萸树相樛而生，状若连理。先是，郭璞筮延陵蝘鼠，遇"临"之"益"，曰："后当复有妖树生，若瑞而非，辛螫之木也。傥有此，东西数百里，必有作逆者。"及此生木，其后吴兴徐馥作乱，杀太守袁琇。

○ 豕生人两头

永嘉中，寿春城内有豕生人，两头而不活。周馥取而观之。识者云："豕，北方畜，胡狄象。两头者，无上也。生而死，不遂也。天戒若曰，易生专利之谋，将自致倾覆也。"俄为元帝所败。

○ 生笺单衣

永嘉中，士大夫竞服生笺单衣。识者怪之，曰："此古缌衰之布，诸侯所以服天子也。今无故服之，殆有应乎？"其后怀、愍晏驾。

116

○ 无颜帢

　　昔魏武军中无故作白帢。此缟素凶丧之征也。初，横缝其前以别后，名之曰"颜帢"，传行之。至永嘉之间，稍去其缝，名"无颜帢"。而妇人束发，其缓弥甚，纷之坚不能自立，发被于额，目出而已。无颜者，愧之言也。覆额者，惭之貌也。其缓弥甚者，言天下亡礼与义，放纵情性，及其终极，至于大耻也。其后二年，永嘉之乱，四海分崩，下人悲难，无颜以生焉。

○ 任乔妻生女连体

晋愍帝建兴四年，西都倾覆，元皇帝始为晋王，四海宅心。其年十月二十二日，新蔡县吏任乔妻胡氏年二十五，产二女，相向，腹心合，自腰以上，脐以下，各分。此盖天下未一之妖也。时内史吕会上言："按《瑞应图》云：'异根同体，谓之连理。异亩同颖，谓之嘉禾。'草木之属，犹以为瑞；今二人同心，天垂灵象。故《易》云：'二人同心，其利断金。'休显见生于陕东之国，盖四海同心之瑞。不胜喜跃，谨画图上。"时有识者哂之。君子曰："知之难也。以臧文仲之才，犹祀爰居焉。布在方册，千载不忘。故士不可以不学。古人有言：'木无枝谓之瘣，人不学谓之瞽。'当其所蔽，盖阙如也。可不勉乎？"

○ 淳于伯冤死

晋元帝建武元年六月，扬州大旱；十二月，河东地震。去年十二月，斩督运令史淳于伯，血逆流上柱二丈三尺，旋复下流四尺五寸。是时淳于伯冤死，遂频旱三年。刑罚妄加，群阴不附，则阳气胜之罚，又冤气之应也。

○ 牛生犊两头

晋元帝建武元年七月，晋陵东门有牛生犊，一体两头。京房《易传》曰："牛生子二首一身，天下将分之象也。"

○ 地震涌水

元帝太兴元年四月，西平地震，涌水出。十二月，庐陵、豫章、武昌、西陵地震，涌水出，山崩。此王敦陵上之应也。

○ 牛生怪犊

太兴元年三月，武昌太守王谅有牛生子，两头，八足，两尾，共一腹。不能自生，十余人以绳引之。子死，母活。其三年后，苑中有牛生子，一足三尾，生而即死。

○ 马生驹两头

太兴二年，丹阳郡吏濮阳演马生驹，两头，自项前别。生而死。此政在私门，二头之象也。其后王敦陵上。

○ 太兴初女子

太兴初，有女子其阴在腹，当脐下。自中国来至江东，其性淫而不产。又有女子，阴在首，居在扬州，亦性好淫。京房《易妖》曰："人生子，阴在首，则天下大乱；若在腹，则天下有事；若在背，则天下无后。"

○ 武昌火灾

太兴中，王敦镇武昌，武昌灾。火起，兴众救之，救于此，而发于彼，东西南北数十处俱应，数日不绝。旧说所谓"滥灾妄起，虽兴师不能救之"之谓也。此臣而行君，亢阳失节。是时王敦陵上，有无君之心，故灾也。

○ 绛囊缚绔

太兴中，兵士以绛囊缚绔。识者曰："绔在首，为乾，君道也。囊者，为坤，臣道也。今以朱囊缚绔，臣道侵君之象也。"为衣者，上带短，才至于掖；着帽者，又以带缚项，下逼上，上无地也。为袴者，直幅为口，无杀，下大之象也。寻而王敦谋逆，再攻京师。

○ 仪仗生花

太兴四年，王敦在武昌，铃下仪仗生花，如莲花，五六日萎落。说曰："《易》说：'枯杨生花，何可久也？'今狂花生枯木，又在铃阁之间，言威仪之富，荣华之盛，皆如狂花之发，不可久也。"其后王敦终以逆命，加戮其尸。

○ 羽扇长柄

旧为羽扇柄者，刻木象其骨形，列羽用十，取全数也。初，王敦南征，始改为长柄，下出，可捉。而减其羽，用八。识者尤之曰："夫羽扇，翼之名也。创为长柄，将执其柄以制其羽翼也。改十为八，将未备夺已备也。此殆敦之擅权，以制朝廷之柄，又将以无德之材，欲窃非据也。"

○ 武昌大蛇

晋明帝太宁初，武昌有大蛇，常居故神祠空树中，每出头从人受食。京房《易传》曰："蛇见于邑，不出三年，有大兵，国有大忧。"寻有王敦之逆。

卷
八

○ 舜得玉历

虞舜耕于历山，得玉历于河际之岩。舜知天命在己，体道不倦。舜，龙颜大口，手握褒。宋均注曰："握褒，手中有'褒'字。喻从劳苦受褒饬致大祚也。"

○ 汤祷桑林

汤既克夏，大旱七年，洛川竭。汤乃以身祷于桑林，剪其爪、发，自以为牺牲，祈福于上帝。于是大雨即至，洽于四海。

○ 吕望钓于渭阳

吕望钓于渭阳。文王出游猎，占曰："今日猎得一兽，非龙非螭，非熊非罴。合得帝王师。"果得太公于渭之阳。与语，大悦，同车载而还。

○ 武王定风波

武王伐纣，至河上。雨甚，疾雷，晦冥，扬波于河。众甚惧。武王曰："余在，天下谁敢干余者！"风波立济。

○ 孔子夜梦

鲁哀公十四年，孔子夜梦三槐之间，丰、沛之邦，有赤氤气起，乃呼颜回、子夏同往观之。驱车到楚西北范氏街，见刍儿打麟，伤其左前足，束薪而覆之。孔子曰："儿来！汝姓为谁？"儿曰："吾姓为赤松，名时乔，字受纪。"孔子曰："汝岂有所见乎？"儿曰："吾所见一禽，如麕，羊头，头上有角，其末有肉。方以是西走。"孔子曰："天下已有主也。为赤刘，陈、项为辅。五星入井，从岁星。"儿发薪下麟示孔子。孔子趋而往。麟向孔子，蒙其耳，吐三卷图，广三寸，长八寸，每卷二十四字。其言赤刘当起曰："周亡，赤气起，火耀兴，玄丘制命，帝卯金。"

○ 赤虹化玉

孔子修《春秋》，制《孝经》。既成，斋戒，向北辰而拜，告备于天。天乃洪郁起白雾，摩地，赤虹自上而下，化为黄玉，长三尺，上有刻文。孔子跪受而读之，曰："宝文出，刘季握。卯金刀，在轸北。字禾子，天下服。"

○ 陈宝祠

秦穆公时，陈仓人掘地得物，若羊非羊，若猪非猪。牵以献穆公，道逢二童子。童子曰："此名为媪。常在地食死人脑。若欲杀之，以柏插其首。"媪曰："彼二童子名为陈宝。得雄者王，得雌者伯。"陈仓人舍媪逐二童子。童子化为雉，飞入平林。陈仓人告穆公，穆公发徒大猎，果得其雌。又化为石，置之汧、渭之间。至文公时，为立祠名陈宝。其雄者飞至南阳。今南阳雉县，是其地也。秦欲表其符，故以名县。每陈仓祠时，有赤光长十余丈，从雉县来，入陈仓祠中，有声殷殷如雄雉。其后光武起于南阳。

○ 邢史子臣说天道

宋大夫邢史子臣明于天道。周敬王之三十七年，景公问曰："天道其何祥？"对曰："后五十年五月丁亥，臣将死。死后五年五月丁卯，吴将亡。亡后五年，君将终。终后四百年，邾王天下。"俄而皆如其言所云。邾王天下者，谓魏之兴也。邾，曹姓，魏亦曹姓，皆邾之后。其年数则错。未知邢史失其数耶？将年代久远，注记者传而有谬也？

○ 荧惑星预言

吴以草创之国，信不坚固，边屯守将，皆质其妻子，名曰"保质"。童子少年以类相与娱游者，日有十数。孙休永安二年三月，有一异儿，长四尺余，年可六七岁，衣青衣，忽来从群儿戏。诸儿莫之识也，皆问曰："尔谁家小儿，今日忽来？"答曰："见尔群戏乐，故来耳。"详而视之，眼有光芒，爓爓外射。诸儿畏之，重问其故。儿乃答曰："尔恐我乎？我非人也，乃荧惑星也，将有以告尔：三公归于司马。"诸儿大惊，或走告大人。大人驰往观之。儿曰："舍尔去乎！"耸身而跃，即以化矣。仰而视之，若曳一匹练以登天。大人来者，犹及见焉。飘飘渐高，有顷而没。时吴政峻急，莫敢宣也。后四年而蜀亡，六年而魏废，二十一年而吴平，是归于司马也。

○ 戴洋梦神

都水马武举戴洋为都水令史，洋请急还乡，将赴洛，梦神人谓之曰："洛中当败，人尽南渡。后五年，扬州必有天子。"洋信之，遂不去。既而皆如其梦。

卷
九

○ 应妪见神光

后汉中兴初，汝南有应妪者，生四子而寡。昼见神光照社。妪见光，以问卜人。卜人曰："此天祥也。子孙其兴乎！"乃探得黄金。自是子孙宦学，并有才名。至场，七世通显。

○ 冯绲绶笥有蛇

车骑将军巴郡冯绲，字鸿卿，初为议郎，发绶笥，有二赤蛇，可长二尺，分南北走。大用忧怖。许季山孙宪，字宁方，得其先人秘要。绲请使卜，云："此吉祥也。君后三岁，当为边将，东北四五千里，官以东为名。"后五年，从大将军南征。居无何，拜尚书郎、辽东太守、南征将军。

○ 张颢得金印

常山张颢为梁州牧。天新雨后，有鸟如山鹊，飞翔入市，忽然坠地。人争取之，化为圆石。颢椎破之，得一金印，文曰："忠孝侯印。"颢以上闻，藏之秘府。后议郎汝南樊衡夷上言："尧舜时旧有此官。今天降印，宜可复置。"颢后官至太尉。

○ 张氏传钩

京兆长安有张氏，独处一室，有鸠自外入，止于床。张氏祝曰："鸠来，为我祸也，飞上承尘；为我福也，即入我怀。"鸠飞入怀。以手探之，则不知鸠之所在，而得一金钩。遂宝之。自是子孙渐富，资财万倍。蜀贾至长安，闻之，乃厚赂婢，婢窃钩与贾。张氏既失钩，渐渐衰耗。而蜀贾亦数罹穷厄，不为己利。或告之曰："天命也，不可力求。"于是赍钩以反张氏，张氏复昌。故关西称张氏传钩云。

○ 何比干得符策

汉征和三年三月，天大雨。何比干在家，日中，梦贵客车骑满门。觉以语妻。语未已，而门有老妪，可八十余，头白，求寄避雨。雨甚，而衣不沾渍。雨止，送至门，乃谓比干曰："公有阴德，今天锡君策，以广公之子孙。"因出怀中符策，状如简，长九寸，凡九百九十枚，以授比干，曰："子孙佩印绶者，当如此算。"

○ 魏舒诣野王

魏舒字阳元，任城樊人也。少孤，尝诣野王。主人妻夜产，俄而闻车马之声，相问曰："男也？女也？"曰："男。""书之，十五以兵死。"复问："寝者为谁？"曰："魏公舒。"后十五载，诣主人，问所生童何在，曰："因条桑，为斧伤而死。"舒自知当为公矣。

○ 贾谊与鹏鸟

贾谊为长沙王太傅，四月庚子日，有鹏鸟飞入其舍，止于坐隅，良久乃去。谊发书占之，曰："野鸟入室，主人将去。"谊忌之，故作《鹏鸟赋》，齐死生而等祸福，以致命定志焉。

○ 狗啮群鹅

王莽居摄，东郡太守翟义知其将篡汉，谋举义兵。兄宣教授，诸生满堂。群鹅雁数十在中庭，有狗从外入，啮之，皆死。惊救之，皆断头。狗走出门，求不知处。宣大恶之。数日，莽夷其三族。

○ 公孙渊家数怪

魏司马太傅懿平公孙渊，斩渊父子。先时，渊家数有怪：一犬着冠帻绛衣，上屋；炊有一儿，蒸死甑中。襄平北市生肉，长围各数尺，有头目口喙，无手足而动摇。占者曰："有形不成，有体无声，其国灭亡。"

○ 诸葛恪被杀

吴诸葛恪征淮南归，将朝会之夜，精爽扰动，通夕不寐。严毕趋出，犬衔引其衣。恪曰："犬不欲我行耶？"出仍入坐。少顷，复起，犬又衔衣。恪令从者逐之。及入，果被杀。其妻在室，语使婢曰："尔何故血臭？"婢曰："不也。"有顷，愈剧。又问婢曰："汝眼目瞻视何以不常？"婢蹶然起跃，头至于栋，攘臂切齿而言曰："诸葛公乃为孙峻所杀。"于是大小知恪死矣。而吏兵寻至。

○ 邓喜射人头

吴戍将邓喜杀猪祠神，治毕悬之，忽见一人头，往食肉。喜引弓射，中之，咋咋作声，绕屋三日。后人白喜谋叛，合门被诛。

○ 贾充见府公

贾充伐吴时，常屯项城，军中忽失充所在。充帐下都督周勤时昼寝，梦见百余人录充，引入一径。勤惊觉，闻失充，乃出寻索。忽睹所梦之道，遂往求之。果见充行至一府舍，侍卫甚盛，府公南面坐，声色甚厉，谓充曰："将乱吾家事者，必尔与荀勖。既惑吾子，又乱吾孙，间使任恺黜汝而不去，又使庾纯詈汝而不改。今吴寇当平，汝方表斩张华。汝之暗戆，皆此类也。若不悛慎，当旦夕加诛。"充因叩头流血。府公曰："汝所以延日月而名器若此者，是卫府之勋耳。终当使系嗣死于钟虡之间，大子毙于金酒之中，小子困于枯木之下。荀勖亦宜同。然其先德小浓，故在汝后。数世之外，国嗣亦替。"言毕命去。充忽然得还营，颜色憔悴，性理昏错，经日乃复。至后，谧死于钟下，贾后服金酒而死，贾午考竟用大杖终。皆如所言。

○ 庾亮受罚

庾亮字文康，鄢陵人，镇荆州。登厕，忽见厕中一物，如方相，两眼尽赤，身有光耀，渐渐从土中出。乃攘臂以拳击之，应手有声，缩入地。因而寝疾。术士戴洋曰："昔苏峻事，公于白石祠中祈福，许赛其牛，从来未解，故为此鬼所考，不可救也。"明年，亮果亡。

○ 刘宠军败

东阳刘宠字道和，居于湖熟。每夜，门庭自有血数升，不知所从来。如此三四。后宠为折冲将军，见遣北征。将行，而炊饭尽变为虫。其家人蒸粆，亦变为虫。其火愈猛，其虫愈壮。宠遂北征，军败于坛丘，为徐龛所杀。

卷
十

○ 和熹邓皇后梦

汉和熹邓皇后，尝梦登梯以扪天，体荡荡正清滑，有若钟乳状，乃仰嗑饮之。以讯诸占梦，言："尧梦攀天而上，汤梦及天舐之，斯皆圣王之前占也。吉不可言。"

○ 孙坚夫人梦

孙坚夫人吴氏，孕而梦月入怀，已而生策。及权在孕，又梦日入怀。以告坚曰："妾昔怀策，梦月入怀；今又梦日，何也？"坚曰："日月者，阴阳之精，极贵之象，吾子孙其兴乎？"

○ 蔡茂梦

汉蔡茂字子礼，河内怀人也。初在广汉，梦坐大殿，极上有禾三穗，茂取之，得其中穗，辄复失之。以问主簿郭贺，贺曰："大殿者，官府之形象也；极而有禾，人臣之上禄也；取中穗，是中台之象也。于字，'禾''失'为'秩'，虽曰失之，乃所以禄也。衮职中阙，君其补之。"旬月而茂征焉。

○ 周擥啧梦

周擥啧者，贫而好道。夫妇夜耕，困息卧，梦天公过而哀之，敕外有以给与。司命按录籍，云："此人相贫，限不过此。唯有张车子，应赐钱千万。车子未生，请以借之。"天公曰："善。"曙觉，言之。于是夫妇戮力，昼夜治生，所为辄得，赀至千万。先时，有张妪者，尝往周家佣赁，野合有身，月满当孕，便遣出外，驻车屋下，产得儿。主人往视，哀其孤寒，作粥糜食之。问："当名汝儿作何？"妪曰："今在车屋下而生，梦天告之，名为车子。"周乃悟曰："吾昔梦从天换钱，外白以张车子钱贷我，必是子也。财当归之矣。"自是居日衰减。车子长大，富于周家。

○ 卢汾梦

夏阳卢汾，字士济，梦入蚁穴，见堂宇三间，势甚危豁，题其额曰"审雨堂"。

○ 刘卓梦

吴选曹令史刘卓病笃，梦见一人以白越单衫与之，言曰："汝着衫，污，火烧便洁也。"卓觉，果有衫在侧。污，辄火浣之。

○ 刘雅梦

淮南书佐刘雅，梦见青蜥蜴从屋落其腹内。因苦腹痛病。

○ 张奂妻梦

后汉张奂为武威太守，其妻梦带奂印绶，登楼而歌。觉以告奂。奂令占之，曰："夫人方生男，后临此郡，命终此楼。"后生子猛。建安中，果为武威太守，杀刺史邯郸商，州兵围急，猛耻见擒，乃登楼自焚而死。

○ 汉灵帝梦

汉灵帝梦见桓帝怒曰："宋皇后有何罪过，而听用邪孽，使绝其命？渤海王悝既已自贬，又受诛毙。今宋氏及悝，自诉于天，上帝震怒，罪在难救。"梦殊明察。帝既觉而恐，寻亦崩。

○ 吕石梦

吴时嘉兴徐伯始病，使道士吕石安神座。石有弟子戴本、王思二人，居住海盐，伯始迎之以石助。昼卧，梦上天北斗门下，见外鞍马三匹，云："明日当以一迎石，一迎本，一迎思。"石梦觉，语本、思云："如此，死期。可急还，与家别。"不卒事而去。伯始怪而留之。曰："惧不得见家也。"间一日，三人同时死。

○ 谢郭同梦

会稽谢奉与永嘉太守郭伯猷善。谢忽梦郭与人于浙江上争樗蒲钱，因为水神所责，堕水而死，己营理郭凶事。及觉，即往郭许，共围棋。良久，谢云："卿知吾来意否？"因说所梦。郭闻之怅然，云："吾昨夜亦梦与人争钱，如卿所梦。何期太的的也？"须臾，如厕，便倒气绝。谢为凶具，一如其梦。

○ 徐泰梦

嘉兴徐泰，幼丧父母，叔父隗养之，甚于所生。隗病，泰营侍甚勤。是夜三更中，梦二人乘船持箱，上泰床头，发箱，出簿书示曰："汝叔应死。"泰即于梦中叩头祈请。良久，二人曰："汝县有同姓名人否？"泰思得，语二人云："有张隗，不姓徐。"二人云："亦可强逼。念汝能事叔父，当为汝活之。"遂不复见。泰觉，叔病乃差。

卷十一

○ 熊渠子射虎（附李广射虎）

楚熊渠子夜行，见寝石，以为伏虎，弯弓射之，没金铩羽。下视，知其石也。因复射之，矢摧，无迹。汉世复有李广，为右北平太守，射虎，得石，亦如之。刘向曰："诚之至也，而金石为之开，况于人乎？夫唱而不和，动而不随，中必有不全者也。夫不降席而匡天下者，求之己也。"

○ 养由基射猿（附更羸射鸟）

楚王游于苑，白猿在焉。王令善射者射之，矢数发，猿搏矢而笑。乃命由基。由基抚弓，猿即抱木而号。及六国时，更羸谓魏王曰："臣能为虚发而下鸟。"魏王曰："然则射可至于此乎？"羸曰："可。"有顷，闻雁从东方来，更羸虚发而鸟下焉。

○ 古冶子杀鼋

齐景公渡于江、沅之河，鼋衔左骖，没之。众皆惊惕。古冶子于是拔剑从之，邪行五里，逆行三里，至于砥柱之下，杀之，乃鼋也。左手持鼋头，右手挟左骖，燕跃鹄踊而出，仰天大呼，水为逆流三百步。观者皆以为河伯也。

○ 三王墓

楚干将、莫邪为楚王作剑，三年乃成，王怒，欲杀之。剑有雌雄。其妻重身当产，夫语妻曰："吾为王作剑，三年乃成。王怒，往必杀我。汝若生子，是男，大，告之曰：'出户，望南山，松生石上，剑在其背。'"于是即将雌剑往见楚王。王大怒，使相之："剑有二，一雄一雌。雌来，雄不来。"王怒，即杀之。

莫邪子名赤比，后壮，乃问其母曰："吾父所在？"母曰："汝父为楚王作剑，三年乃成。王怒，杀之。去时嘱我：'语汝子，出户，望南山，松生石上，剑在其背。'"于是子出户，南望，不见有山，但睹堂前松柱下石砥之上，即以斧破其背，得剑。日夜思欲报楚王。

王梦见一儿，眉间广尺，言欲报仇。王即购之千金。儿闻之，亡去。入山，行歌。客有逢者，谓："子年少，何哭之甚悲耶？"曰："吾干将、莫邪子也。楚王杀吾父，吾欲报之。"客曰："闻王购子头千金，将子头与剑来，为子报之。"儿曰："幸甚！"即自刎，两手捧头及剑奉之，立僵。客曰："不负子也。"于是尸乃仆。客持头往见楚王，王大喜。客曰："此乃勇士头也。当于汤镬煮之。"王如其言。煮头三日三夕，不烂。头踔出汤中，瞋目大怒。客曰："此儿头不烂，愿王自往临视之，是必烂也。"王即临之。客以剑拟王，王头随堕汤中。客亦自拟己头，头复堕汤中。三首俱烂，不可识别。乃分其汤肉葬之，故通名"三王墓"。今在汝南北宜春县界。

○ 贾雍失头

汉武时，苍梧贾雍为豫章太守，有神术。出界讨贼，为贼所杀，失头，上马回营。营中咸走来视雍。雍胸中语曰："战不利，为贼所伤。诸君视有头佳乎？无头佳乎？"吏涕泣曰："有头佳。"雍曰："不然，无头亦佳。"言毕，遂死。

○ 断头语

渤海太守史良好一女子，许嫁而不果。良怒，杀之，断其头而归，投于灶下，曰："当令火葬。"头语曰："使君，我相从，何图当尔！"后梦见曰："还君物。"觉而得昔所与香缨、金钗之属。

○ 苌弘血化碧

周灵王时，苌弘见杀。蜀人因藏其血，三年，乃化而为碧。

○ 东方朔消患

汉武帝东游，未出函谷关，有物当道。身长数丈，其状象牛，青眼而曜睛，四足入土，动而不徙。百官惊骇。东方朔乃请以酒灌之。灌之数十斛而物消。帝问其故，答曰："此名为患，忧气之所生也。此必是秦之狱地，不然，则罪人徒作之所聚。夫酒忘忧，故能消之也。"帝曰："吁！博物之士，至于此乎！"

〇 谅辅祷雨

后汉谅辅，字汉儒，广汉新都人。少给佐吏，浆水不交。为从事，大小毕举，郡县敛手。时夏枯旱，太守自曝中庭，而雨不降。辅以五官掾出祷山川，自誓曰："辅为郡股肱，不能进谏纳忠，荐贤退恶，和调百姓，至令天地否隔，万物枯焦，百姓喁喁，无所控诉，咎尽在辅。今郡太守内省责己，自曝中庭，使辅谢罪，为民祈福。精诚恳到，未有感彻。辅今敢自誓：若至日中无雨，请以身塞无状。"乃积薪柴，将自焚焉。至日中时，山气转黑，起雷，雨大作，一郡沾润。世以此称其至诚。

〇 何敞消灾

何敞，吴郡人。少好道艺，隐居。里以大旱，民物憔悴，太守庆洪遣户曹掾致谒，奉印绶，烦守无锡。敞不受。退，叹而言曰："郡界有灾，安能得怀道！"因跋涉之县，驻明星屋中，蝗螟消死，敞即遁去。后举方正、博士，皆不就，卒于家。

○ 蝗虫避徐栩

后汉徐栩，字敬卿，吴由拳人。少为狱吏，执法
详平。为小黄令时，属县大蝗，野无生草，过小黄界，
飞逝不集。刺史行部责栩不治，栩弃官，蝗应声而至。
刺史谢，令还寺舍，蝗即飞去。

○ 白虎墓

王业字子香，汉和帝时为荆州刺史。每出行部，
沐浴斋素，以祈于天地：当启佐愚心，无使有枉百姓。
在州七年，惠风大行，苛慝不作，山无豺狼。卒于枝江，
有二白虎，低头，曳尾，宿卫其侧。及丧去，虎逾州境，
忽然不见。民共为立碑，号曰"枝江白虎墓"。

○ 葛祚碑

吴时，葛祚为衡阳太守，郡境有大槎横水，能为妖怪。百姓为立庙，行旅祷祀，槎乃沉没；不者，槎浮，则船为之破坏。祚将去官，乃大具斧斤，将去民累。明日当至，其夜闻江中汹汹有人声，往视之，槎乃移去，沿流下数里，驻湾中。自此行者无复沉覆之患。衡阳人为祚立碑，曰："正德祈禳，神木为移。"

○ 曾子之孝

曾子从仲尼在楚而心动，辞归问母，母曰："思尔，啮指。"孔子曰："曾参之孝，精感万里。"

○ 周畅立义冢

周畅性仁慈，少至孝，独与母居。每出入，母欲呼之，常自啮其手，畅即觉手痛而至。治中从事未之信。候畅在田，使母啮手，而畅即归。元初二年，为河南尹，时夏大旱，久祷无应。畅收葬洛阳城旁客死骸骨万余，为立义冢，应时澍雨。

○ 王祥孝母

王祥字休征，琅邪人，性至孝。早丧亲，继母朱氏不慈，数谮之，由是失爱于父，每使扫除牛下。父母有疾，衣不解带。母常欲生鱼，时天寒，冰冻。祥解衣将剖冰求之，冰忽自解，双鲤跃出，持之而归。母又思黄雀炙，复有黄雀数十入其幕，复以供母。乡里惊叹，以为孝感所致。

○ 王延叩凌求鱼

王延，性至孝。继母卜氏，尝盛冬思生鱼，敕延求而不获，杖之流血。延寻汾，叩凌而哭。忽有一鱼，长五尺，跃出冰上，延取以进母。卜氏食之，积日不尽。于是心悟，抚延如己子。

○ 楚僚卧冰求鲤

楚僚早失母，事后母至孝。母患痈肿，形容日悴。僚自徐徐吮之，血出，迨夜即得安寝。乃梦一小儿语母曰："若得鲤鱼食之，其病即差，可以延寿。不然，不久死矣。"母觉而告僚。时十二月冰冻，僚乃仰天叹泣，脱衣上冰，卧之。有一童子，决僚卧处，冰忽自开，一双鲤鱼跃出。僚将归奉其母，病即愈，寿至一百三十三岁。盖至孝感天神，昭应如此。此与王祥、王延事同。

○ 蛴螬炙

盛彦字翁子，广陵人。母王氏，因疾失明，彦躬自侍养。母食，必自哺之。母疾既久，至于婢使数见捶挞。婢忿恨，闻彦暂行，取蛴螬炙饴之。母食，以为美，然疑是异物，密藏以示彦。彦见之，抱母恸哭，绝而复苏。母目豁然即开，于此遂愈。

○ 蚺蛇胆

颜含字宏都，次嫂樊氏因疾失明。医人疏方，须蚺蛇胆，而寻求备至，无由得之。含忧叹累时。尝昼独坐，忽有一青衣童子，年可十三四，持一青囊授含。含开视，乃蛇胆也。童子逡巡出户，化成青鸟飞去。得胆，药成，嫂病即愈。

○ 郭巨埋儿

郭巨，隆虑人也，一云河内温人。兄弟三人，早丧父，礼毕，二弟求分。以钱二千万，二弟各取千万。巨独与母居客舍，夫妇佣赁以给供养。居有顷，妻产男。巨念与儿妨事亲，一也；老人得食，喜分儿孙，减馔，二也。乃于野凿地，欲埋儿。得石盖，下有黄金一釜，中有丹书，曰："孝子郭巨，黄金一釜，以用赐汝。"于是名振天下。

○ 刘殷居丧

新兴刘殷，宁长盛，七岁丧父，哀毁过礼，服丧三年，未尝见齿。事曾祖母王氏，尝夜梦人谓之曰："西篱下有粟。"寤而掘之，得粟十五钟。铭曰："七年粟百石，以赐孝子刘殷。"自是食之，七岁方尽。及王氏卒，夫妇毁瘠，几至灭性。时柩在殡，而西邻失火，风势甚猛，殷夫妇叩殡号哭，火遂灭。后有二白鸠来巢其树庭。

○ 杨伯雍种玉

杨公伯雍，雒阳县人也。本以侩卖为业，性笃孝。父母亡，葬无终山，遂家焉。山高八十里，上无水，公汲水，作义浆于坂头，行者皆饮之。三年，有一人就饮，以一斗石子与之，使至高平好地有石处种之，云："玉当生其中。"杨公未娶，又语云："汝后当得好妇。"语毕不见。乃种其石。数岁，时时往视，见玉子生石上，人莫知也。有徐氏者，右北平著姓，女甚有行，时人求，多不许。公乃试求徐氏，徐氏笑以为狂，因戏云："得白璧一双来，当听为婚。"公至所种玉田中，得白璧五双，以聘。徐氏大惊，遂以女妻公。天子闻而异之，拜为大夫。乃于种玉处，四角作大石柱，各一丈，中央一顷地名曰"玉田"。

○ 衡农梦虎啮足

衡农字剽卿，东平人也。少孤，事继母至孝。常宿于他舍，值雷风，频梦虎啮其足。农呼妻相出于庭，叩头三下。屋忽然而坏，压死者三十余人，唯农夫妻获免。

○ 罗威为母温席

罗威字德仁，八岁丧父，事母性至孝。母年七十，天大寒，常以身自温席而后授其处。

○ 王裒守墓

王裒字伟元，城阳营陵人也。父仪，为文帝所杀。裒庐于墓侧，旦夕常至墓所拜跪，攀柏悲号，涕泣着树，树为之枯。母性畏雷，母没，每雷，辄到墓曰："裒在此。"

○ 白鸠郎

郑弘迁临淮太守。郡民徐宪在丧致哀，有白鸠巢户侧。弘举为孝廉，朝廷称为"白鸠郎"。

○ 东海孝妇

汉时，东海孝妇养姑甚谨。姑曰："妇养我勤苦。我已老，何惜余年，久累年少。"遂自缢死。其女告官云："妇杀我母。"官收系之，拷掠毒治。孝妇不堪苦楚，自诬服之。时于公为狱吏，曰："此妇养姑十余年，以孝闻彻，必不杀也。"太守不听。于公争不得理，抱其狱词哭于府而去。自后郡中枯旱，三年不雨。后太守至，于公曰："孝妇不当死，前太守枉杀之，咎当在此。"太守即时身祭孝妇冢，因表其墓。天立雨，岁大熟。长老传云："孝妇名周青。青将死，车载十丈竹竿，以悬五幡。立誓于众曰：'青若有罪，愿杀，血当顺下；青若枉死，血当逆流。'既行刑已，其血青黄，缘幡竹而上，极标，又缘幡而下云。"

○ 犍为孝女

犍为叔先泥和，其女名雄。永建三年，泥和为县
功曹，县长赵祉遣泥和拜檄谒巴郡太守。以十月乘船，
于城湍堕水死，尸丧不得。雄哀恸号咷，命不图存，
告弟贤及夫人，令勤觅父尸，若求不得，"吾欲自沉
觅之"。时雄年二十七，有子男贡，年五岁，贳，年
三岁。乃各作绣香囊一枚，盛以金珠环，预婴二子。
哀号之声，不绝于口，昆族私忧。至十二月十五日，
父丧不得。雄乘小船于父堕处，哭泣数声，竟自投水中，
旋流没底。见梦告弟云："至二十一日，与父俱出。"
至期，如梦，与父相持并浮出江。县长表言，郡太守
肃登承上尚书，乃遣户曹掾为雄立碑，图象其形，令
知至孝。

○ 乐羊子妻

河南乐羊子之妻者，不知何氏之女也。躬勤养姑。尝有他舍鸡谬入园中，姑盗杀而食之。妻对鸡不食而泣。姑怪问其故，妻曰："自伤居贫，使食有他肉。"姑竟弃之。后盗有欲犯之者，乃先劫其姑，妻闻，操刀而出。盗曰："释汝刀。从我者可全；不从我者，则杀汝姑。"妻仰天而叹，刎颈而死。盗亦不杀姑。太守闻之，捕杀盗贼，赐妻缣帛，以礼葬之。

○ 庾衮侍兄

庾衮字叔褒。咸宁中大疫，二兄俱亡，次兄毗复殆。疠气方盛，父母诸弟皆出次于外，衮独留不去。诸父兄强之，乃曰："衮性不畏病。"遂亲自扶持，昼夜不眠。间复抚柩哀临不辍。如此十余旬，疫势既退，家人乃返。毗病得差，衮亦无恙。

○ 相思树

宋康王舍人韩凭娶妻何氏，美，康王夺之。凭怨，王囚之，论为城旦。妻密遗凭书，缪其辞曰："其雨淫淫，河大水深，日出当心。"既而王得其书，以示左右，左右莫解其意。臣苏贺对曰："其雨淫淫，言愁且思也。河大水深，不得往来也。日出当心，心有死志也。"俄而凭乃自杀。其妻乃阴腐其衣。王与之登台，妻遂自投台，左右揽之，衣不中手而死。遗书于带曰："王利其生，妾利其死。愿以尸骨，赐凭合葬。"王怒，弗听。使里人埋之，冢相望也。王曰："尔夫妇相爱不已，若能使冢合，则吾弗阻也。"宿昔之间，便有大梓木，生于二冢之端，旬日而大盈抱，屈体相就，根交于下，枝错于上。又有鸳鸯，雌雄各一，恒栖树上，晨夕不去，交颈悲鸣，音声感人。宋人哀之，遂号其木曰"相思树"。"相思"之名，起于此也。南人谓此禽即韩凭夫妇之精魂。今睢阳有韩凭城，其歌谣至今犹存。

○ 饮水生儿

汉末，零阳郡太守史满有女，悦门下书佐，乃密使侍婢取书佐盥手残水饮之，遂有妊。已而生子，至能行，太守令抱儿出，使求其父。儿匍匐直入书佐怀中，书佐推之，仆地，化为水。穷问之，具省前事。遂以女妻书佐。

○ 望夫冈

鄱阳西有望夫冈。昔县人陈明与梅氏为婚，未成，而妖魅诈迎妇去。明诣卜者，决云："行西北五十里求之。"明如言，见一大穴，深邃无底。以绳悬入，遂得其妇。乃令妇先出，而明所将邻人秦文，遂不取明。其妇乃自誓执志，登此冈首而望其夫，因以名焉。

○ 邓元义妻更嫁

后汉南康邓元义，父伯考，为尚书仆射。元义还乡里，妻留事姑，甚谨。姑憎之，幽闭空室，节其饮食，羸露，日困，终无怨言。时伯考怪而问之，元义子朗，时方数岁，言："母不病，但苦饥耳。"伯考流涕曰："何意亲姑反为此祸！"遣归家，更嫁为应华仲妻。仲为将作大匠，妻乘朝车出，元义于路旁观之，谓人曰："此我故妇，非有他过，家夫人遇之实酷，本自相贵。"其子朗，时为郎，母与书，皆不答，与衣裳，辄以烧之。母不以介意。母欲见之，乃至亲家李氏堂上，令人以他词请朗。朗至，见母，再拜涕泣，因起出。母追谓之曰："我几死。自为汝家所弃，我何罪过，乃如此耶？"因此遂绝。

○ 严遵破案

严遵为扬州刺史，行部，闻道傍女子哭声不哀。问所哭者谁，对云："夫遭烧死。"遵敕吏舁尸到，与语讫，语吏云："死人自道不烧死。"乃摄女，令人守尸，云："当有枉。"吏曰："有蝇聚头所。"遵令披视，得铁锥贯顶。考问，以淫杀夫。

○ 死友

汉范式，字巨卿，山阳金乡人也，一名汜。与汝南张劭为友，劭字元伯。二人并游太学，后告归乡里，式谓元伯曰："后二年，当还。将过拜尊亲，见孺子焉。"乃共克期日。后期方至，元伯具以白母，请设馔以候之。母曰："二年之别，千里结言，尔何相信之审耶？"曰："巨卿信士，必不乖违。"母曰："若然，当为尔酝酒。"至期，果到。升堂拜饮，尽欢而别。后元伯寝疾，甚笃，同郡郅君章、殷子征晨夜省视之。元伯临终叹曰："恨不见我死友。"子征曰："吾与君章尽心于子，是非死友，复欲谁求？"元伯曰："若二子者，吾生友耳。山阳范巨卿，所谓死友也。"

寻而卒。式忽梦见元伯，玄冕垂缨，屦履而呼曰："巨卿，吾以某日死，当以尔时葬。永归黄泉。子未忘我，岂能相及？"式怳然觉悟，悲叹泣下，便服朋友之服，投其葬日，驰往赴之。未及到而丧已发引。既至圹，将窆，而柩不肯进。其母抚之曰："元伯，岂有望耶？"遂停柩。移时，乃见素车白马，号哭而来。其母望之，曰："是必范巨卿也。"既至，叩丧言曰："行矣元伯！死生异路，永从此辞。"会葬者千人，咸为挥涕。式因执绋而引柩，于是乃前。式遂留止冢次，为修坟树，然后乃去。

卷
十
二

○ 论五气变化

天有五气，万物化成。木清则仁，火清则礼，金清则义，水清则智，土清则思，五气尽纯，圣德备也。木浊则弱，火浊则淫，金浊则暴，水浊则贪，土浊则顽，五气尽浊，民之下也。中土多圣人，和气所交也。绝域多怪物，异气所产也。苟禀此气，必有此形；苟有此形，必生此性。故食谷者智慧而文，食草者多力而愚，食桑者有丝而蛾，食肉者勇憨而悍，食土者无心而不息，食气者神明而长寿，不食者不死而神。大腰无雄，细腰无雌。无雄外接，无雌外育。三化之虫，先孕后交；兼爱之兽，自为牝牡。寄生因夫高木，女萝托乎茯苓。木株于土，萍植于水。鸟排虚而飞，兽蹍实而走，虫土闭而蛰，鱼渊潜而处。本乎天者亲上，本乎地者亲下，木乎时者亲旁，各从其类也。千岁之雉，入海为蜃；百年之雀，入海为蛤；千岁龟鼋，能与人语；千岁之狐，起为美女；千岁之蛇，断而复续；百年之鼠，而能相卜。数之至也。春分之日，鹰变为鸠；秋分之日，鸠变为鹰。时之化也。故腐草之为萤也，朽苇之为蚈也，稻之为䖬也，麦之为蝴蝶也，羽翼生焉，眼目成焉，心智在焉。

此自无知化为有知而气易也。雀之为獐也，蛇之为鳖也，蚈之为虾也，不失其血气，而形性变也。若此之类，不可胜论。应变而动，是为顺常；苟错其方，则为妖眚。故下体生于上，上体生于下，气之反者也。人生兽，兽生人，气之乱者也。男化为女，女化为男，气之贸者也。鲁牛哀得疾，七日化而为虎，形体变易，爪牙施张。其兄启户而入，搏而食之。方其为人，不知其将为虎也；方有为虎，不知其常为人也。故晋太康中，陈留阮士瑀伤于虺，不忍其痛，数嗅其疮，已而双虺成于鼻中。元康中，历阳纪元载客食道龟，已而成瘕，医以药攻之，下龟子数升，大如小钱，头足咸备，文甲皆具，惟中药已死。夫妻非化育之气，鼻非胎孕之所，享道非下物之具。从此观之，万物之生死也，与其变化也，非通神之思，虽求诸己，恶识所自来？然朽草之为萤，由乎腐也；麦之为蝴蝶，由乎湿也。尔则万物之变，皆有由也。农夫止麦之化者，沤之以灰；圣人理万物之化者，济之以道。其与不然乎？

○ 土中贲羊

季桓子穿井，获如土缶，其中有羊焉。使问之仲尼，曰："吾穿井而获狗，何耶？"仲尼曰："以丘所闻，羊也。丘闻之：木石之怪夔、蝄蜽，水中之怪龙、罔象，土中之怪曰贲羊。"《夏鼎志》曰："罔象如三岁儿，赤目，黑色，大耳，长臂，赤爪。索缚，则可得食。"王子曰："木精为游光，金精为清明也。"

○ 地中犀犬

晋惠帝元康中，吴郡娄县怀瑶家忽闻地中有犬声隐隐。视声发处，上有小窍，大如蟮穴。瑶以杖刺之，入数尺，觉有物。乃掘视之，得犬子，雌雄各一，目犹未开，形大于常犬。哺之，而食。左右咸往观焉。长老或云："此名犀犬，得之者，令家富昌。宜当养之。"以目未开，还置窍中，覆以磨砻。宿昔发视，左右无孔，遂失所在。瑶家积年无他祸福。

至太兴中，吴郡太守张懋，闻斋内床下犬声，求而不得。既而地坼，有二犬子。取而养之，皆死。其后懋为吴兴兵沈充所杀。《尸子》曰："地中有犬，名曰地狼；有人，名曰无伤。"《夏鼎志》曰："掘地而得狗，名曰贾；掘地而得豚，名曰邪；掘地而得人，名曰聚。"聚，无伤也。此物之自然，无谓鬼神而怪之。然则贾与地狼名异，其实一物也。《淮南万毕》曰："千岁羊肝，化为地宰；蟾蜍得苽，卒时为鹑。"此皆因气化以相感而成也。

○ 山精傒囊

吴诸葛恪为丹阳太守，尝出猎，两山之间，有物如小儿，伸手欲引人。恪令伸之，乃引去故地。去故地，即死。既而参佐问其故，以为神明。恪曰："此事在《白泽图》内，曰：'两山之间，其精如小儿，见人，则伸手欲引人，名曰傒囊。引去故地，则死。'无谓神明而异之，诸君偶未见耳。"

○ 池阳小人庆忌

王莽建国四年，池阳有小人景，长一尺余，或乘车，或步行，操持万物，大小各自相称，三日乃止。莽甚恶之。自后盗贼日甚，莽竟被杀。《管子》曰："涸泽数百岁，谷之不徙，水之不绝者，生庆忌。庆忌者，其状若人，其长四寸，衣黄衣，冠黄冠，戴黄盖，乘小马，好疾驰。以其名呼之，可使千里外一日反报。"然池阳之景者，或庆忌也乎？又曰："涸小水精生蚳。蚳者，一头而两身，其状若蛇，长八尺。以其名呼之，可使取鱼鳖。"

○ 霹雳落地

晋扶风杨道和，夏于田中，值雨，至桑树下，霹雳下击之，道和以锄格，折其股，遂落地，不得去。唇如丹，目如镜，毛角长三寸余，状似六畜，头似猕猴。

○ 落头民

秦时南方有落头民，其头能飞。其种人部有祭祀，号曰"虫落"，故因取名焉。吴时，将军朱桓得一婢，每夜卧后，头辄飞去。或从狗窦，或从天窗中出入，以耳为翼。将晓，复还。数数如此，傍人怪之，夜中照视，唯有身无头，其体微冷，气息裁属。乃蒙之以被。至晓，头还，碍被不得安，两三度堕地，噫咤甚愁，体气甚急，状若将死。乃去被，头复起傅颈。有顷，和平。桓以为大怪，畏不敢畜，乃放遣之。既而详之，乃知天性也。时南征大将，亦往往得之。又尝有覆以铜盘者，头不得进，遂死。

○ 貙人化虎

　　江汉之域，有貙人。其先，禀君之苗裔也，能化为虎。长沙所属蛮县东高居民，曾作槛捕虎。槛发，明日众人共往格之，见一亭长，赤帻，大冠，在槛中坐。因问："君何以入此中？"亭长大怒曰："昨忽被县召，夜避雨，遂误入此中。急出我。"曰："君见召，不当有文书耶？"即出怀中召文书。于是即出之。寻视，乃化为虎，上山走。或云："貙虎化为人，好着紫葛衣，其足无踵。虎有五指者，皆是貙。"

○ 猳国马化

蜀中西南高山之上，有物与猴相类，长七尺，能作人行，善走逐人，名曰猳国，一名马化，或曰玃猿。伺道行妇女有美者，辄盗取将去，人不得知。若有行人经过其旁，皆以长绳相引，犹故不免。此物能别男女气臭，故取女，男不取也。若取得人女，则为家室。其无子者，终身不得还。十年之后，形皆类之，意亦迷惑，不复思归。若有子者，辄抱送还其家，产子皆如人形。有不养者，其母辄死。故惧怕之，无敢不养。及长，与人不异。皆以杨为姓。故今蜀中西南多诸杨，率皆是猳国马化之子孙也。

○ 临川刀劳鬼

　　临川间诸山有妖物，来常因大风雨，有声如啸，能射人，其所著者如蹄，有顷头肿大。毒有雌雄，雄急而雌缓。急者不过半日间，缓者经宿。其旁人常有以救之，救之少迟，则死。俗名曰刀劳鬼。故外书云："鬼神者，其祸福发扬之验于世者也。"《老子》曰："昔之得一者：天得一以清，地得一以宁，神得一以灵，谷得一以盈，侯王得一以为天下贞。"然则天地鬼神，与我并生者也。气分则性异，域别则形殊，莫能相兼也。生者主阳，死者主阴，性之所托，各安其生。太阴之中，怪物存焉。

○ 越地冶鸟

越地深山中有鸟，大如鸠，青色，名曰冶鸟。穿大树，作巢，如五六升器，户口径数寸，周饰以土垩，赤白相分，状如射侯。伐木者见此树，即避之去。或夜冥不见鸟，鸟亦知人不见，便鸣唤曰："咄，咄，上去！"明日便宜急上。"咄，咄，下去！"明日便宜急下。若不使去，但言笑而不已者，人可止伐也。若有秽恶及其所止者，则有虎通夕来守，人不去，便伤害人。此鸟，白日见其形，是鸟也；夜听其鸣，亦鸟也。时有观乐者，便作人形，长三尺，至涧中取石蟹，就火炙之，人不可犯也。越人谓此鸟是越祝之祖也。

○ 南海鲛人

南海之外有鲛人，水居如鱼，不废织绩。其眼泣则能出珠。

○ 大青小青

庐江㘭、枞阳二县境上，有大青、小青居山野之中。时闻哭声，多者至数十人，男女大小，如始丧者。邻人惊骇，至彼奔赴，常不见人。然于哭地，必有死丧。率声若多则为大家，声若小则为小家。

○ 庐江山都

庐陵大山之间，有山都，似人，裸身，见人便走。有男女，可长四五丈，能啸相唤。常在幽昧之中，似魑魅鬼物。

○ 江中蜮

汉中平中，有物处于江水，其名曰蜮，一曰短狐，能含沙射人。所中者，则身体筋急，头痛，发热，剧者至死。江人以术方抑之，则得沙石于肉中。《诗》所谓"为鬼为蜮，则不可测"也。今俗谓之溪毒。先儒以为男女同川而浴，淫女为主，乱气所生也。

○ 禁水鬼弹

汉永昌郡不韦县有禁水，水有毒气，唯十一月，十二月差可渡涉。自正月至十月不可渡，渡辄病，杀人。其气中有恶物，不见其形，其作有声，如有所投击。中木则折，中人则害。土俗号为鬼弹。故郡有罪人，徙之禁旁，不过十日皆死。

○ 蘘荷根攻蛊

余外妇姊夫蒋士，有佣客得疾下血。医以中蛊，乃密以蘘荷根布席下，不使知。乃狂言曰："食我蛊者，乃张小小也。"乃呼："小小亡去。"今世攻蛊，多用蘘荷根，往往验。蘘荷，或谓嘉草。

○ 鄱阳犬蛊

　　鄱阳赵寿，有犬蛊。时陈岑诣寿，忽有大黄犬
六七，群出吠岑。后余相伯妇与寿妇食，吐血，几死，
乃屑桔梗以饮之而愈。蛊有怪物，若鬼，其妖形变化
杂类殊种，或为狗豕，或为虫蛇。其人皆自知其形状，
行之于百姓，所中皆死。

○ 营阳蛇蛊

　　营阳郡有一家，姓廖，累世为蛊，以此致富。后
取新妇，不以此语之。遇家人咸出，唯此妇守舍。忽
见屋中有大缸，妇试发之，见有大蛇，妇乃作汤灌杀之。
及家人归，妇具白其事，举家惊惋。未几，其家疾疫，
死亡略尽。

卷
十
三

○ 澧泉

泰山之东有澧泉，其形如井，本体是石也。欲取饮者，皆洗心志，跪而挹之，则泉出如飞，多少足用。若或污漫，则泉止焉。盖神明之尝志者也。

○ 巨灵劈华山

二华之山，本一山也。当河，河水过之而曲行。河神巨灵，以手擘开其上，以足蹈离其下，中分为两，以利河流。今观手迹于华岳上，指掌之形具在。脚迹在首阳山下，至今犹存。故张衡作《西京赋》所称"巨灵赑屃，高掌远迹，以流河曲"，是也。

○ 霍山镬

汉武徙南岳之祭于庐江灊县霍山之上，无水。庙有四镬，可受四十斛。至祭时，水辄自满，用之足了，事毕即空。尘土树叶，莫之污也。积五十岁，岁作四祭。后但作三祭，一镬自败。

○ 樊山火

樊口之东有樊山，若天旱，以火烧山，即至大雨。今往往有验。

○ 孔窦泉

空桑之地，今名为孔窦，在鲁南山之穴。外有双石，如桓楹起立，高数丈。鲁人弦歌祭祀。穴中无水，每当祭时，洒扫以告，辄有清泉自石间出，足以周事。既已，泉亦止。其验至今存焉。

○ 湘穴

湘穴中有黑土，岁大旱，人则共壅水以塞此穴，穴淹，则大雨立至。

○ 龟化城

秦惠王二十七年，使张仪筑成都城，屡颓。忽有大龟浮于江，至东子城东南隅而毙。仪以问巫，巫曰："依龟筑之。"便就。故名龟化城。

○ 城沦为湖

由拳县，秦时长水县也。始皇时童谣曰："城门有血，城当陷没为湖。"有妪闻之，朝朝往窥。门将欲缚之，妪言其故。后门将以犬血涂门，妪见血，便走去。忽有大水欲没县。主簿令干入白令。令曰："何忽作鱼？"干曰："明府亦作鱼。"遂沦为湖。

○ 马邑

秦时，筑城于武周塞内，以备胡，城将成而崩者数焉。有马驰走，周旋反复。父老异之，因依马迹以筑城，城乃不崩，遂名马邑。其故城今在朔州。

○ 天地劫灰

汉武帝凿昆明池，极深，悉是灰墨，无复土。举朝不解，以问东方朔。朔曰："臣愚不足以知之。可试问西域人。"帝以朔不知，难以移问。至后汉明帝时，西域道人入来洛阳。时有忆方朔言者，乃试以武帝时灰墨问之。道人云："经云：'天地大劫将尽，则劫烧。'此劫烧之余也。"乃知朔言有旨。

○ 丹砂井

临沅县有廖氏，世老寿。后移居，子孙辄残折。他人居其故宅，复累世寿。乃知是宅所为，不知何故。疑井水赤，乃掘井左右，得古人埋丹砂数十斛。丹汁入井，是以饮水而得寿。

○ 江东余腹

江东名余腹者。昔吴王阖闾江行，食脍，有余，因弃中流，悉化为鱼。今鱼中有名吴王脍余者，长数寸，大者如箸，犹有脍形。

○ 蟛蚏长卿

蟛蚏，蟹也。尝通梦于人，自称"长卿"。今临海人多以"长卿"呼之。

○ 青蚨还钱

南方有虫，名蟛蝎，一名蚫蠋，又名青蚨。形似蝉而稍大，味辛美，可食。生子必依草叶，大如蚕子，取其子，母即飞来，不以远近。虽潜取其子，母必知处。以母血涂钱八十一文，以子血涂钱八十一文，每市物，或先用母钱，或先用子钱，皆复飞归，轮转无已。故《淮南子术》以之还钱，名曰"青蚨"。

○ 蜾蠃育子

土蜂名曰蜾蠃，今世谓蠮螉，细腰之类。其为物纯雄而无雌，不交不产，常取桑虫或阜螽子育之，则皆化成己子。亦或谓之螟蛉。《诗》曰："螟蛉有子，果蠃负之。"是也。

○ 木蠹

木蠹生虫，羽化为蝶。

○ 刺猬

猬多刺，故不便超逾杨柳。

○ 火浣布

昆仑之墟，地首也。是惟帝之下都，故其外绝以弱水之深，又环以炎火之山。山上有鸟兽草木，皆生育滋长于炎火之中，故有火浣布。非此山草木之皮枲，则其鸟兽之毛也。汉世西域旧献此布，中间久绝。至魏初时，人疑其无有。文帝以为火性酷裂，无含生之气，著之《典论》，明其不然之事，绝智者之听。及明帝立，诏三公曰："先帝昔著《典论》，不朽之格言。其刊石于庙门之外及太学，与石经并，以永示来世。"至是，西域使人献火浣布袈裟，于是刊灭此论，而天下笑之。

○ 金燧

夫金之性一也，以五月丙午日中铸为阳燧，以十一月壬子夜半铸为阴燧。（言丙午日铸为阳燧，可取火；壬子夜铸为阴燧，可取水也。）

○ 焦尾琴

汉灵帝时，陈留蔡邕以数上书陈奏，忤上旨意，又内宠恶之，虑不免，乃亡命江海，远迹吴会。至吴，吴人有烧桐以爨者，邕闻火烈声，曰："此良材也。"因请之，削以为琴，果有美音。而其尾焦，因名焦尾琴。

○ 柯亭竹

蔡邕尝至柯亭，以竹为椽。邕仰眄之，曰："良竹也。"取以为笛，发声辽亮。

一云：邕告吴人曰："吾昔尝经会稽高迁亭，见屋东间第十六竹椽，可为笛。取用，果有异声。"

还有一种说法：蔡邕告诉吴人说："我过去曾经路过会稽高迁亭，看见屋子东间的第十六根竹椽可以做成笛子。取下来做成笛子，果然能吹出非同凡响的声音。"

卷十四

○ 蒙双氏

昔高阳氏，有同产而为夫妇，帝放之于崆峒之野。相抱而死。神鸟以不死草覆之，七年，男女同体而生。二头，四手足，是为蒙双氏。

○ 狗祖盘瓠

高辛氏，有老妇人，居于王宫，得耳疾历时。医为挑治，出顶虫，大如茧。妇人去后，置以瓠蒥，覆之以盘，俄尔顶虫乃化为犬，其文五色，因名盘瓠，遂畜之。时戎吴强盛，数侵边境，遣将征讨，不能擒胜。乃募天下有能得戎吴将军首者，购金千斤，封邑万户，又赐以少女。后盘瓠衔得一头，将造王阙。王诊视之，即是戎吴。为之奈何？群臣皆曰："盘瓠是畜，不可官秩，又不可妻。虽有功，无施也。"少女闻之，启王曰："大王既以我许天下矣。盘瓠衔首而来，为国除害，此天命使然，岂狗之智力哉。王者重言，伯者重信，不可以女子微躯，而负明约于天下，国之祸也。"王惧而从之，令少女从盘瓠。盘瓠将女上南山，草木茂盛，无人行迹。于是女解去衣裳，为仆竖之结，着独力之衣，随盘瓠升山，入谷，止于石室之中。

王悲思之，遣往视觅，天辄风雨，岭震云晦，往者莫至。盖经三年，产六男，六女。盘瓠死后，自相配偶，因为夫妇。织绩木皮，染以草实。好五色衣服，裁制皆有尾形。后母归，以语王，王遣使迎诸男女，天不复雨。衣服褊裣，言语侏僚，饮食蹲踞，好山恶都。王顺其意，赐以名山广泽，号曰蛮夷。蛮夷者，外痴内黠，安土重旧，以其受异气于天命，故待以不常之律。田作贾贩，无关繻、符传、租税之赋，有邑君长皆赐印绶。冠用獭皮，取其游食于水。今即梁、汉、巴、蜀、武陵、长沙、庐江郡夷是也。用糁杂鱼肉，叩槽而号，以祭盘瓠，其俗至今。故世称："赤髀横裙，盘瓠子孙。"

○ 夫馀王

槁离国王侍婢有娠，王欲杀之。婢曰："有气如鸡子，从天来下，故我有娠。"后生子，捐之猪圈中，猪以喙嘘之；徙至马枥中，马复以气嘘之；故得不死。王疑以为天子也，乃令其母收畜之，名曰东明。常令牧马。东明善射，王恐其夺己国也，欲杀之。东明走，南至掩施水，以弓击水，鱼鳖浮为桥，东明得渡。鱼鳖解散，追兵不得渡。因都王夫馀。

○ 鹄苍衔卵

古徐国宫人娠而生卵，以为不祥，弃之水滨。有犬，名鹄苍，衔卵以归，遂生儿，为徐嗣君。后鹄苍临死，生角而九尾，实黄龙也。葬之徐里中。见有狗垄在焉。

○ 谷乌菟

斗伯比父早亡，随母归在舅姑之家。后长大，乃奸妘子之女，生子文。其妘子妻耻女不嫁而生子。乃弃于山中。妘子游猎，见虎乳一小儿，归与妻言，妻曰："此是我女与伯比私通生此小儿。我耻之，送于山中。"妘子乃迎归养之，配其女与伯比。楚人因呼子文为谷乌菟。仕至楚相也。

○ 齐顷公无野

齐惠公之妾萧同叔子见御有身，以其贱，不敢言也。取薪而生顷公于野，又不敢举也。有狸乳而鹳覆之。人见而收，因名曰无野。是为顷公。

○ 羌豪袁钊

袁钊者，羌豪也。秦时拘执为奴隶，后得亡去。秦人追之急迫，藏于穴中。秦人焚之，有景相如虎来为蔽，故得不死。诸羌神之，推以为君。其后种落炽盛。

○ 窦氏蛇

后汉定襄太守窦奉妻生子武，并生一蛇。奉送蛇于野中。及武长大，有海内俊名。母死，将葬，未窆，宾客聚集，有大蛇从林草中出，径来棺下，委地俯仰，以头击棺，血涕并流，状若哀恸，有顷而去。时人知为窦氏之祥。

○ 金龙池

晋怀帝永嘉中，有韩媪者，于野中见巨卵。持归育之，得婴儿，字曰撅儿。方四岁，刘渊筑平阳城，不就，募能城者。撅儿应募。因变为蛇，令媪遗灰志其后。谓媪曰："凭灰筑城，城可立就。"竟如所言。渊怪之，遂投入山穴间，露尾数寸，使者斩之，忽有泉出穴中，汇为池，因名金龙池。

○ 羽衣人

元帝永昌中，暨阳人任谷因耕息于树下，忽有一人着羽衣就淫之。既而不知所在。谷遂有妊。积月，将产，羽衣人复来，以刀穿其阴下，出一蛇子便去。谷遂成宦者，诣阙自陈，留于宫中。

○ 马皮蚕女

旧说太古之时，有大人远征，家无余人，唯有一女。牡马一匹，女亲养之。穷居幽处，思念其父，乃戏马曰："尔能为我迎得父还，吾将嫁汝。"马既承此言，乃绝缰而去，径至父所。父见马，惊喜，因取而乘之。马望所自来，悲鸣不已。父曰："此马无事如此，我家得无有故乎！"亟乘以归。为畜生有非常之情，故厚加刍养。马不肯食，每见女出入，辄喜怒奋击。如此非一。父怪之，密以问女，女具以告父，必为是故。父曰："勿言，恐辱家门。且莫出入。"于是伏弩射杀之，暴皮于庭。父行，女以邻女于皮所戏，以足蹙之曰："汝是畜生，而欲取人为妇耶？招此屠剥，如何自苦？"

言未及竟，马皮蹶然而起，卷女以行。邻女忙怕，不敢救之，走告其父。父还求索，已出失之。后经数日，得于大树枝间。女及马皮，尽化为蚕，而绩于树上。其茧纶理厚大，异于常蚕。邻妇取而养之，其收数倍。因名其树曰桑。桑者，丧也。由斯百姓竞种之，今世所养是也。言桑蚕者，是古蚕之余类也。案《天官》，辰为马星。《蚕书》曰："月当大火，则浴其种。"是蚕与马同气也。《周礼》马质职掌"禁原蚕者"注云："物莫能两大。禁原蚕者，为其伤马也。"汉礼，皇后亲采桑，祀蚕神，曰"菀窳妇人，寓氏公主"。公主者，女之尊称也。菀窳妇人，先蚕者也。故今世或谓蚕为女儿者，是古之遗言也。

○ 嫦娥奔月

羿请无死之药于西王母，嫦娥窃之以奔月。将往，枚筮之于有黄。有黄占之曰："吉。翩翩归妹，独将西行。逢天晦芒，毋恐毋惊，后且大昌。"嫦娥遂托身于月，是为蟾蜍。

○ 帝女化草

舌埵山，帝之女死，化为怪草，其叶郁茂，其华黄色，其实如兔丝。故服怪草者，恒媚于人焉。

○ 兰岩双鹤

荥阳县南百余里，有兰岩山，峭拔千丈。常有双鹤，素羽皦然，日夕偶影翔集。相传云："昔有夫妇隐此山，数百年，化为双鹤，不绝往来。忽一旦，一鹤为人所害，其一鹤岁常哀鸣。至今响动岩谷，莫知其年岁也。"

○ 羽衣女

豫章新喻县男子，见田中有六七女，皆衣毛衣，不知是鸟。匍匐往，得其一女所解毛衣，取藏之，即往就诸鸟。诸鸟各飞去，一鸟独不得去。男子取以为妇，生三女。其母后使女问父，知衣在积稻下，得之，衣而飞去。后复以迎三女，女亦得飞去。

○ 黄母化鼋

汉灵帝时，江夏黄氏之母浴盘水中，久而不起，变为鼋矣。婢惊走告。比家人来，鼋转入深渊。其后时时出见。初浴，簪一银钗，犹在其首。于是黄氏累世不敢食鼋肉。

○ 宋母化鳖

魏黄初中，清河宋士宗母，夏天于浴室里浴，遣家中大小悉出，独在室中。良久，家人不解其意，于壁穿中窥之。不见人体，见盆水中有一大鳖。遂开户，大小悉入，了不与人相承。尝先着银钗，犹在头上。相与守之啼泣，无可奈何。意欲求去，永不可留。视之积日，转懈。自捉出户外。其去甚驶，逐之不及，遂便入水。后数日，忽还，巡行宅舍如平生，了无所言而去。时人谓士宗应行丧治服，士宗以母形虽变，而生理尚存，竟不治丧。此与江夏黄母相似。

○ 宣母化鼋

吴孙皓宝鼎元年六月晦，丹阳宣骞母，年八十矣，亦因洗浴化为鼋。其状如黄氏。骞兄弟四人闭户卫之，掘堂上作大坎，泻水其中。鼋入坎游戏。一二日间，恒延颈外望。伺户小开，便轮转自跃入于深渊。遂不复还。

○ 老翁作怪

汉献帝建安中，东郡民家有怪：无故，瓮器自发匐匐作声，若有人击；盘案在前，忽然便失；鸡生子，辄失去。如是数岁，人甚恶之。乃多作美食，覆盖，著一室中，阴藏户间窥伺之。果复重来，发声如前。闻，便闭户，周旋室中，了无所见。乃阖以杖挝之。良久，于室隅间有所中，便闻呻吟之声，曰："唁！唁！宜死。"开户视之，得一老翁，可百余岁，言语了不相当，貌状颇类于兽。遂行推问，乃于数里外得其家，云："失来十余年。"得之哀喜。后岁余，复失之。闻陈留界复有怪如此，时人咸以为此翁。

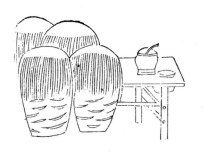

卷
十
五

○ 王道平妻

秦始皇时，有王道平，长安人也。少时，与同村人唐叔偕女，小名父喻，容色俱美，誓为夫妇。寻王道平被差征伐，落堕南国，九年不归。父母见女长成，即聘与刘祥为妻。女与道平，言誓甚重，不肯改事。父母逼迫，不免，出嫁刘祥。经三年，忽忽不乐，常思道平，忿怨之深，悒悒而死。死经三年，平还家，乃诘邻人："此女安在？"邻人云："此女意在于君，被父母凌逼，嫁与刘祥。今已死矣。"平问：'墓在何处？"邻人引往墓所。平悲号哽咽，三呼女名，绕墓悲苦，不能自止。

平乃祝曰："我与汝立誓天地，保其终身。岂料官有牵缠，致令乖隔，使汝父母与刘祥。既不契于初心，生死永诀。然汝有灵圣，使我见汝生平之面。若无神灵，从兹而别。"言讫，又复哀泣。逡巡，其女魂自墓出，问平："何处而来？良久契阔。与君誓为夫妇，以结终身。父母强逼，乃出聘刘祥。已经三年，日夕忆君，结恨致死，乖隔幽途。然念君宿念不忘，再求相慰，妾身未损，可以再生，还为夫妇。且速开冢破棺，出我即活。"平审言，乃启墓门，扪看其女，果活。乃结束随平还家。其夫刘祥闻之，惊怪，申诉于州县。检律断之，无条，乃录状奏王。王断归道平为妻。寿一百三十岁。实谓精诚贯于天地，而获感应如此。

○ 河间女

晋惠帝世，河间郡有男女私悦，许相配适。寻而男从军，积年不归。女家更欲适之，女不愿行，父母逼之，不得已而去，寻病死。其男戍还，问女所在，其家具说之。乃至冢，欲哭之尽哀，而不胜其情，遂发冢，开棺，女即苏活。因负还家，将养数日，平复如初。后夫闻，乃往求之。其人不还，曰："卿妇已死，天下岂闻死人可复活耶？此天赐我，非卿妇也。"于是相讼。郡县不能决，以谳廷尉，秘书郎王导奏："以精诚之至，感于天地，故死而更生。此非常事，不得

207

以常礼断之。请还开冢者。"朝廷从其议。

○ 贾偶

汉献帝建安中，南阳贾偶，字文合，得病而亡。时有吏将诣太山，司命阅簿，谓吏曰："当召某郡文合，何以召此人？可速遣之。"时日暮，遂至郭外树下宿。见一年少女独行，文合问曰："子类衣冠，何乃徒步？姓字为谁？"女曰："某三河人，父见为弋阳令。昨被召来，今却得还。遇日暮，惧获瓜田李下之讥。望君之容，必是贤者，是以停留，依凭左右。"文合曰："悦子之心，愿交欢于今夕。"女曰："闻之诸姑，女子以贞专为德，洁白为称。"文合反复与言，终无动志。天明，各去。文合卒已再宿，停丧将殓，视其面，有色，扪心下，稍温。少顷，却苏。后文合欲验其实，遂至弋阳，修刺谒令，因问曰："君女宁卒而却苏耶？"具说女子姿质服色、言语相反复本末。令人问女，所言皆同。乃大惊叹，竟以此女配文合焉。

○ 李娥

汉建安四年二月，武陵充县妇人李娥，年六十岁，病卒，埋于城外，已十四日。娥比舍有蔡仲，闻娥富，谓殡当有金宝，乃盗发冢求金。以斧剖棺，斧数下，娥于棺中言曰："蔡仲，汝护我头。"仲惊遽，便出走，会为县吏所见，遂收治。依法当弃市。娥儿闻母活，来迎出，将娥回去。武陵太守闻娥死复生，召见，问事状。娥对曰："闻谬为司命所召，到时得遣出。过西门外，适见外兄刘伯文，惊相劳问，涕泣悲哀。娥语曰：'伯文，我一日误为所召，今得遣归，既不知道，不能独行，为我得一伴否？又我见召在此，已十余日，形体又为家人所葬埋，归，当那得自出？'伯文曰：'当为问之。'即遣门卒与户曹相问：'司命一日误召武陵女子李娥，今得遣还。娥在此积日，尸丧又当殡殓，当作何等得出？又女弱，独行，岂当有伴耶？是吾外妹，幸为便安之。'答曰：'今武陵西界，有男子李黑，亦得遣还，便可为伴。兼敕黑过娥比舍蔡仲，发出娥也。'

于是娥遂得出，与伯文别，伯文曰：'书一封，以与儿佗。'娥遂与黑俱归。事状如此。"太守闻之，慨然叹曰："天下事真不可知也。"乃表，以为"蔡仲虽发冢，为鬼神所使；虽欲无发，势不得已，宜加宽宥。"诏书报可。太守欲验语虚实，即遣马吏于西界，推问李黑，得之，与黑语协。乃致伯文书与佗，佗识其纸，乃是父亡时送箱中文书也。表文字犹在也，而书不可晓。乃请费长房读之，曰："告佗，我当从府君出案行部，当以八月八日日中时，武陵城南沟水畔顿。汝是时必往。"到期，悉将大小于城南待之。须臾果至。但闻人马隐隐之声，诣沟水，便闻有呼声曰："佗来。汝得我所寄李娥书不耶？"曰："即得之，故来至此。"伯文以次呼家中大小，久之，悲伤断绝，曰："死生异路，不能数得汝消息，吾亡后，儿孙乃尔许大。"良久，谓佗曰："来春大病，与此一丸药，以涂门户，则辟来年妖疠矣。"言讫，忽去，竟不得见其形。至来春，武陵果大病，白日皆见鬼，唯伯文之家，鬼不敢向。费长房视药丸，曰："此方相脑也。"

○ 史妠

汉陈留考城史妠，字威明，年少时，尝病，临死，谓母曰："我死当复生。埋我，以竹杖柱于瘗上，若杖折，掘出我。"及死埋之，柱如其言。七日往视，杖果折。即掘出之，已活。走至井上，浴，平复如故。后与邻船至下邳卖锄，不时售，云："欲归。"人不信之，曰："何有千里暂得归耶？"答曰："一宿便还。"即书，取报以为验实。一宿便还，果得报。考城令江夏鄘贾和姊病，在乡里，欲急知消息，请往省之。路遥三千，再宿还报。

○ 贺瑀

会稽贺瑀，字彦琚，曾得疾，不知人，惟心下温，死三日，复苏。云："吏人将上天，见官府，入曲房，房中有层架，其上层有印，中层有剑，使瑀惟意所取。而短不及上层，取剑以出。门吏问：'何得？'云：'得剑。'曰：'恨不得印，可策百神，剑惟得使社公耳。'"疾愈，果有鬼来，称社公。

211

○ 戴洋

戴洋，字国流，吴兴长城人。年十二，病死，五日而苏。说死时，天使其为酒藏吏，授符箓，给吏从幡麾，将上蓬莱、昆仑、积石、太室、庐、衡等山，既而遣归。妙解占候，知吴将亡，托病不仕，还乡里。行至濑乡，经老子祠，皆是洋昔死时所见使处，但不复见昔物耳。因问守藏应凤曰："去二十余年，尝有人乘马东行，经老君祠而不下马，未达桥，坠马死者否？"凤言有之。所问之事，多与洋同。

○ 柳荣张悌

吴临海松阳人柳荣，从吴相张悌至扬州。荣病死船中二日，军士已上岸，无有埋之者。忽然大叫，言："人缚军师！人缚军师！"声甚激扬。遂活。人问之。荣曰："上天北斗门下，卒见人缚张悌，意中大愕，不觉大叫言：'何以缚军师？'门下人怒荣，叱逐使去。荣便怖惧，口余声发扬耳。"其日，悌即死战。荣至晋元帝时犹存。

○ 马势妇

吴国富阳人马势妇，姓蒋。村人应病死者，蒋辄恍惚熟眠经日，见病人死，然后省觉。觉则具说，家中人不信之。语人云："某中病，我欲杀之，怒强魂难杀，未即死。我入其家内，架上有白米饭，几种鲑。我暂过灶下戏，婢无故犯我，我打其脊，使婢当时闷绝，久之乃苏。"其兄病，有乌衣人令杀之，向其请乞，终不下手。醒，乃语兄云，"当活"。

○ 颜畿

晋咸宁二年十二月，琅邪颜畿，字世都，得病，就医张瑳使治，死于张家。棺敛已久。家人迎丧，旐每绕树木而不可解。人咸为之感伤。引丧者忽颠仆，称畿言曰："我寿命未应死，但服药太多，伤我五脏耳。今当复活，慎无葬也。"其父拊而祝之，曰："若尔有命，当复更生，岂非骨肉所愿？今但欲还家，不尔葬也。"旐乃解。及还家，其妇梦之曰："吾当复生，可急开棺。"妇便说之。其夕，母及家人又梦之。即欲开棺，而父不听。其弟含，时尚少，乃慨然曰："非常之事，自古有之。今灵异至此，开棺之痛，孰与不开相负？"父母从之，乃共发棺，果有生验。以手刮棺，指爪尽伤，然气息甚微，存亡不分矣。于是急以绵饮沥口，能咽，遂与出之。将护累月，饮食稍多，能开目视瞻，屈伸手足，不与人相当。不能言语，饮食所须，托之以梦。如此者十余年，家人疲于供护，不复得操事。含乃弃绝人事，躬亲侍养，以知名州党。后更衰劣，卒复还死焉。

○ 羊祜

羊祜年五岁时，令乳母取所弄金镮。乳母曰："汝先无此物。"祜即诣邻人李氏东垣桑树中探得之。主人惊曰："此吾亡儿所失物也，云何持去？"乳母具言之，李氏悲惋。时人异之。

○ 西汉宫人

汉末，关中大乱，有发前汉宫人冢者，宫人犹活。既出，平复如旧。魏郭后爱念之，录置宫内，常在左右。问汉时宫中事，说之了了，皆有次绪。郭后崩，哭泣过哀，遂死。

○ 棺中活妇

魏时太原发冢，破棺，棺中有一生妇人。将出与语，生人也。送之京师，问其本事，不知也。视其冢上树木，可三十岁。不知此妇人三十岁常生于地中耶？将一朝欻生，偶与发冢者会也？

○ 杜锡婢

晋世杜锡，字世嘏，家葬而婢误不得出。后十余年，开冢祔葬，而婢尚生。云："其始如瞑目，有顷渐觉。"问之，自谓："当一再宿耳。"初婢埋时，年十五六，及开冢后，姿质如故。更生十五六年，嫁之有子。

○ 冯贵人

汉桓帝冯贵人病亡。灵帝时有盗贼发冢。七十余年，颜色如故，但肉小冷。群贼共奸通之，至斗争相杀，然后事觉。后窦太后家被诛，欲以冯贵人配食。下邳陈公达议："以贵人虽是先帝所幸，尸体秽污，不宜配至尊。"乃以窦太后配食。

○ 广陵大冢

吴孙休时，戍将于广陵掘诸冢，取版以治城，所坏甚多。复发一大冢，内有重阁，户扇皆枢转可开闭，四周为徼道，通车，其高可以乘马。又铸铜人数十，长五尺，皆大冠，朱衣，执剑，侍列灵坐。皆刻铜人背后面壁，言殿中将军，或言侍郎、常侍，似公侯之冢。破其棺，棺中有人，发已班白，衣冠鲜明，面体如生人。棺中云母，厚尺许，以白玉璧三十枚藉尸。兵人辈共举出死人，以倚冢壁。有一玉，长尺许，形似冬瓜，从死人怀中透出，堕地。两耳及孔鼻中，皆有黄金，如枣许大。

○ 栾书冢

汉广川王好发冢。发栾书冢，其棺柩盟器，悉毁烂无余。唯有一白狐，见人惊走。左右逐之，不得，戟伤其左足。是夕，王梦一丈夫，须眉尽白，来谓王曰："何故伤吾左足？"乃以杖叩王左足。王觉，肿痛，即生疮。至死不差。

卷
十
六

○ 三疫鬼

昔颛顼氏有三子，死而为疫鬼：一居江水，为疟鬼；一居若水，为魍魉鬼；一居人宫室，善惊人小儿，为小鬼。于是正岁命方相氏帅肆傩以驱疫鬼。

○ 挽歌

挽歌者，丧家之乐，执绋者相和之声也。挽歌辞有"薤露"、"蒿里"二章，汉田横门人作。横自杀，门人伤之，悲歌，言：人如薤上露，易晞灭；亦谓人死，精魂归于蒿里。故有二章。

○ 阮瞻见鬼客

阮瞻字千里，素执无鬼论，物莫能难。每自谓此理足以辨正幽明。忽有客通名诣瞻，寒温毕，聊谈名理。客甚有才辨，瞻与之言良久，及鬼神之事，反复甚苦。客遂屈，乃作色曰："鬼神，古今圣贤所共传，君何得独言无？即仆便是鬼。"于是变为异形，须臾消灭。瞻默然，意色太恶。岁余，病卒。

○ 黑衣白袷鬼

吴兴施续为寻阳督，能言论。有门生亦有理意，常秉无鬼论。忽有一黑衣白袷客来，与共语，遂及鬼神。移日，客辞屈，乃曰："君辞巧，理不足。仆即是鬼，何以云无？"问："鬼何以来？"答曰："受使来取君，期尽明日食时。"门生请乞，酸苦。鬼问："有人似君者否？"门生云："施续帐下都督，与仆相似。"便与俱往，与都督对坐。鬼手中出一铁凿，可尺余，安着都督头，便举椎打之。都督云："头觉微痛。"向来转剧，食顷便亡。

○ 蒋济亡儿

蒋济字子通，楚国平阿人也。仕魏，为领军将军。其妇梦见亡儿涕泣曰："死生异路。我生时为卿相子孙，今在地下为泰山伍伯，憔悴困苦，不可复言。今太庙西讴士孙阿见召为泰山令，愿母为白侯，属阿令转我得乐处。"言讫，母忽然惊寤。明日以白济。济曰："梦为虚耳，不足怪也。"日暮，复梦曰："我来迎新君，止在庙下。未发之顷，暂得来归。新君明日日中当发。临发多事，不复得归。永辞于此。侯气强难感悟，故自诉于母，愿重启侯，何惜不一试验之？"遂道阿之形状言甚备悉。天明，母重启济："虽云梦不足怪，此何太适适？亦何惜不一验之？"济乃遣人诣太庙下推问孙阿，果得之，形状证验，悉如儿言。济涕泣曰："几负吾儿。"

于是乃见孙阿，具语其事。阿不惧当死，而喜得为泰山令，惟恐济言不信也，曰："若如节下言，阿之愿也。不知贤子欲得何职？"济曰："随地下乐者与之。"阿曰："辄当奉教。"乃厚赏之。言讫，遣还。济欲速知其验，从领军门至庙下，十步安一人以传消息。辰时，传阿心痛；巳时，传阿剧；日中，传阿亡。济曰："虽哀吾儿之不幸，且喜亡者有知。"后月余，儿复来，语母曰："已得转为录事矣。"

○ 孤竹君棺

汉令支县有孤竹城，古孤竹君之国也。灵帝光和
元年，辽西人见辽水中有浮棺，欲斫破之，棺中人语曰：
"我是伯夷之弟，孤竹君也。海水坏我棺椁，是以漂流。
汝斫我何为？"人惧，不敢斫。因为立庙祠祀。吏民
有欲发视者，皆无病而死。

○ 温序死节

温序，字公次，太原祁人也。任护军校尉，行部
至陇西，为隗嚣将所劫，欲生降之。序大怒，以节挝
杀人。贼趋欲杀序，苟宇止之曰："义士欲死节。"
赐剑，令自裁。序受剑，衔须着口中，叹曰："无令
须污土。"遂伏剑死。世祖怜之，送葬到洛阳城旁，
为筑冢。长子寿，为印平侯，梦序告之曰："久客思乡。"
寿即弃官，上书乞骸骨归葬。帝许之。

○ 文颖移棺

汉南阳文颖，字叔良，建安中为甘陵府丞。过界止宿。夜三鼓时，梦见一人跪前曰："昔我先人，葬我于此，水来湍墓，棺木溺，渍水处半，然无以自温。闻君在此，故来相依。欲屈明日暂住须臾，幸为相迁高燥处。"鬼披衣示颖，而皆沾湿。颖心怆然，即寤，语诸左右，曰："梦为虚耳，亦何足怪？"颖乃还眠。向晨复梦见，谓颖曰："我以穷苦告君，奈何不相愍悼乎？"颖梦中问曰："子为谁？"对曰："吾本赵人，今属汪芒氏之神。"颖曰："子棺今何所在？"对曰："近在君帐北十数步，水侧枯杨树下，即是吾也。天将明，不复得见，君必念之。"颖答曰："喏！"忽然便寤。天明，可发。颖曰："虽云梦不足怪，此何太适。"左右曰："亦何惜须臾，不验之耶？"颖即起，率十数人将导顺水上，果得一枯杨，曰："是矣。"掘其下，未几，果得棺。棺甚朽坏，半没水中。颖谓左右曰："向闻于人，谓之虚矣。世俗所传，不可无验。"为移其棺，葬之而去。

○ 鹊奔亭女鬼

汉九江何敞为交趾刺史，行部到苍梧郡高要县，暮宿鹊奔亭。夜犹未半，有一女从楼下出，呼曰："妾姓苏，名娥，字始珠，本居广信县，修里人。早失父母，又无兄弟，嫁与同县施氏，薄命夫死，有杂缯帛百二十疋，及婢一人，名致富。妾孤穷羸弱，不能自振，欲之旁县卖缯。从同县男子王伯赁牛车一乘，直钱万二千，载妾并缯，令致富执辔，乃以前年四月十日到此亭外。于时日已向暮，行人断绝，不敢复进，因即留止。致富暴得腹痛，妾之亭长舍乞浆，取火。亭长龚寿，操戈持戟，来至车旁，问妾曰：'夫人从何所来？车上所载何物？丈夫安在？何故独行？'妾应曰：'何劳问之？'寿因持妾臂曰：'少年爱有色，冀可乐也。'妾惧怖不从，寿即持刀刺胁下，一创立死。又刺致富，亦死。寿掘楼下，合埋，妾在下，婢在上。取财物去，杀牛，烧车，车釭及牛骨，贮亭东空井中。妾既冤死，痛感皇天，无所告诉，故来自归于明使君。"敞曰："今欲发出汝尸，以何为验？"女曰："妾上下着白衣，青丝履，犹未朽也。愿访乡里，以骸骨归死夫。"掘之，果然。

敞乃驰还，遣吏捕捉，拷问，具服。下广信县验问，与娥语合。寿父母兄弟，悉捕系狱。敞表寿："常律杀人不至族诛。然寿为恶首，隐密数年，王法自所不免。令鬼神诉者，千载无一。请皆斩之，以明鬼神，以助阴诛。"上报听之。

○ 曹公船

濡须口有大船，船覆在水中，水小时便出见。长老云："是曹公船。"尝有渔人夜宿其旁，以船系之，但闻筝笛弦歌之音，又香气非常。渔人始得眠，梦人驱遣云："勿近官妓。"相传云曹公载妓船覆于此，至今在焉。

○ 苟奴见鬼

夏侯恺，字万仁，因病死。宗人儿苟奴素见鬼。见恺数归，欲取马，并病其妻。着平上帻，单衣，入坐生时西壁大床，就人觅茶饮。

○ 产亡点面

诸仲务一女显姨，嫁为米元宗妻，产亡于家。俗闻，产亡者，以墨点面。其母不忍，仲务密自点之，无人见者。元宗为始新县丞，梦其妻来上床，分明见新白妆面上有黑点。

○ 弓弩射鬼

晋世新蔡王昭平，犊车在厅事上，夜无故自入斋室中，触壁而出。后又数闻呼噪攻击之声四面而来。昭乃聚众设弓弩战斗之备，指声弓弩俱发，而鬼应声接矢数枚，皆倒入土中。

○ 杨度遇鬼

吴赤乌三年，句章民杨度至余姚。夜行，有一年少，持琵琶，求寄载。度受之。鼓琵琶数十曲，曲毕，乃吐舌，擘目，以怖度而去。复行二十里许，又见一老父，自云姓王名戒。因复载之。谓曰："鬼工鼓琵琶，甚哀。"戒曰："我亦能鼓。"即是向鬼。复擘眼吐舌，度怖几死。

○ 秦巨伯斗鬼

琅邪秦巨伯，年六十，尝夜行饮酒，道经蓬山庙，忽见其两孙迎之。扶持百余步，便捉伯颈着地，骂："老奴，汝某日捶我，我今当杀汝。"伯思惟某时信捶此孙。伯乃佯死，乃置伯去。伯归家，欲治两孙。两孙惊惋，叩头言："为子孙宁可有此？恐是鬼魅，乞更试之。"伯意悟。数日，乃诈醉，行此庙间，复见两孙来扶持伯。伯乃急持，鬼动作不得。达家，乃是两偶人也。伯着火炙之，腹背俱焦坼。出着庭中，夜皆亡去。伯恨不得杀之。后月余，又佯酒醉夜行，怀刃以去，家不知也。极夜不还，其孙恐又为此鬼所困，乃俱往迎伯。伯竟刺杀之。

○ 三鬼醉酒

汉建武元年，东莱人姓池，家常作酒。一日，见三奇客，共持面饭至，索其酒饮，饮竟而去。顷之，有人来云见三鬼酣醉于林中。

○ 钱小小

吴先主杀武卫兵钱小小，形见大街，顾借赁人吴永，使永送书与街南庙。借木马二匹，以酒噀之，皆成好马，鞍勒俱全。

○ 宗定伯卖鬼

南阳宗定伯年少时，夜行逢鬼。问之，鬼言："我是鬼。"鬼问："汝复谁？"定伯诳之，言："我亦鬼。"鬼问："欲至何所？"答曰："欲至宛市。"鬼言："我亦欲至宛市。"遂行数里。鬼言："步行太迟，可共递相担，何如？"定伯曰："大善。"鬼便先担定伯数里。鬼言："卿太重，将非鬼也？"定伯言：

"我新鬼，故身重耳。"定伯因复担鬼，鬼略无重。
如是再三。定伯复言："我新鬼，不知有何所畏忌？"
鬼答言："惟不喜人唾。"于是共行。道遇水，定伯
令鬼先渡，听之，了然无声音。定伯自渡，漕漼作声。
鬼复言："何以有声？"定伯曰："新死，不习渡水
故耳。勿怪吾也。"行欲至宛市，定伯便担鬼着肩上，
急执之。鬼大呼，声咋咋然，索下，不复听之。径至
宛市中，下着地，化为一羊，便卖之。恐其变化，唾之。
得钱千五百乃去。当时石崇有言："定伯卖鬼，得钱
千五。"

○ 紫玉与韩重

　　吴王夫差小女名曰紫玉，年十八，才貌俱美。童
子韩重，年十九，有道术。女悦之，私交信问，许为
之妻。重学于齐、鲁之间，临去，属其父母使求婚。
王怒，不与女。玉结气死，葬阊门之外。三年，重归，
诘其父母。父母曰："王大怒，玉结气死，已葬矣。"
重哭泣哀恸，具牲币往吊于墓前。玉魂从墓出，见重
流涕，谓曰："昔尔行之后，令二亲从王相求，度必
克从大愿，不图别后遭命，奈何！"玉乃左顾宛颈而

歌曰："南山有乌，北山张罗。乌既高飞，罗将奈何！意欲从君，谗言孔多。悲结生疾，没命黄垆。命之不造，冤如之何！羽族之长，名为凤凰。一日失雄，三年感伤。虽有众鸟，不为匹双。故见鄙姿，逢君辉光。身远心近，何当暂忘？"歌毕，歔欷流涕，要重还冢。重曰："死生异路，惧有尤愆，不敢承命。"玉曰："死生异路，吾亦知之。然今一别，永无后期。子将畏我为鬼而祸子乎？欲诚所奉，宁不相信。"重感其言，送之还冢。玉与之饮燕，留三日三夜，尽夫妇之礼。临出，取径寸明珠以送重，曰："既毁其名，又绝其愿，复何言哉！时节自爱。若至吾家，致敬大王。"重既出，遂诣王，自说其事。王大怒曰："吾女既死，而重造讹言，以玷秽亡灵。此不过发冢取物，托以鬼神。"趣收重。重走脱至玉墓所，诉之。玉曰："无忧。今归白王。"王妆梳，忽见玉，惊愕悲喜，问曰："尔缘何生？"玉跪而言曰："昔诸生韩重来求玉，大王不许，玉名毁，义绝，自致身亡。重从远还，闻玉已死，故赍牲币，诣冢吊唁。感其笃终，辄与相见，因以珠遗之。不为发冢，愿勿推治。"夫人闻之，出而抱之，玉如烟然。

○ 驸马都尉

陇西辛道度者，游学至雍州城四五里，比见一大宅，有青衣女子在门。度诣门下求飧。女子入告秦女，女命召入。度趋入阁中，秦女于西榻而坐。度称姓名，叙起居。既毕，命东榻而坐，即治饮馔。食讫，女谓度曰："我秦闵王女，出聘曹国，不幸无夫而亡。亡来已二十三年，独居此宅。今日君来，愿为夫妇。"经三宿三日后，女即自言曰："君是生人，我鬼也。共君宿契，此会可三宵，不可久居，当有祸矣。然兹信宿，未悉绸缪，既已分飞，将何表信于郎？"即命取床后盒子开之，取金枕一枚，与度为信。乃分袂泣别，即遣青衣送出门外。未逾数步，不见舍宇，惟有一冢。度当时荒忙出走，视其金枕在怀，乃无异变。寻至秦国，以枕于市货之。恰遇秦妃东游，亲见度卖金枕，疑而索看，诘度何处得来？度具以告。妃闻，悲泣不能自胜。然尚疑耳，乃遣人发冢启柩视之，原葬悉在，唯不见枕。解体看之，交情宛若。秦妃始信之。叹曰："我女大圣，死经二十三年，犹能与生人交往。此是我真女婿也。"遂封度为驸马都尉，赐金帛车马，令还本国。因此以来，后人名女婿为驸马。今之国婿，亦为驸马矣。

○ 谈生妻鬼

汉谈生者，年四十，无妇，常感激读《诗经》。夜半，有女子，年可十五六，姿颜服饰天下无双，来就生，为夫妇。乃言曰："我与人不同，勿以火照我也。三年之后，方可照耳。"与为夫妇，生一儿，已二岁，不能忍，夜伺其寝后，盗照视之。其腰已上生肉，如人，腰已下，但有枯骨。妇觉，遂言曰："君负我。我垂生矣，何不能忍一岁，而竟相照也？"生辞谢。涕泣不可复止，云："与君虽大义永离，然顾念我儿，若贫不能自偕活者，暂随我去，方遗君物。"生随之去，入华堂，室宇器物不凡。以一珠袍与之，曰："可以自给。"裂取生衣裾留之而去。后生持袍诣市，睢阳王家买之，得钱千万。王识之曰："是我女袍，那得在市？此必发冢。"乃取拷之。生具以实对，王犹不信，乃视女冢，冢完如故。发视之，棺盖下果得衣裾。呼其儿视，正类王女。王乃信之。即召谈生，复赐遗之，以为女婿。表其儿为郎中。

○ 卢充幽婚

卢充者，范阳人。家西三十里，有崔少府墓。充年二十，先冬至一日，出宅西猎戏。见一獐，举弓而射，中之，獐倒，复起。充因逐之，不觉远。忽见道北一里许，高门瓦屋，四周有如府舍，不复见獐。门中一铃下唱："客前。"充问："此何府也？"答曰："少府府也。"充曰："我衣恶，那得见少府？"即有一人提一襆新衣，曰："府君以此遗郎。"充便着讫，进见少府，展姓名。酒炙数行，谓充曰："尊府君不以仆门鄙陋，近得书，为君索小女婚，故相迎耳。"便以书示充。充父亡时虽小，然已识父手迹，即欷歔，无复辞免。便敕内："卢郎已来，可令女郎妆严。"且语充云："君可就东廊。"及至黄昏，内白："女郎妆严已毕。"充既至东廊，女已下车，立席头，却共拜。时为三日给食。三日毕，崔谓充曰："君可归矣。女有娠相，若生男，当以相还，无相疑。生女，当留自养。"敕外严车送客。充便辞出。崔送至中门，执手涕零。出门，见一犊车，驾青牛。又见本所着衣及弓箭，故在门外。寻传教将一人提襆衣与充，相问曰："姻缘始尔，别甚怅恨。今复致衣一袭，被褥自副。"充上车，去如电逝，须臾至家。家人相见悲喜。推问，知崔是亡人，而入其墓。

追以懊惋。

别后四年，三月三日，充临水戏，忽见水旁有二犊车，乍沉乍浮。既而近岸，同坐皆见。而充往开车后户，见崔氏女与三岁男共载。充见之忻然，欲捉其手，女举手指后车曰："府君见人。"即见少府。充往问讯。女抱儿还充，又与金鋺，并赠诗曰："煌煌灵芝质，光丽何猗猗。华艳当时显，嘉异表神奇。含英未及秀，中夏罹霜萎。荣耀长幽灭，世路永无施。不悟阴阳运，哲人忽来仪。会浅离别速，皆由灵与祇。何以赠余亲，金鋺可颐儿。恩爱从此别，断肠伤肝脾。"充取儿、鋺及诗，忽然不见二车处。充将儿还，四坐谓是鬼魅，佥遥唾之，形如故。问儿："谁是汝父？"儿径就充怀。众初怪恶，传省其诗，慨然叹死生之玄通也。充后乘车入市卖鋺，高举其价，不欲速售，冀有识。欻有一老婢识此，还白大家曰："市中见一人，乘车，卖崔氏女郎棺中鋺。"大家，即崔氏亲姨母也，遣儿视之，果如其婢言。上车，叙姓名。语充曰："昔我姨嫁少府，生女，未出而亡。家亲痛之，赠一金鋺，着棺中。可说得鋺本末。"充以事对。此儿亦为之悲咽，赍还白母。母即令诣充家，迎儿视之。诸亲悉集。儿有崔氏之状，又复似充貌。儿、鋺俱验。姨母曰："我外甥三月末间产。父曰："春，暖温也。愿休强也。'即字温休。温休者，盖幽婚也，其兆先彰矣。"儿遂成令器，历郡守二千石，子孙冠盖相承。至今，其后植，字子干，有名天下。

○ 西门亭鬼魅

后汉时，汝南汝阳西门亭有鬼魅，宾客止宿，辄有死亡。其厉厌者，皆亡发失精。寻问其故，云："先时颇已有怪物。其后，郡侍奉掾宜禄郑奇来，去亭六七里，有一端正妇人乞寄载。奇初难之，然后上车。入亭，趋至楼下。亭卒白：'楼不可上。'奇云：'吾不恐也。'时亦昏冥，遂上楼，与妇人栖宿。未明，发去。亭卒上楼扫除，见一死妇，大惊，走白亭长。亭长击鼓，会诸庐吏共集诊之，乃亭西北八里吴氏妇。新亡，夜临殡火灭，及火至，失之。其家即持去。奇发行数里，腹痛，到南顿利阳亭加剧，物故。楼遂无敢复上。"

○ 钟繇

颍川钟繇，字元常，尝数月不朝会，意性异常。或问其故，云："常有好妇来，美丽非凡。"问者曰："必是鬼物，可杀之。"妇人后往，不即前，止户外。繇问："何以？"曰："公有相杀意。"繇曰："无此。"勤勤呼之，乃入。繇意恨，有不忍之，然犹斫之，伤髀。妇人即出，以新绵拭，血竟路。明日，使人寻迹之，至一大冢。木中有好妇人，形体如生人，着白练衫，丹绣裲裆。伤左髀，以裲裆中绵拭血。

卷
十
七

○ 鬼扮张汉直

陈国张汉直到南阳从京兆尹延叔坚学《左氏传》。行后数月，鬼物持其妹，为之扬言曰："我病死，丧在陌上，常苦饥寒。操二三量不借挂屋后楮上，傅子方送我五百钱，在北墉下，皆亡取之。又买李幼一头牛，本券在书箧中。"往索取之，悉如其言。妇尚不知有此，妹新从婿家来，非其所及。家人哀伤，益以为审。父母诸弟衰绖到来迎丧，去舍数里，遇汉直与诸生十余人相追。汉直顾见家人，怪其如此。家见汉直，谓其鬼也。怅惘良久。汉直乃前为父拜，说其本末，且悲且喜。凡所闻见，若此非一，得知妖物之为。

○ 贞节先生范丹

汉陈留外黄范丹，字史云。少为尉从佐使檄谒督邮。丹有志节，自恚为厮役小吏，乃于陈留大泽中杀所乘马，捐弃冠帻，诈逢劫者。有神下其家曰："我史云也。为劫人所杀。疾取我衣于陈留大泽中。"家取得一帻。丹遂之南郡，转入三辅，从英贤游学，十三年乃归，家人不复识焉。陈留人高其志行，及没，号曰贞节先生。

○ 费季居楚

吴人费季，久客于楚。时道多劫，妻常忧之。季与同辈旅宿庐山下，各相问出家几时。季曰："吾去家已数年矣。临来，与妻别，就求金钗以行，欲观其志当与吾否耳。得钗，乃以着户楣上。临发，失与道，此钗故当在户上也。"尔夕，其妻梦季曰："吾行遇盗，死已二年。若不信吾言，吾行时，取汝钗，遂不以行，留在户楣上，可往取之。"妻觉，揣钗，得之，家遂发丧。后一年余，季乃归还。

○ 鬼扮虞定国

余姚虞定国，有好仪容。同县苏氏女，亦有美色。定国常见，悦之。后见定国来，主人留宿，中夜，告苏公曰："贤女令色，意甚钦之。此夕能令暂出否？"主人以其乡里贵人，便令女出从之。往来渐数，语苏公云："无以相报。若有官事，某为君任之。"主人喜。自尔后，有役召事，往造定国。定国大惊曰："都未尝面命，何由便尔？此必有异。"具说之。定国曰："仆宁肯请人之父而淫人之女。若复见来，便当斫之。"后果得怪。

○ 朱诞给使射鸣蝉

吴孙晧世，淮南内史朱诞，字永长，为建安太守。诞给使妻有鬼病，其夫疑之为奸。后出行，密穿壁隙窥之，正见妻在机中织，遥瞻桑树上，向之言笑。给使仰视树上，有一年少人，可十四五，衣青衿袖，青帻头。给使以为信人也，张弩射之，化为鸣蝉，其大如箕，翔然飞去。妻亦应声惊曰："噫！人射汝。"给使怪其故。后久时，给使见二小儿在陌上共语。曰：

"何以不复见汝？"其一即树上小儿也，答曰："前不遇为人所射，病疮积时。"彼儿曰："今何如？"曰："赖朱府君梁上膏以傅之，得愈。"给使白诞曰："人盗君膏药，颇知之否？"诞曰："吾膏久致梁上，人安得盗之？"给使曰："不然。府君视之。"诞殊不信，试为视之，封题如故。诞曰："小人故妄言，膏自如故。"给使曰："试开之。"则膏去半。为掊刮，见有趾迹。诞因大惊，乃详问之。具道本末。

○ 倪彦思家狸怪

吴时，嘉兴倪彦思居县西埏里。忽见鬼魅入其家，与人语，饮食如人，惟不见形。彦思奴婢有窃骂大家者，云："今当以语。"彦思治之，无敢詈之者。彦思有小妻，魅从求之，彦思乃迎道士逐之。酒殽既设，魅乃取厕中草粪，布着其上。道士便盛击鼓，召请诸神。魅乃取伏虎，于神座上吹作角声音。有顷，道士忽觉背上冷，惊起解衣，乃伏虎也。于是道士罢去。彦思夜于被中窃与妪语，共患此魅。魅即屋梁上谓彦思曰："汝与妇道吾，吾今当截汝屋梁。"即隆隆有声。彦思惧梁断，取火照视，魅即灭火。截梁声愈急。彦思惧屋坏，大小悉遣出，更取火，视梁如故。魅大笑，问彦思："复道吾否？"郡中典农闻之，曰："此神正当是狸物耳。"魅即往谓典农曰："汝取官若干百斛谷，藏着某处。为吏污秽，而敢论吾！今当白于官，将人取汝所盗谷。"典农大怖而谢之。自后无敢道者。三年后去，不知所在。

○ 顿丘魅物

魏黄初中，顿丘界有人骑马夜行，见道中有一物，大如兔，两眼如镜，跳跃马前，令不得前。人遂惊惧，堕马。魅便就地捉之。惊怖，暴死，良久得苏。苏，已失魅，不知所在。乃更上马，前行数里，逢一人，相问讯已，因说："向者事变如此，今相得为伴，甚欢。"人曰："我独行，得君为伴，快不可言。君马行疾，且前，我在后相随也。"遂共行。语曰："向者物何如，乃令君怖惧耶？"对曰："其身如兔，两眼如镜，形甚可恶。"伴曰："试顾视我耶。"人顾视之，犹复是也。魅便跳上马，人遂坠地，怖死。家人怪马独归，即行推索，乃于道边得之。宿昔乃苏，说状如是。

○ 度朔君

袁绍字本初，在冀州。有神出河东，号度朔君，百姓共为立庙。庙有主簿，大福。陈留蔡庸为清河太守，过谒庙。有子名道，亡已三十年。度朔君为庸设酒，曰："贵子昔来，欲相见。"须臾子来。度朔君自云父祖昔作兖州。有一士姓苏，母病，往祷。主簿云："君逢天士留待。"闻西北有鼓声，而君至。须臾，一客来，着皂角单衣，头上五色毛，长数寸。去后，复一人，着白布单衣，高冠，冠似鱼头，谓君曰："昔临庐山，共食白李，忆之未久，已三千岁。日月易得，使人怅然。"去后，君谓士曰："先来，南海君也。"士是书生，君明通五经，善《礼记》，与士论礼，士不如也。士乞救母病。君曰："卿所居东有故桥，坏久之，此桥乡人所行，卿母犯之。卿能复桥，便差。"

曹公讨袁谭，使人从庙换千疋绢，君不与。曹公遣张郃毁庙。未至百里，君遣兵数万，方道而来。郃未达二里，云雾绕郃军，不知庙处。君语主簿："曹公气盛，宜避之。"后苏并邻家有神下，识君声，云："昔移入胡，阔绝三年。"乃遣人与曹公相闻："欲修故庙，地衰不中居，欲寄住。"公曰："甚善。"治城北楼以居之。数日，曹公猎得物，大如麂，大足，色白如雪，毛软滑可爱。公以摩面，莫能名也。夜闻楼上哭云："小儿出行不还。"公拊掌曰："此物合衰也。"晨将数百犬，绕楼下，犬得气，冲突内外。见有物大如驴，自投楼下，犬杀之，庙神乃绝。

○ 筋竹长人

临川陈臣家大富。永初元年，臣在斋中坐，其宅内有一町筋竹，白日忽见一人，长丈余，面如方相，从竹中出，径语陈臣："我在家多年，汝不知。今辞汝去，当令汝知之。"去一月许日，家大失火，奴婢顿死。一年中，便大贫。

○ 釜中白头公

东莱有一家姓陈，家百余口。朝炊，釜不沸。举甑看之，忽有一白头公从釜中出。便诣师卜。卜云："此大怪，应灭门。便归，大作械。械成，使置门壁下，坚闭门在内。有马骑麾盖来扣门者，慎勿应。"乃归，合手伐得百余械，置门屋下。果有人至，呼，不应。主帅大怒，令缘门入。从人窥门内，见大小械百余，出门还说如此。帅大惶惋，语左右云："教速来，不速来，遂无一人当去，何以解罪也？从此北行可八十里，有一百三口，取以当之。"后十日，此家死亡都尽。此家亦姓陈云。

○ 服留鸟

晋惠帝永康元年，京师得异鸟，莫能名。赵王伦使人持出，周旋城邑匝以问人。即日，宫西有一小儿见之，遂自言曰："服留鸟。"持者还白伦。伦使更求，又见之，乃将入宫。密笼鸟，并闭小儿于户中。明日往视，悉不复见。

○ 南康甘子

南康郡南东望山，有三人入山，见山顶有果树。众果毕植，行列整齐如人行。甘子正熟。三人共食致饱，乃怀二枚，欲出示人。闻空中语云："催放双甘，乃听汝去。"

○ 秦瞻

秦瞻居曲阿彭皇野，忽有物如蛇，突入其脑中。蛇来，先闻臭气，便于鼻中入，盘其头中，觉哄哄，仅闻其脑间食声哑哑。数日而出去，寻复来。取手巾缚鼻口，亦被入。积年无他病，唯患头重。

卷
十
八

○ 饭臿怪

魏景初中，咸阳县吏王臣家有怪，无故闻拍手相呼。伺，无所见。其母夜作，倦，就枕寝息。有顷，复闻灶下有呼声曰："文约，何以不来？"头下枕应曰："我见枕，不能往。汝可来就我饮。"至明，乃饭臿也。即聚烧之，其怪遂绝。

○ 何文除宅妖

魏郡张奋者，家本巨富，忽衰老，财散，遂卖宅与程应。应入居，举家病疾，转卖邻人何文。文先独持大刀，暮入北堂中梁上。至三更竟，忽有一人长丈余，高冠，黄衣，升堂呼曰："细腰！"细腰应喏。曰："舍中何以有生人气也？"答曰："无之。"便去。须臾，有一高冠青衣者，次之，又有高冠白衣者，问答并如前。及将曙，文乃下堂中，如向法呼之，问曰："黄衣者为谁？"曰："金也。在堂西壁下。""青衣者为谁？"曰："钱也。在堂前井边五步。""白衣者为谁？"曰："银也。在墙东北角柱下。""汝复为谁？"曰："我，杵也。今在灶下。"及晓，文按次掘之，得金银五百斤，钱千万贯。仍取杵焚之。由此大富，宅遂清宁。

○ 秦公斗树神

秦时，武都故道有怒特祠，祠上生梓树。秦文公二十七年，使人伐之，辄有大风雨，树创随合，经日不断。文公乃益发卒，持斧者至四十人，犹不断。士疲，还息。其一人伤足，不能行，卧树下，闻鬼语树神曰："劳乎攻战？"其一人曰："何足为劳。"又曰："秦公将必不休，如之何？"答曰："秦公其如予何？"又曰："秦若使三百人被发，以朱丝绕树，赭衣，灰坌伐汝，汝得不困耶？"神寂无言。明日，病人语所闻。公于是令人皆衣赭，随斫创，坌以灰。树断，中有一青牛出，走入丰水中。其后，青牛出丰水中，使骑击之，不胜。有骑堕地，复上，髻解，被发，牛畏之，乃入水，不敢出。故秦自是置旄头骑。

○ 树神黄祖

庐江龙舒县陆亭流水边，有一大树，高数十丈，常有黄鸟数千枚巢其上。时久旱，长老共相谓曰："彼树常有黄气，或有神灵，可以祈雨。"因以酒脯往。亭中有寡妇李宪者，夜起，室中忽见一妇人，着绣衣，自称曰："我，树神黄祖也，能兴云雨。以汝性洁，佐汝为生。朝来父老皆欲祈雨，吾已求之于帝，明日日中大雨。"至期果雨。遂为立祠。神谓宪曰："诸卿在此，吾居近水，当致少鲤鱼。"言讫，有鲤鱼数十头飞集堂下，坐者莫不惊悚。如此岁余，神曰："将有大兵，今辞汝去。"留一玉环，曰："持此可以避难。"后刘表、袁术相攻，龙舒之民皆徙去，唯宪里不被兵。

○ 张辽除树怪

魏桂阳太守江夏张辽，字叔高，去鄢陵，家居买田。田中有大树，十余围，枝叶扶疏，盖地数亩，不生谷。

遣客伐之，斧数下，有赤汁六七斗出。客惊怖，归白叔高。叔高大怒曰："树老汁赤，如何得怪！"因自严行复斫之，血大流洒。叔高使先斫其枝，上有一空处，见白头公，可长四五尺，突出，往赴叔高。高以刀逆格之。如此凡杀四五头，并死。左右皆惊怖伏地，叔高神虑怡然如旧。徐熟视，非人，非兽。遂伐其木。此所谓木石之怪夔蝄蛃者乎？是岁应司空辟侍御史、兖州刺史。以二千石之尊过乡里，荐祝祖考，白日绣衣荣羡，竟无他怪。

○ 陆敬叔烹彭侯

吴先主时，陆敬叔为建安太守。使人伐大樟树，不数斧，忽有血出。树断，有物，人面狗身，从树中出。敬叔曰："此名彭侯。"乃烹食之，其味如狗。《白泽图》曰："木之精名彭侯，状如黑狗，无尾，可烹食之。"

○ 船自飞下水

吴时有梓树巨围，叶广丈余，垂柯数亩。吴王伐树作船，使童男女三十人牵挽之。船自飞下水，男女皆溺死。至今潭中时有唱唤督进之音也。

○ 董仲舒戏老狸

董仲舒下帷讲诵，有客来诣，舒知其非常。客又云："欲雨。"舒戏之曰："巢居知风，穴居知雨。卿非狐狸，则是鼹鼠。"客遂化为老狸。

○ 张华擒狐魅

张华字茂先，晋惠帝时为司空。于时燕昭王墓前有一斑狐，积年，能为变幻。乃变作一书生，欲诣张公。过问墓前华表曰："以我才貌，可得见张司空否？"华表曰："子之妙解，无为不可。但张公智度，恐难笼络。出必遇辱，殆不得返。非但丧子千岁之质，亦当深误老表。"狐不从，乃持刺谒华。华见其总角风流，洁白如玉，举动容止，顾盼生姿，雅重之。于是论及文章，辨校声实，华未尝闻。比复商略三史，探赜百家，谈老、庄之奥区，披《风》、《雅》之绝旨，包十圣，贯三才，箴八儒，摘五礼，华无不应声屈滞。乃叹曰："天下岂有此年少！若非鬼魅则是狐狸。"乃扫榻延留，留人防护。此生乃曰："明公当尊贤容众，嘉善而矜不能。奈何憎人学问？墨子兼爱，其若是耶？"言卒，便求退。华已使人防门，不得出。既而又谓华曰："公门置甲兵栏骑，当是致疑于仆也。将恐天下之人卷舌而不言，智谋之士望门而不进。深为明公惜之。"华不应，而使人防御甚严。时丰城令雷焕，字孔章，博物士也，来访华。华以书生白之。孔章曰："若疑之，何不呼猎犬试之？"乃命犬以试，竟无惮色。狐曰："我天生才智，反以为妖，以犬试我，遮莫千试万虑，其能为患乎？"华闻，益怒，曰："此必真妖也。闻**魑魅**忌狗，所别者数百年物耳，千年老精，不能复别。惟得千年枯木照之，则形立见。"孔章曰："千年神木，何由可得？"华曰："世传燕昭王墓前华表木已经千年。"乃遣人伐华表。使人欲至木所，忽空中有一青衣小儿来，问使曰："君何来也？"使曰："张司空有一年少来谒，多才巧辞，疑是妖魅。使我取华表照之。"青衣曰："老狐不智，不听我言，今日祸已及我，其可逃乎？"乃发声而泣，倏然不见。使乃伐其木，血流。便将木归，燃之以照书生，乃一斑狐。华曰："此二物不值我，千年不可复得。"乃烹之。

○ 吴兴老狸

晋时，吴兴一人有二男，田中作时，尝见父来骂詈赶打之。儿以告母，母问其父，父大惊，知是鬼魅，便令儿斫之。鬼便寂不复往。父忧恐儿为鬼所困，便自往看。儿谓是鬼，便杀而埋之。鬼便遂归，作其父形，且语其家，二儿已杀妖矣。儿暮归，共相庆贺，积年不觉。后有一法师过其家，语二儿云："君尊侯有大邪气。"儿以白父，父大怒。儿出以语师，令速去。师遂作声入，父即成大老狸，入床下，遂擒杀之。向所杀者，乃真父也。改殡治服。一儿遂自杀，一儿忿懊，亦死。

○ 句容狸婢

句容县麋村民黄审于田中耕，有一妇人过其田，自畦上度，从东适下而复还。审初谓是人，日日如此，意甚怪之。审因问曰："妇数从何来也？"妇人少住，但笑而不言，便去。审愈疑之。预以长镰伺其还，未敢斫妇，但斫所随婢。妇化为狸走去。视婢，乃狸尾耳。审追之，不及。后人有见此狸出坑头，掘之，无复尾焉。

○ 刘伯祖与狸神

博陵刘伯祖为河东太守，所止承尘上有神，能语，常呼伯祖与语。及京师诏书诰下消息，辄预告伯祖。伯祖问其所食啖，欲得羊肝。乃买羊肝，于前切之，脔随刀不见。尽两羊肝，忽有一老狸，眇眇在案前。持刀者欲举刀斫之，伯祖呵止。自着承尘上，须臾大笑曰："向者啖羊肝，醉忽失形，与府君相见，大惭愧。"后伯祖当为司隶，神复先语伯祖曰："某月某日，诏书当到。"至期，如言。及入司隶府，神随遂在承尘上，辄言省内事。伯祖大恐怖，谓神曰："今职在刺举，若左右贵人闻神在此，因以相害。"神答曰："诚

257

如府君所虑。当相舍去。”遂即无声。

○ 山魅阿紫

　　后汉建安中，沛国郡陈羡为西海都尉。其部曲王灵孝无故逃去，羡欲杀之。居无何，孝复逃走。羡久不见，囚其妇，妇以实对。羡曰："是必魅将去，当求之。"因将步骑数十，领猎犬，周旋于城外求索，果见孝于空冢中。闻人犬声，怪遂避去。羡使人扶孝以归，其形颇象狐矣，略不复与人相应，但啼呼"阿紫"。阿紫，狐字也。后十余日，乃稍稍了悟。云："狐始来时，于屋曲角鸡栖间，作好妇形，自称阿紫，招我。如此非一。忽然便随去，即为妻，暮辄与共还其家，遇狗不觉。"云乐无比也。道士云："此山魅也。"《名山记》曰："狐者，先古之淫妇也，其名曰阿紫，化而为狐，故其怪多自称阿紫。"

○ 宋大贤杀狐

南阳西郊有一亭，人不可止，止则有祸。邑人宋大贤以正道自处，尝宿亭楼，夜坐鼓琴，不设兵仗。至夜半时，忽有鬼来登梯，与大贤语，眮目磋齿，形貌可恶。大贤鼓琴如故。鬼乃去，于市中取死人头来，还语大贤曰："宁可少睡耶？"因以死人头投大贤前。大贤曰："甚佳！吾暮卧无枕，正欲得此。"鬼复去，良久乃还，曰："宁可共手搏耶？"大贤曰："善。"语未竟，鬼在前，大贤便逆捉其腰。鬼但急言死，大贤遂杀之。明日视之，乃老狐也。自是亭舍更无妖怪。

○ 郅伯夷击魅

北部督邮西平郅伯夷，年三十许，大有才决，长沙太守郅君章孙也。日晡时，到亭，敕前导入且止。录事掾白："今尚早，可至前亭。"曰："欲作文书。"便留，吏卒惶怖，言当解去。传云："督邮欲于楼上观望，亟扫除。"须臾，便上。未暝，楼镫阶下复有火。敕云："我思道，不可见火，灭去。"吏知必有变，当用赴照，但藏置壶中。日既暝，整服坐，诵《六甲》《孝经》、《易》本讫，卧。有顷，更转东首，以帑巾结两足，帻冠之，密拔剑解带。夜时，有正黑者四五尺，稍高，走至柱屋，因覆伯夷。伯夷持被掩之，足跌脱，几失，再三，以剑带击魅脚，呼下火上，照视之，老狐，正赤，略无衣毛。持下烧杀。明旦，发楼屋，得所髡人髻百余。因此遂绝。

○ 狐博士讲书

吴中有一书生，皓首，称胡博士，教授诸生。忽复不见。九月初九日，士人相与登山游观，闻讲书声，命仆寻之。见空冢中群狐罗列，见人即走。老狐独不去，乃是皓首书生。

○ 谢鲲捉鹿怪

陈郡谢鲲谢病去职，避地于豫章。尝行经空亭中，夜宿。此亭旧每杀人。夜四更，有一黄衣人呼鲲字云："幼舆，可开户。"鲲澹然无惧色，令申臂于窗中。于是授腕。鲲即极力而牵之，其臂遂脱，乃还去。明日看，乃鹿臂也。寻血取获。尔后此亭无复妖怪。

○ 猪臂金铃

晋有一士人姓王，家在吴郡。还至曲阿，日暮，引船上当大埭。见埭上有一女子，年十七八，便呼之，留宿。至晓，解金铃系其臂，使人随至家，都无女人。因逼猪栏中，见母猪臂有金铃。

○ 高山君

汉齐人梁文好道，其家有神祠，建室三四间，座上施皂帐，常在其中，积十数年。后因祀事，帐中忽有人语，自呼"高山君"。大能饮食，治病有验，文奉事甚肃。积数年，得进其帐中。神醉，文乃乞得奉见颜色。谓文曰："授手来。"文纳手，得持其颐，髯须甚长。文渐绕手，卒然引之，而闻作羊声。座中惊起，助文引之，乃袁公路家羊也。失之七八年，不知所在。杀之，乃绝。

○ 田琰杀狗魅

北平田琰居母丧，恒处庐。向一期，夜忽入妇室。密怪之，曰："君在毁灭之地，幸可不甘。"琰不听而合。后琰暂入，不与妇语。妇怪无言，并以前事责之。琰知鬼魅。临暮竟未眠，衰服挂庐。须臾，见一白狗，攫衔衰服，因变为人，着而入。琰随后逐之，见犬将升妇床，便打杀之。妇羞愧而死。

○ 沽酒家老狗

司空南阳来季德停丧在殡，忽然见形坐祭床上，颜色服饰声气，熟是也。孙儿妇女，以次教戒，事有条贯。鞭朴奴婢，皆得其过。饮食既绝，辞诀而去。家人大小，哀割断绝。如是数年，家益厌苦。其后饮酒过多，醉而形露，但得老狗，便共打杀。因推问之，则里中沽酒家狗也。

○ 黑帻白衣吏

山阳王瑚，字孟琏，为东海兰陵尉。夜半时，辄有黑帻白单衣吏诣县叩阁。迎之，则忽然不见。如是数年。后伺之，见一老狗，黑头白躯犹故，至阁，便为人。以白孟琏，杀之乃绝。

○ 李叔坚见怪不怪

桂阳太守李叔坚为从事，家有犬，人行。家人言："当杀之。"叔坚曰："犬马喻君子。犬见人行，效之，何伤？"顷之，狗戴叔坚冠走。家大惊。叔坚云："误触冠缨挂之耳。"狗又于灶前畜火，家益怵营。叔坚复云："儿婢皆在田中，狗助畜火，幸可不烦邻里。此有何恶？"数日，狗自暴死，卒无纤芥之异。

○ 苍獭化妇

吴郡无锡有上湖大陂，陂吏丁初，天每大雨，辄循堤防。春盛雨，初出行塘，日暮回，顾有一妇人，上下青衣，戴青伞，追后呼："初掾待我。"初时怅然，意欲留俟之，复疑本不见此，今忽有妇人冒阴雨行，恐必鬼物。初便疾走，顾视妇人，追之亦急。初因急行，走之转远，顾视妇人，乃自投陂中，泛然作声，衣盖飞散。视之，是大苍獭，衣伞皆荷叶也。此獭化为人形，数媚年少者也。

○ 王周南克鼠怪

魏齐王芳正始中，中山王周南为襄邑长。忽有鼠从穴出，在厅事上语曰："王周南！尔以某月某日当死。"周南急往，不应。鼠还穴。后至期，复出，更冠帻皂衣而语曰："周南！尔日中当死。"亦不应。鼠复入穴。须臾复出，出，复入，转行，数语如前。日适中，鼠复曰："周南！尔不应死，我复何道！"言讫，颠蹶而死，即失衣冠所在。就视之，与常鼠无异。

○ 安阳亭三怪

安阳城南有一亭，夜不可宿，宿辄杀人。书生明术数，乃过宿之。亭民曰："此不可宿。前后宿此，未有活者。"书生曰："无苦也，吾自能谐。"遂住廨舍。乃端坐诵书，良久乃休。夜半后，有一人，着皂单衣，来往户外，呼亭主。亭主应诺。"见亭中有人耶？"答曰："向者有一书生在此读书，适休，似未寝。"乃喑嗟而去。须臾，复有一人，冠赤帻者，呼亭主。问答如前，复喑嗟而去。既去，寂然。书生知无来者，即起，诣向者呼处，效呼亭主。亭主亦应诺。复云："亭中有人耶？"亭主答如前。乃问曰："向黑衣来者谁？"曰："北舍母猪也。"又曰："冠赤帻来者谁？"曰："西舍老雄鸡父也。"曰："汝复谁耶？"曰："我是老蝎也。"于是书生密便诵书至明，不敢寐。天明，亭民来视，惊曰："君何得独活？"书生曰："促索剑来，吾与卿取魅。"乃握剑至昨夜应处，果得老蝎，大如琵琶，毒长数尺。西舍得老雄鸡父，北舍得老母猪。凡杀三物，亭毒遂静，永无灾横。

○ 汤应斫二怪

吴时，庐陵郡都亭重屋中常有鬼魅，宿者辄死。自后使官，莫敢入亭止宿。时丹阳人汤应者，大有胆武，使至庐陵，便止亭宿。吏启不可，应不听。迸从者还外，唯持一大刀，独处亭中。至三更竟，忽闻有叩阁者，应遥问："是谁？"答云："部郡相闻。"应使进，致词而去。顷间，复有叩阁者如前，曰："府君相闻。"应复使进，身着皂衣。去后，应谓是人，了无疑也。旋又有叩阁者，云："部郡、府君相诣。"应乃疑曰："此夜非时，又部郡、府君不应同行。"知是鬼魅，因持刀迎之。见二人皆盛衣服，俱进。坐毕，府君者便与应谈。谈未竟，而部郡忽起至应背后，应乃回顾，以刀逆击，中之。府君下坐走出，应急追，至亭后墙下及之，斫伤数下，应乃还卧。达曙，将人往寻，见有血迹，皆得之。云称府君者，是一老猪也；部郡者，是一老狸也。自是遂绝。

卷十九

○ 李寄斩蛇

　　东越闽中有庸岭，高数十里，其西北隙中有大蛇，长七八丈，大十余围，土俗常病。东冶都尉及属城长吏，多有死者。祭以牛羊，故不得福。或与人梦，或下谕巫祝，欲得啖童女年十二三者。都尉令长并共患之。然气厉不息，共请求人家生婢子，兼有罪家女养之。至八月朝祭，送蛇穴口，蛇出吞啮之。累年如此，已用九女。尔时预复募索，未得其女。将乐县李诞家有六女，无男，其小女名寄，应募欲行，父母不听。寄曰："父母无相留。惟生六女，无有一男，虽有如无。女无缇萦济父母之功，既不能供养，徒费衣食，生无所益，不如早死。卖寄之身，可得少钱，以供父母，岂不善耶！"父母慈怜，终不听去。寄自潜行，不可禁止。寄乃告请好剑及咋蛇犬。至八月朝，便诣庙中坐，怀剑，将犬，先将数石米餈，用蜜糗灌之，以置穴口。

蛇便出，头大如囷，目如二尺镜，闻餈香气，先啖食之。寄便放犬，犬就啮咋，寄从后斫得数创。疮痛急，蛇因踊出，至庭而死。寄入视穴，得其九女髑髅，悉举出，咤言曰："汝曹怯弱，为蛇所食，甚可哀愍。"于是寄女缓步而归。越王闻之，聘寄女为后，拜其父为将乐令，母及姊皆有赏赐。自是东冶无复妖邪之物。其歌谣至今存焉。

○ 司徒府大蛇

晋武帝咸宁中，魏舒为司徒。府中有二大蛇，长十许丈，居厅事平橑上。止之数年，而人不知，但怪府中数失小儿，及鸡犬之属。后有一蛇夜出，经柱侧伤于刃，病不能登，于是觉之。发徒数百，攻击移时，然后杀之。视所居，骨骸盈宇之间。于是毁府舍更立之。

○ 张宽斗蛇翁

汉武帝时张宽为扬州刺史。先是，有二老翁争山地，诣州讼疆界，连年不决。宽视事，复来。宽窥二翁形状非人，令卒持杖戟将入，问："汝等何精？"翁走，宽呵格之，化为二蛇。

○ 张福遇鼍妇

荥阳人张福船行还野水边。夜有一女子，容色甚美，自乘小船来投福，云："日暮畏虎，不敢夜行。"福曰："汝何姓？作此轻行。无笠，雨驶，可入船就避雨。"因共相调，遂入就福船寝，以所乘小舟系福船边。三更许，雨晴，月照，福视妇人，乃是一大鼍枕臂而卧。福惊起，欲执之，遽走入水。向小舟，是一枯槎段，长丈余。

○ 谢非除庙妖

丹阳道士谢非，往石城买冶釜。还，日暮不及至家。山中庙舍于溪水上，入中宿。大声语曰："吾是天帝使者，停此宿。"犹畏人劫夺其釜，意苦搔搔不安。二更中，有来至庙门者，呼曰："何铜。"铜应喏。曰："庙中有人气，是谁？"铜云："有人，言是天帝使者。"少顷便还。须臾又有来者，呼铜，问之如前，铜答如故，复叹息而去。非惊扰不得眠，遂起，呼铜问之："先来者谁？"答言："是水边穴中白鼍。""汝是何等物？"答言："是庙北岩嵌中龟也。"非皆阴识之。天明，便告居人，言："此庙中无神。但是龟鼍之辈，徒费酒食祀之。急具锸来，共往伐之。"诸人亦颇疑之。于是并会伐掘，皆杀之。遂坏庙，绝祀。自后安静。

○ 孔子论五酉

孔子厄于陈，弦歌于馆。中夜，有一人长九尺余，着皂衣，高冠，大吒，声动左右。子贡进问："何人耶？"便提子贡而挟之。子路引出，与战于庭。有顷，未胜。孔子察之，见其甲车间时时开如掌。孔子曰："何不探其甲车，引而奋登？"子路引之，没手仆于地，乃是大鳀鱼也，长九尺余。孔子曰："此物也，何为来哉？吾闻物老，则群精依之，因衰而至。此其来也，岂以吾遇厄绝粮，从者病乎？夫六畜之物，及龟、蛇、鱼、鳖、草、木之属，久者神皆凭依，能为妖怪，故谓之五酉。五酉者，五行之方，皆有其物。酉者，老也，物老则为怪，杀之则已，夫何患焉？或者天之未丧斯文，以是系予之命乎？不然，何为至于斯也？"弦歌不辍。子路烹之，其味滋，病者兴。明日，遂行。

○ 鼠妇迎丧

豫章有一家，婢在灶下，忽有人长数寸，来灶间壁，婢误以履践之，杀一人。须臾，遂有数百人，着衰麻服，持棺迎丧，凶仪皆备。出东门，入园中覆船下。就视之，皆是鼠妇。婢作汤灌杀，遂绝。

○ 狄希千日酒

狄希，中山人也，能造千日酒，饮之千日醉。时有州人，姓刘，名玄石，好饮酒，往求之。希曰："我酒发来未定，不敢饮君。"石曰："纵未熟，且与一杯，得否？"希闻此语，不免饮之。复索，曰："美哉！可更与之。"希曰："且归。别日当来。只此一杯，可眠千日也。"石别，似有怍色。至家，醉死。家人不之疑，哭而葬之。经三年，希曰："玄石必应酒醒，宜往问之。"既往石家，语曰："石在家否？"家人皆怪之，曰："玄石亡来，服以阕矣。"希惊曰："酒之美矣，而致醉眠千日，今合醒矣。"乃命其家人凿冢，破棺看之。冢上汗气彻天。遂命发冢，方见开目，张口，引声而言曰："快哉，醉我也！"因问希曰："尔

273

作何物也，令我一杯大醉，今日方醒？日高几许？"
墓上人皆笑之。被石酒气冲入鼻中，亦各醉卧三月。

○ 陈仲举相命

陈仲举微时，常宿黄申家。申妇方产，有扣申门者，家人咸不知。久久方闻屋里有人言："宾堂下有人，不可进。"扣门者相告曰："今当从后门往。"其人便往。有顷，还。留者问之："是何等？名为何？当与几岁？"往者曰："男也，名为奴，当与十五岁。""后应以何死？"答曰："应以兵死。"仲举告其家曰："吾能相。此儿当以兵死。"父母惊之，寸刃不使得执也。至年十五，有置凿于梁上者，其末出，奴以为木也，自下钩之，凿从梁落，陷脑而死。后仲举为豫章太守，故遣吏往饷之申家，并问奴所在。其家以此具告。仲举闻之，叹曰："此谓命也。"

卷
二
十

○ 病龙求医

晋魏郡亢阳，农夫祷于龙洞，得雨，将祭谢之。孙登见曰："此病龙雨，安能苏禾稼乎？如弗信，请嗅之。"水果腥秽。龙时背生大疽，闻登言，变为一翁，求治，曰："疾瘳，当有报。"不数日，果大雨。见大石中裂开一井，其水湛然。龙盖穿此井以报也。

○ 苏易助虎产

苏易者，庐陵妇人，善看产。夜忽为虎所取，行六七里，至大圹。厝易置地，蹲而守。见有牝虎当产，不得解，匍匐欲死，辄仰视。易怪之，乃为探出之，有三子。生毕，牝虎负易还。再三送野肉于门内。

○ 玄鹤衔珠

唅参养母至孝。曾有玄鹤为弋人所射，穷而归参。参收养，疗治其疮，愈而放之。后鹤夜到门外，参执烛视之，见鹤雌雄双至，各衔明珠以报参焉。

○ 黄鸟报恩

汉时弘农杨宝，年九岁时，至华阴山北，见一黄雀为鸱枭所搏，坠于树下，为蝼蚁所困。宝见，愍之，取归，置巾箱中，食以黄花。百余日，毛羽成，朝去，暮还。一夕三更，宝读书未卧，有黄衣童子，向宝再拜曰："我西王母使者，使蓬莱，不慎为鸱枭所搏。君仁爱见拯，实感盛德。"乃以白环四枚与宝，曰："令君子孙洁白，位登三事，当如此环。"

○ 隋侯珠

隋县溠水侧，有断蛇丘。隋侯出行，见大蛇被伤，中断。疑其灵异，使人以药封之，蛇乃能走。因号其处断蛇丘。岁余，蛇衔明珠以报之。珠盈径寸，纯白，而夜有光明，如月之照，可以烛室。故谓之"隋侯珠"，亦曰"灵蛇珠"，又曰"明月珠"。

○ 龟报孔愉

孔愉字敬康，会稽山阴人。元帝时以讨华轶功封侯。愉少时尝经行余不亭，见笼龟于路者。愉买之，放于余不溪中。龟中流左顾者数过。及后，以功封余不亭侯。铸印，而龟钮左顾，三铸如初。印工以闻，愉乃悟其为龟之报，遂取佩焉。累迁尚书左仆射，赠车骑将军。

○ 古巢老姥

古巢一日江水暴涨，寻复故道。港有巨鱼，重万斤，三日乃死。合郡皆食之，一老姥独不食。忽有老叟曰："此吾子也，不幸罹此祸。汝独不食，吾厚报汝。若东门石龟目赤，城当陷。"姥日往视。有稚子讶之，姥以实告。稚子欺之，以朱傅龟目。姥见，急出城。有青衣童子曰："吾龙之子。"乃引姥登山，而城陷为湖。

○ 蚁王报恩

吴富阳县董昭之，尝乘船过钱塘江，中央，见有一蚁，着一短芦，走一头回，复向一头，甚惶遽。昭之曰："此畏死也。"欲取着船。船中人骂："此是毒螫物，不可长。我当蹹杀之。"昭意甚怜此蚁，因以绳系芦着船。船至岸，蚁得出。其夜梦一人，乌衣，从百许人来谢云："仆是蚁中之王。不慎堕江，惭君济活。若有急难，当见告语。"历十余年，时所在劫盗，昭之被横录为劫主，系狱余杭。昭之忽思蚁王梦，缓急当告，今何处告之？结念之际，同被禁者问之，昭之具以实告。其人曰："但取两三蚁着掌中，语之。"昭之如其言。夜果梦乌衣人云："可急投余杭山中。天下既乱，赦令不久也。"于是便觉，蚁啮械已尽，因得出狱。过江，投余杭山。旋遇赦，得免。

○ 义犬救主

孙权时李信纯，襄阳纪南人也。家养一狗，字曰黑龙，爱之尤甚，行坐相随，饮馔之间，皆分与食。忽一日，于城外饮酒大醉，归家不及，卧于草中。遇太守郑瑕出猎，见田草深，遣人纵火爇之。信纯卧处，恰当顺风。犬见火来，乃以口拽纯衣，纯亦不动。卧处比有一溪，相去三五十步。犬即奔往，入水湿身，走来卧处。周回以身洒之，获免主人大难。犬运水困乏，致毙于侧。俄尔信纯醒来，见犬已死，遍身毛湿，甚讶其事。睹火踪迹，因尔恸哭。闻于太守。太守悯之曰："犬之报恩，甚于人。人不知恩，岂如犬乎？"即命具棺椁衣衾葬之。今纪南有义犬冢，高十余丈。

○ 快犬救主

太兴中，吴民华隆养一快犬，号的尾，常将自随。隆后至江边伐荻，为大蛇盘绕，犬奋咋蛇。蛇死，隆僵仆无知。犬彷徨涕泣，走还舟，复反草中。徒伴怪之，随往，见隆闷绝，将归家。犬为不食，比隆复苏，始食。隆愈爱惜，同于亲戚。

○ 蝼蛄神

庐陵太守太原庞企，字子及。自言其远祖不知几何世也，坐事系狱，而非其罪，不堪拷掠，自诬服之。及狱将上，有蝼蛄虫行其左右，乃谓之曰："使尔有神，能活我死，不当善乎。"因投饭与之。蝼蛄食饭尽，去，顷复来，形体稍大。意每异之，乃复与食。如此去来，至数十日间，其大如豚。及竟报，当行刑，蝼蛄夜掘壁根为大孔，乃破械，从之出。去久，时遇赦，得活。于是庞氏世世常以四节祠祀之于都衢处。后世稍怠，不能复特为馔，乃投祭祀之余以祀之，至今犹然。

○ 猿母哀子

临川东兴有人入山，得猿子，便将归，猿母自后逐至家。此人缚猿子于庭中树上以示之。其母便搏颊向人，若乞哀状，直是口不能言耳。此人既不能放，竟击杀之。猿母悲唤，自掷而死。此人破肠视之，寸寸断裂。未半年，其家疫死，灭门。

○ 虞荡猎麈

冯乘虞荡夜猎，见一大麈，射之。麈便云："虞荡，汝射杀我耶。"明晨，得一麈而人，实时荡死。

○ 华亭大蛇

吴郡海盐县北乡亭里有士人陈甲，本下邳人。晋元帝时，寓居华亭，猎于东野大薮。欻见大蛇，长六七丈，形如百斛船，玄黄五色，卧冈下。陈即射杀之，不敢说。三年，与乡人共猎，至故见蛇处，语同行曰："昔在此杀大蛇。"其夜梦见一人，乌衣，黑帻，来至其家，问曰："我昔昏醉，汝无状杀我。我昔醉，不识汝面，故三年不相知。今日来就死。"其人即惊觉。明日，腹痛而卒。

○ 邛都老姥

邛都县下有一老姥，家贫，孤独，每食，辄有小蛇，头上戴角，在床间，姥怜而饴之食。后稍长大，遂长丈余。令有骏马，蛇遂吸杀之。令因大忿恨，责姥出蛇。姥云在床下。令即掘地，愈深愈大，而无所见。令又迁怒，杀姥。蛇乃感人以灵言，瞋令："何杀我母？当为母报仇。"此后每夜辄闻若雷若风，四十许日。百姓相见，咸惊语："汝头那忽戴鱼？"是夜，方四十里与城一时俱陷为湖。土人谓之为"陷湖"。唯姥宅无恙，至今犹存。渔人采捕，必依止宿。每有风浪，辄居宅侧，恬静无他。风静水清，犹见城郭楼橹晏然。今水浅时，彼土人没水，取得旧木，坚贞光黑如漆。今好事人以为枕，相赠。

○ **建业妇人**

　　建业有妇人，背生一瘤，大如数斗囊，中有物如
茧栗，甚众，行即有声。恒乞于市。自言："村妇也。
常与姊姒辈分养蚕，己独频年损耗。因窃其姒一囊茧
焚之。顷之，背患此疮，渐成此瘤，以衣覆之，即气
闭闷，常露之，乃可。而重如负囊。"

玄怪录

中华书局

· 博物志怪 ·

卷首语

　　鬼神异闻，古所多有，玄怪故事，往往而在，历代所记，浩如烟海。《山海经》，记载山川方国异人异兽，"小说之最古者"；《博物志》，记载奇境奇物神仙方术；《搜神记》，撰集古今灵异神祇、人物变化；《玄怪录》，借神鬼异事说人情世故。这次我们择选上述四种，辑为"博物志怪"，略窥古人精神世界之一斑。

目 录

卷一

卷二

卷十一

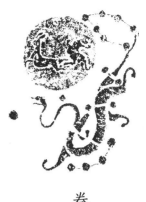

卷
一

杜子春 / 张老 / 裴谌

杜子春

　　杜子春者，周、隋间人，少落魄，不事家产，然以心气闲纵，嗜酒邪游，资产荡尽，投于亲故，皆以不事事故见弃。方冬，衣破腹空，徒行长安中，日晚未食，仿徨不知所往，于东市西门，饥寒之色可掬，仰天长吁。

　　有一老人策杖于前，问曰："君子何叹？"子春言其心，且愤其亲戚疏薄也，感激之气，发于颜色。老人曰："几缗则丰用？"子春曰："三五万则可以活矣。"老人曰："未也，更言之。""十万。"曰："未也。"乃言："百万。"亦曰："未也。"曰："三百万。"乃曰："可矣。"于是袖出一缗，曰："给子今夕，明日午时俟子于西市波斯邸，慎无后期。"及时，子春往，老人果与钱三百万，不告姓名而去。

　　子春既富，荡心复炽，自以为终身不复羁旅也，乘肥衣轻，会酒徒，微丝竹歌舞于倡楼，不复以治生为意。一二年间，稍稍而尽。衣服车马，易贵从贱，去马而驴，去驴而徒，倏忽如初。

既而复无计，自叹于市门，发声而老人到，握其手曰："君复如此奇作，吾将复济子，几缗方可？"子春惭不对。老人因逼之，子春愧谢而已。老人曰："明日午时，来前期处。"子春忍愧而往，得钱一千万。未受之初，发愤以为从此谋生，石季伦、猗顿小竖耳。钱既入手，心又翻然，纵适之情，又却如故。

不三四年间，贫过旧日。复遇老人于故处，子春不胜其愧，掩面而走，老人牵裾止之，曰："嗟乎！拙谋也。"因与三千万，曰："此而不痊，则子贫在膏肓矣。"子春曰："吾落魄邪游，生涯罄尽。亲戚豪族，无相顾者，独此叟三给我，我何以当之？"因谓老人曰："吾得此，人间之事可以立，孤孀可以足衣食，于名教复圆矣。感叟深惠，立事之后，唯叟所使。"老人曰："吾心也。子治生毕，来岁中元，见我于老君双桧下。"

子春以孤孀多寓淮南，遂转资扬州，买良田百顷，郭中起甲第，要路置邸百馀间，悉召孤孀分居第中，婚嫁甥侄，迁袝旅榇，恩者煦之，雠者复之。既毕事，及期而往。

　　老人者方啸于二桧之阴，遂与登华山云台峰，入四十里馀，见一居处，室屋严洁，非常人居。彩云遥覆，鸾鹤飞翔，其上有正堂，中有药炉，高九尺馀，紫焰光发，灼焕窗户。玉女数人环炉而立。青龙白虎，分据前后。

　　时日将暮，老人者不复俗衣，乃黄冠绛帔士也，持白石三丸、酒一卮遗子春，令速食之讫。取一虎皮铺于内西壁，东向而坐，戒曰："慎勿语，虽尊神、恶鬼、夜叉、猛兽、地狱，及君之亲属为所囚缚，万苦皆非真实，但当不动不语耳，安心莫惧，终无所苦。当一心念吾所言。"言讫而去。子春视庭，唯一巨瓮，满中贮水而已。

　　道士适去，而旌旗戈甲，千乘万骑，遍满崖谷来，呵叱之声动天，有一人称大将军，身长丈馀，人马皆着金甲，光芒射人。亲卫数百人，拔剑张弓，直入堂前，呵曰："汝是何人，敢不避大将军！"左右稱剑而前，逼问姓名，又问作何物，皆不对。问者大怒，催斩，争射之，声如雷，竟不应。将军者拗怒而去。

俄而猛虎、毒龙、狻猊、狮子、蝮蛇万计，哮吼拿攫而前，争欲搏噬，或跳过其上。子春神色不动。有顷而散。既而大雨滂澍，雷电晦暝，火轮走其左右，电光掣其前后，目不得开。须臾，庭际水深丈馀，流电吼雷，势若山川开破，不可制止。瞬息之间，波及坐下。子春端坐不顾。未顷而散。

将军者复来，引牛头狱卒，奇貌鬼神，将大镬汤而置子春前，长枪刃叉，四面逴迤，传命曰："肯言姓名即放，不肯言，即当心叉取置之镬中。"又不应。

因执其妻来，捽于阶下，指曰："言姓名免之。"又不应。乃鞭捶流血，或射或斫，或煮或烧，苦不可忍。其妻号哭曰："诚为陋拙，有辱君子。然幸得执巾栉，奉事十馀年矣，今为尊鬼所执，不胜其苦。不敢望君匍匐拜乞，但得公言，即全性命矣。人谁无情，君乃忍惜一言。"雨泪庭中，且呪且骂，子春终不顾。将军且曰："吾不能毒汝妻耶！"令取锉碓，从脚寸寸锉之。妻叫哭愈急，竟不顾之。

将军曰："此贼妖术已成，不可使久在世间。"敕左右斩之。斩讫，魂魄被领见阎罗王，王曰："此乃云台峰妖民乎？"促付狱中。于是镕铜、铁杖、碓捣、硙磨、火坑、镬汤、刀山、剑林之苦，无不备尝。然心念道士之言，亦似可忍，竟不呻吟。

狱卒告受罪毕，王曰："此人阴贼，不合得作男，宜令作女人。"配生宋州单父县丞王勤家，生而多病，针灸医药之苦，略无停日。亦尝坠火堕床，痛苦不济，终不失声。

俄而长大，容色绝代，而口无声，其家目为哑女，亲戚相狎，侮之万端，终不能对。同乡有进士卢珪者，闻其容而慕之，因媒氏求焉。其家以哑辞之，卢曰："苟为妻而贤，何用言矣，亦足以戒长舌之妇。"乃许之。

卢生备礼亲迎为妻，数年，恩情甚笃，生一男，仅二岁，聪慧无敌。卢抱儿与之言，不应。多方引之，终无辞。卢大怒曰："昔贾大夫之妻鄙其夫，才不笑尔。然观其射雉，尚释其憾。今吾陋不及贾，而文艺非徒射雉也，而竟不言。大丈夫为妻所鄙，安用其子！"乃持两足，以头扑于石上，应手而碎，血溅数步。子春爱生于心，忽忘其约，不觉失声云："噫！"

噫声未息，身坐故处，道士者亦在其前，初五更矣。其紫焰穿屋上天，火起四合，屋室俱焚。道士叹曰："措大误余乃如是！"因提其髻投水瓮中。

未顷火息。道士前曰："出。吾子之心，喜怒哀惧恶欲，皆能忘也。所未臻者，爱而已。向使子无噫声，吾之药成，子亦上仙矣。嗟乎，仙才之难得也！吾药可重炼，而子之身犹为世界所容矣。勉之哉！"

遥指路使归。子春强登台观焉，其炉已坏，中有铁柱大如臂，长数尺。道士脱衣，以刀子削之。子春既归，愧其恩，誓复自效，以谢其过，行至云台峰，无人迹，叹恨而归。

张老

张老者，扬州六合县园叟也。其邻有韦恕者，梁天监中自扬州曹掾秩满而来，长女既笄，召里中媒媪，令访良才。张老闻之，喜而候媒于韦门。媪出，张老固延入，且备酒食。酒阑，谓媪曰："闻韦氏有女将适人，求良才于媪，有之乎？"曰："然。"曰："某诚衰迈，灌园之业，亦可衣食，幸为求之。事成厚谢。"媪大骂而去。

他日又邀媪，媪曰："叟何不自度，岂有衣冠子女肯嫁园叟耶？此家诚贫，士大夫家之敌者不少。顾叟非匹，吾安能为叟一杯酒，乃取辱于韦氏！"叟固曰："强为吾一言之。言不从，即吾命也。"媪不得已，冒责而入言之。韦氏大怒曰："媪以我贫，轻我乃如是！且韦家焉有此事，况园叟何人，敢发此议！叟固不足责，媪何无别之甚耶？"媪曰："诚非所宜言，为叟所逼，不得不达其意。"韦怒曰："为吾报之，今日内得五百缗则可。"

媪出，以告张老，乃曰："诺。"未几，车载纳于韦氏。诸韦大惊曰："前言戏之耳。且此翁为园，何以致此？吾度其必无而言之。今不移时而钱到，当如之何？"乃使人潜候其女，女亦不恨。乃曰："此固命乎！"遂许焉。

张老既娶韦氏，园业不废，负秽锄地，鬻蔬不辍。其妻躬执爨濯，了无怍色，亲戚恶之，亦不能止。数年，中外之有识者责恕曰："居家诚贫，乡里岂无贫子弟，奈何以女妻园叟？既弃之，何不令远去也！"他日，恕致酒召女及张老，酒酣，微露其意，张老起曰："所以不即去者，恐有留恋，今既相厌，去亦何难。某王屋山下有一小庄，明旦且归耳。"

天将晓，来别韦氏："他岁相思，可令大兄往天坛山南相访。"遂令妻骑驴戴笠，张老策杖相随而去，绝无消息。后数年，恕念其女，以为蓬头垢面，不可识也。令长男义方访之。到天坛山南，适遇一昆仑奴，驾黄牛耕田。问曰："此有张老庄否？"昆仑投杖拜曰：

"大郎子何久不来？庄去此甚近，某当前引。"遂与俱东去。

初上一山，山下有水，过水延绵凡十馀处，景色渐异，不与人间同。忽下一山，见水北朱户甲第，楼阁参差，花木繁荣，烟云鲜媚，鸾鹤孔雀，徊翔其间，歌管嘹喨耳目。昆仑指曰："此张家庄也。"韦惊骇不测。

俄而及门，门有紫衣人吏，拜引入厅中。铺陈之物，目所未睹。异香氛氲，遍满崖谷。忽闻环佩之声渐近，二青衣出曰："阿郎来。"次见十数青衣，容色绝代，相对而行，若有所引。俄见一人，戴远游冠，衣朱绡，曳朱履，徐出门。

一青衣引韦前拜，仪状伟然，容色芳嫩，细视之，乃张老也，言曰："人世劳苦，若在火中。身未清凉，愁焰又炽，固无斯须泰时。兄久客寄，何以自娱？贤妹略梳头，即当奉见。"因揖令坐。未几，一青衣来曰："娘子已梳头毕。"

遂引入，见妹于堂前。其堂沉香为梁，玳瑁帖门，碧玉窗，真珠箔，阶砌皆冷滑碧色，不辨其物。其妹服饰之盛，世间未见。略序寒暄，问尊长而已，意甚卤莽。有顷，进馔，精美芳馨，不可名状。食讫，馆韦于内厅。

明日方晓，张老与韦氏坐，忽有一青衣附耳而语，张老笑曰："宅中有客，安得暮归。"因曰："小妹暂欲游蓬莱山，贤妹亦当去，然未暮即归。兄但憩此。"张老揖而入。俄而五云起于中庭，鸾凤飞翔，丝竹并作，张老及妹各乘一凤，馀从乘鹤者数十人，渐上空中，正东而去，望之已没，犹隐隐有音乐之声。

韦君在馆，小青衣供侍甚谨。迨暮，稍闻笙簧之音，倏忽复到，乃下于庭。张老与妻见韦曰："独居大寂寞。然此地神仙之府，非俗人得游，以兄宿命合得到此。然亦不可久居，明日当奉别耳。"及时，妹复出别兄，殷勤传语父母而已。

张老曰："人世遐远，不及作书。"奉金二十镒，并与一故席帽，曰："兄若无钱，可于扬州北邸卖药王老家取一千万，持此为信。"遂别。复令昆仑奴送出，却到天坛，昆仑奴拜别而去。韦自荷金而归，其家惊讶，问之，或以为神仙，或以为妖妄，不知所谓。

五六年间，金尽，欲取王老钱，复疑其妄。或曰："取尔许钱，不持一字，此帽安足信。"既而困极，其家强逼之，曰："必不得钱，庸何伤。"乃往扬州，入北邸，而王老者方当肆陈药。韦前曰："叟何姓？"曰："姓王。"韦曰："张老令取钱千万，持此席帽为信。"王老曰："钱即实有，帽是乎？"韦前曰："叟可验之，岂不识耶？"

王老未语，有小女自青布帏中出，曰："张老尝过，令缝帽顶，其时无皂线，以红线缝之。线色手踪皆可自验。"因取看之，果是也。遂得钱，载而归，乃信真神仙也。其家又思女，复遣义方往天坛山南寻之，到即千山万水，不复有路，时逢樵人，亦无知张老庄者，悲思浩然而归，举家以为仙俗路殊，无相见期。又寻王老，亦去矣。

复数年，义方偶游扬州，闲行北邸前，忽见张老昆仑奴前拜曰："大郎家中何如？娘子虽不得归，如日侍左右，家中事无巨细，莫不知之。"因出怀中金十斤以奉，曰："娘子令送与大郎君。阿郎与王老会饮于此酒家。大郎且坐，昆仑当入报。"

义方坐于酒旗下，日暮不见出，乃入观之。饮者满坐，坐上并无二老，亦无昆仑。取金视之，乃真金也。惊叹而归，又以供数年之食。后不复知张老所在。贞元进士李公者，知盐铁院，闻从事韩准太和初与甥侄语怪，命余纂而录之。

裴谌

裴谌、王敬伯、梁芳，约为方外之友，隋大业中，相与入白鹿山学道，谓黄白可成，不死之药可致，云飞羽化，无非积学，辛勤采炼，手足胼胝，十数年间。

无何，梁芳死，敬伯谓谌曰："吾所以去国忘家、耳绝丝竹、口厌肥豢、目弃奇色、去华屋而乐茅斋、贱欢娱而贵寂寞者，岂非觊乘云驾鹤、游戏蓬壶？纵其不成，亦望长生，寿毕天地耳。今仙海无涯，长生未致，辛勤于云山之外，不免就死。敬伯所乐，将下山乘肥衣轻，听歌玩色，游于京洛，意足然后求达，垂功立事，以荣耀人寰。纵不能憩三山，饮瑶池，骖龙衣霞，歌鸾飞凤，与仙翁为侣，且腰金拖紫，图影凌烟，厕卿大夫之间，何如哉！子盍归乎？无空死深山。"

谌曰："吾乃梦醒者，不复低迷。"敬伯遂归，谌留之不得。时唐贞观初，以旧籍调授左武卫骑曹参军，大将军赵胐妻之以女。数年间，迁大理廷评，衣绯，奉使淮南，舟行过高邮。制使之行，呵叱风生，行船不敢动。时天微雨，忽有一渔舟突过，中有老人，衣蓑戴笠，鼓棹而去，其疾如风。敬伯以为吾乃制使，威振远近，此渔父敢突过我。试视之，乃谌也。

遽令追之，因请维舟，延之坐内，握手慰之曰："兄久居深山，抛掷名宦而无成，到此极也。夫风不可系，影不可捕，古人倦夜长，尚秉烛游，况少年白昼而掷之乎？敬伯粤自出山数年，今廷尉评事矣。昨者推狱平允，乃天锡命服。淮南疑狱，今谳于有司，上择详明吏覆讯之，敬伯预其选，故有是行。虽未可言官达，比之山叟，自谓差胜。兄甘劳苦，竟如曩日，奇哉！奇哉！今何所须，当以奉给。"

谌曰："吾侪野人，心近云鹤，未可以腐鼠吓也。吾沉子浮，鱼鸟各适，何必矜炫也。夫人世之所须者，吾当给尔，子何以赠我？吾山中之友，或市药于广陵，亦有息肩之地。青园桥东，有数里樱桃园，园北车门，即吾宅也。子公事少隙，当寻我于此。"遂翛然而去。

敬伯到广陵十馀日，事少闲，思谌言，因出寻之。果有车门，试问之，乃裴宅也。人引以入，初尚荒凉，移步愈佳。行数百步，方及大门，楼阁重复，花木鲜秀，似非人境。烟翠葱茏，景色妍媚，不可形状。香风飒来，神清气爽，飘飘然有凌云之意，不复以使车为重，视其身若腐鼠，视其徒若蝼蚁。

既而稍闻剑佩之声，二青衣出曰："阿郎来。"俄有一人，衣冠伟然，仪貌奇丽，敬伯前拜，视之乃谌也。裴慰之曰："尘界仕官，久食腥羶，愁欲之火焰于心中，负之而行，固甚劳困。"遂揖以入，坐于中堂，窗户栋梁，饰以异宝，屏帐皆画云鹤。

有顷，四青衣捧碧玉台盘而至，器物珍异，皆非人世所有，香醪嘉馔，目所未窥。既而日将暮，命其仆促席，燃九光之灯，光华满座。女乐二十人，皆绝代之色，列坐其前。裴顾小黄头曰："王评事昔吾山中之友，道情不固，弃吾下山，别近十年，才为廷尉属。今俗心已就，须俗妓以乐之。顾伶家女无足召者，当召士大夫之女已适人者。如近无姝丽，五千里内皆可择之。"小黄头唯唯而去。

诸妓调碧玉筝，调未谐而黄头已复命，引一妓自西阶登，拜裴席前。裴指曰："参评事。"敬伯答拜，细视之，乃敬伯妻赵氏也。敬伯惊讶不敢言，妻亦甚骇，目之不已。遂令坐玉阶下，一青衣捧玳瑁筝授之，赵素所善也，因令与妓合曲以送酒。敬伯坐间取一殷色朱李投之，赵顾敬伯，潜系于衣带。

妓作之曲，赵皆不能逐。裴乃令随赵所奏，时时停之，以呈其曲。其歌虽非云韶九奏之乐，而清亮宛转，酬献极欢。天将晓，裴召前黄头曰："送赵氏夫人。"且谓曰："此堂乃九天画堂，常人不到。吾昔与王为方外之交，怜其为俗所迷，自投汤火，以智自烧，以明自贼，将浮沉于生死海中，求岸不得，故命于此，一以醒之。今日之会，诚难再得，亦夫人宿命，乃得暂游，云山万重，往复劳苦，无辞也。"赵拜而去。

裴谓敬伯曰："评公使车留此一宿，得无惊郡将乎？宜且就馆，未赴阙闲时，访我可也。尘路遐远，万愁攻人，努力自爱。"敬伯拜谢而去。后五日，将还，潜诣取别，其门不复有宅，乃荒凉之地，烟草极目，惆怅而反。

及京奏事毕，得归私第，诸赵竟怒曰："女子诚陋拙，不足以奉事君子。然已辱厚礼，亦宜敬之。夫上以承先祖，下以继后嗣，岂苟而已哉。奈何以妖术致之万里而娱人之视听乎？朱李尚在，其言足徵，何讳乎？"敬伯尽言之，且曰："当此之时，敬伯亦自不测。此盖裴之道成矣，以此相炫也。"其妻亦记得裴言，遂不复责。

吁！神仙之变化，诚如此乎？将幻者鬻术以致惑乎？固非常智之所及。且夫雀为蛤，雉为蜃，人为虎，腐草为萤，蛴螬为蝉，鲲为鹏，万物之变化，书传之记者，不可以智达，况耳目之外乎？

卷
二

韦氏／郭代公

韦氏

　　京兆韦氏女者，既笄二年，母告之曰："有秀才裴爽者，欲聘汝。"女笑曰："非吾夫也。"母记之。虽媒媪日来，盛陈裴之才，其家甚慕之，然终不谐。又一年，母曰："有王悟者，前参京兆军事，其府之司录张审约者，汝之老舅也，为王媒之，将聘汝矣。"女亦曰："非也。"母又曰："张既熟我，又为王之媒介也，其辞不虚矣。"亦终不谐。又二年，进士张楚金求之。母以告之，女笑曰："吾之夫乃此人也。"母许之。遂择吉焉。

　　既成礼讫，因其母徐问之，对曰："吾此乃梦徵矣。然此生之事皆见矣，岂独适楚金之先知乎。某既笄，梦年二十适清河楚金，以尚书节制广陵，在镇七年，而楚金伏法，阖门皆死，惟某与新妇一人，生入掖庭，蔬食而役者十八年，蒙诏放出。

自午承命，日暮方出宫阙，与新妇渡水，迨暗及滩，四顾将昏然，不知所往，因与新妇相抱于滩上，掩泣相勉曰："此不可久立，宜速渡。"遂南行。及岸数百步，有坏坊焉。自入西门，随垣而北，其东大门屋，因造焉，又无人而大开，遂入。

及坏戟门，亦开，又入。踰屏回廊四合，有堂既扃，阶前有四大樱桃树林，花发正茂，及月色满庭，似无人居，不知所告。因与新妇对卧阶下。未几，有老人来诟逐，告以前情，遂去。又闻西廊步履之声，有一少年郎来诟，且呼老人令逐之。

苦告之，少年郎低首而走，徐乃白衫素履，哭拜阶下曰："某尚书之侄也。"乃恸哭曰："无处问耗，不知阿母与阿嫂至，乃自天降也。此即旧宅，堂中所锁，无非旧物。"恸哭开户，宛如故居之地。居之九年，前后从化。"其母大奇之。且人之荣悴，无非前定，素闻之矣，岂梦中之信，又如此乎？乃心记之。

俄而楚金授钺广陵，神龙中以徐敬业有兴复之谋，连坐伏法，惟妻与妇免死，配役掖庭十八年，则天因降诞日，大纵籍没者，得随例焉。午后受诏，及行，总监绯阉走留食候之。食毕，实将暮矣。其褰裳涉水而哭，及宅所在，无差梦焉。噫！梦信足徵也，则前所叙扶风公之见，又何以偕焉。

郭代公

代国公郭元振，开元中下第，自晋之汾，夜行阴晦失道，久而绝远有灯火之光，以为人居也，迳往投之。八九里有宅，门宇甚峻。既入门，廊下及堂下灯烛辉煌，牢馔罗列，若嫁女之家，而悄无人。公系马西廊前，历阶而升，徘徊堂上，不知其何处也。俄闻堂中东阁有女子哭声，呜咽不已。公问曰："堂中泣者，人耶，鬼耶？何陈设如此，无人而独泣？"

曰："妾此乡之祠，有乌将军者，能祸福人，每岁求偶于乡人，乡人必择处女之美者而嫁焉。妾虽陋拙，父利乡人之五百缗，潜以应选。今夕，乡人之女并为游宴者，到是，醉妾此室，共锁而去，以适于将军者也。今父母弃之，就死而已，惴惴哀惧，君诚人耶，能相救免，毕身为除扫之妇，以奉指使。"

公大愤曰："其来当何时？"曰："二更。"公曰：

"吾忝为大丈夫也，必力救之。如不得，当杀身以徇汝，终不使汝枉死于淫鬼之手也。"女泣少止。于是坐于西阶上，移其马于堂北，令一仆侍立于前，若为宾而待之。未几，火光照耀，车马骈阗，二紫衣吏入而复走出，曰："相公在此。"逡巡，二黄衣吏入而出，亦曰："相公在此。"公私心独喜，吾当为宰相，必胜此鬼矣。

既而将军渐下，道吏复告之。将军曰："人。"有戈剑弓矢翼引以入，即东阶下，公使仆前曰："郭秀才见。"遂行揖。将军曰："秀才安得到此？"曰："闻将军今夕嘉礼，愿为小相耳。"将军者喜而延坐，与对食，言笑极欢。

公囊中有利刀，思取刺之，乃问曰："将军曾食鹿腊乎？"曰："此地难遇。"公曰："某有少许珍者，得自御厨，愿削以献。"将军者大悦。公乃起，取鹿腊并小刀，因削之，置一小器，令自取。将军喜，引手取之，不疑其他。公伺其无机，乃投其脯，捉其腕而断之。将军失声而走，道从之吏，一时惊散。

公执其手，脱衣缠之，令仆夫出望之，寂无所见，乃启门谓泣者曰："将军之腕已在于此矣。寻其血踪，死亦不久。汝既获免，可出就食。"泣者乃出，年可十七八，而甚佳丽，拜于公前，曰："誓为仆妾。"公勉谕焉。

天方曙，开视其手，则猪蹄也。俄闻哭泣之声渐近，乃女之父母兄弟及乡中耆老，相与舁梓而来，将收其尸以备殡殓。见公及女，乃生人也。咸惊以问之，公具告焉。乡老共怒残其神，曰："乌将军，此乡镇神，乡人奉之久矣，岁配以女，才无他虞。此礼少迟，即风雨雷雹为虐。奈何失路之客，而伤我明神，致暴于人，此乡何负！当杀公以祭乌将军，不尔，亦缚送本县。"

挥少年将令执公，公谕之曰："尔徒老于年，未老于事。我天下之达理者，尔众听吾言。夫神，承天而为镇也，不若诸侯受命于天子而疆理天下乎？"曰："然。"公曰："使诸侯渔色于中国，天子不怒乎？残虐于人，天子不伐乎？诚使尔呼将军者，真神明也，神固无猪蹄，天岂使淫妖之兽乎？且淫妖之兽，天地之罪畜也，吾执正以诛之，岂不可乎！尔曹无正人，使尔少女年年横死于妖畜，积罪动天。安知天不使吾雪焉？从吾言，当为尔除之，永无聘礼之患，如何？"

乡人悟而喜曰："愿从命。"公乃令数百人，执弓矢刀枪锹镬之属，环而自随，寻血而行。才二十里，血入大冢穴中，因围而釃之，应手渐大如甕口，公令束薪燃火投入照之。其中若大室，见一大猪，无前左蹄，血卧其地，突烟走出，毙于围中。

乡人翻共相庆，会馈以酬公。公不受，曰："吾为人除害，非鬻猎者。"得免之女辞其父母亲族曰："多幸为人，托质血属，闺闱未出，固无可杀之罪。今者贪钱五十万，以嫁妖兽，忍锁而去，岂人所宜！若非郭公之仁勇，宁有今日？是妾死于父母而生于郭公也。请从郭公，不复以旧乡为念矣。"

泣拜而从公，公多歧援谕止之，不获，遂纳为侧室，生子数人。公之贵也，皆任大官之位。事已前定，虽生远地而弃焉，鬼神终不能害，明矣。

卷

三

尼妙寂 / 党氏女 / 崔环

尼妙寂

尼妙寂，姓叶氏，江州浔阳女也，初嫁任华，浔阳之大贾也。父升与华往复长沙广陵间。贞元十一年春，之潭州，不复。过期数月，妙寂忽梦父披发裸形，流血满身，泣曰："吾与汝夫湖中遇盗，皆已死矣。以汝心似有志者，天许复雠，但幽冥之意，不欲显言，故吾隐语报汝，诚能思而复之，吾亦何恨。"

妙寂曰："隐语云何？"升曰："杀我者，车中猴，门东草。"俄而见其夫，形状若父，泣曰："杀我者，禾中走，一日夫。"妙寂抚膺而哭，遂为女弟所呼觉，泣告其母，阖门大骇。念其隐语，杳不可知。

访于邻叟及乡闾之有知者，皆不能解。乃曰："上元县，舟楫之所交者，四方士大夫多憩焉，而邑有瓦棺寺，寺上有阁，倚山瞰江，万里在目，亦江湖之极境，游人弭棹，莫不登眺。吾将缁服其间，伺可问者，必有省吾惑矣。"

于是褐衣之上元，舍力瓦棺寺，日持箕帚，洒扫阁下。闲则徙倚栏槛，以伺识者。见高冠博带吟啸而来者，必拜而问。居数年，无能辩者。十七年，岁在辛巳，有李公佐者，罢岭南从事而来，揽衣登阁，神采俊逸，颇异常伦。

妙寂前拜泣，且以前事问之。公佐曰："吾平生好为人解疑，况子之冤恳，而神告如此，当为汝思之。"默行数步，喜招妙寂曰："吾得之矣，杀汝父者申兰，杀汝夫者申春耳。"妙寂悲喜呜咽，拜问其说。

公佐曰："夫猴申生也，车（車）去两头而言猴，故申字耳。草而门，门而东，非兰（蘭）字耶？禾中走者，穿田过也，此亦申字也。一日又加夫，盖春字耳。鬼神欲惑人，故交错其言。"妙寂悲喜若不自胜，久而掩涕拜谢曰："贼名既彰，雪冤有路。苟获释憾，誓报深恩。妇人无他，唯洁诚奉佛，祈增福海耳。"乃再拜而去。

元和初，泗州普光王寺有梵氏戒坛，人之为僧者必由之。四方辐辏，僧尼繁会，观者如市焉。公佐自楚之秦，维舟而往观之。有一尼，眉目朗秀，若旧识者，每过必凝视公佐，若有意而未言者久之。公佐将去，其尼遽呼曰："侍御贞元中不为南海从事乎？"公佐曰："然。""然则记小师乎？"公佐曰："不记也。"妙寂曰："昔瓦棺寺阁求解车中猴者也。"

公佐悟曰："竟获贼否？"对曰："自悟梦言，乃男服，易名士寂，泛佣于江湖之间。数年，闻蕲黄之间有申村，因往焉。流转周星，乃闻其村西北隅有申兰者，默往求佣，辄贱其价。兰喜召之。俄又闻其从弟有名春者。于是勤恭执事，昼夜不离，凡其可为者，不顾轻重而为之，未尝待命，兰家器之。昼与群佣共作，夜寝他席，无知其非丈夫者。

逾年，益自勤干，兰愈敬念，视士寂即自视其子不若也。兰或农或商，或畜货于武昌，关锁启闭悉委焉。因验其柜中，半是己物，亦见其父及夫常所服者，垂涕而记之。而兰、春叔出季处，未尝偕在。虑其擒一而惊逸也，衔之数年。

永贞年重阳，二盗饮既醉，士寂奔告于州，乘醉而获，一问而辞伏就法。得其所丧以归，尽奉母，而请从释教。师洪州之天宫寺尼洞微，即昔时授教者也。妙寂，一女子也，血诚复雠，天亦不夺，遂以梦寐之言，获悟于君子，与其雠者得不同天。碎此微躯，岂酬明哲。梵宇无他，唯虔诚法像以报效耳。"

公佐大异之，遂为作传。太和庚戌岁，陇西李复言游巴南，与进士沈田会于蓬州，田因话奇事，持以相示，一览而复之。录怪之日，遂纂于此焉。

党氏女

党氏女，同州韩城县芝川南村人也。先是，有兰如宾者，舍于芝川。元和初，客有王兰者，以钱数百万鬻茗，止其家积数年，无亲友之来者，一旦卧疾，如宾以其无后患也，杀之。服馔车舆仆使之盛，拟于公侯。

其年生一男，美而慧，虽孔融、卫玠之为奇，犹未可为比。其家念之，谓骊珠赵璧未敌，名曰玉童。衣食之用，日可数金。其或不豫，舞神拜佛之费，一日而罄，不顾也。既而渐大，轻裘肥马，恣其出入。于是交游少年，歌楼酒肆，悦音恣博，日不暂息，虽狂徒皆伏其豪。然而孳产稍衰，稼或不登，即乞贷望岁。

元和十年，玉童暴卒，父母之哀，哭玠之不若也。号哭之声，感动行路，恨不得自身代之。如宾极困成瘵。其所饰终之具，泪舍财梵侣、佛画莲宫、致席命乐之费，若不以家为者。虽丧毕，每忌日，饭僧施财而追泣焉。自是稍稍致贫，如旧日矣。

太和三年秋，有僧玄照，求食于党氏家。有女子年十三四，映门曰："母兄皆出，不得具馔。此北数里芝川店，有兰氏者，亡子忌日，方当饭僧。师到必喜，盍往焉。"僧曰："女非出入村市之人，何以知此而绐我也？"女笑曰："其亡子即我之前身耳。"照大异之，问其所以，不对而入。

照于是造兰氏门，入巷而见其广幕崇筵，及门，人皆喜照之来，揖之而入。既卒食，如宾哀不自胜。照曰："丈人念亡子若此，要见其今身乎？"如宾大惊，乃问之，照具以告。如宾遽适党氏，请见之。父母以告，女不肯出。

如宾益耸跃，独念不以其母来，且无借手，此所以不出也。遂归。明日，与其妻偕，携蜀红二十匹为请见之资。女纳红，复不肯出。如宾求其父母万辞，父母以如宾之恳也，入谓女曰："汝既不欲见，不当言之。既言而兰叟若此之请，安得不强见？"女不复语。

父母曰："必不见，则何辞？"女曰："第告之，何必相见。但云："其子身存及没，多歧所费，王兰之财尽未？"闻此，必不求矣。"父母出，以告，如宾顾其妻，无言而退。既出，父母问其故，女曰："儿前身茗客王兰也，有钱数百万，客其家。

元和初，头眩而卧，遂为如宾所杀而取其财，因而巨富。某既死而诉于上帝，上帝召问欲何以报，兰言愿为子以耗之，故委蜕焉。耗之且尽而死。近与之计，唯十镮未足，故有蜀红之赠。而今而后，如宾不复念其子而斋亦罢尔。韩城有赵子良者，尝赊茗五束，未酬而兰死。今当以其直求为妇，币足而某去耳，亦不为妇也。"

俄而媒氏言，子良之子纳币焉。亲迎之期，约在岁首。既毕纳而失女，父母惧子良之责也，伪哭而徙葬焉。其夕，遇女曰："天帝以天下人愚，率皆欺暗枉道，诈心万端，谓人可以言排，神可以诈惑。以诈惑人者，人亦诈焉；以妄欺人者，人亦妄焉；以嫉诬人者，人亦诬焉。虽虚矫之俗，交报或阙，而冥寞间良不可罔。知己之所为而不咎人者鲜矣，故遣某托身近地，而警群妄耳。顷者未言，得侍昏旦；此心既启，难复淹留。抚育之恩亦偿旧德，乍辞顾盼，能不怅怀。各勉令图，无惑多恨。"言讫而去。

此非天之劝戒耶？太和壬子岁，通王府功曹赵遵约言之，故录之耳。

崔环

安平崔环者，司戎郎宣之子。元和五年夏五月，遇疾于荥阳别业。忽见黄衫吏二人，执帖来追，遂行数百步，入城。城中街两畔，官林相对，绝无人家，直北数里到门，题曰"判官院"。见二吏逦迤向北，亦有林木，袴靴袜头，佩刀头、执弓矢者，散立者，各数百人。同到之人数千，或杻，或系，或缚，或囊盛耳头，或连其项，或衣服俨然，或簪裙济济，各有惧色，或泣或叹。其黄衫人一留伴环，一入告。

俄闻决人四下声，既而告者出曰："判官传语：何故不抚幼小，不务成家，广破庄园，但恣酒色！又虑尔小累无掌，且为宽恕，轻杖放归，宜即洗心，勿复贰过。若踵前非，固无容舍。"乃敕伴者令送同归。环曰："判官谓谁？"曰："司戎郎也。"环泣曰："弃背多年，号天莫及。幸蒙追到，慈颜不遥，乞一拜见，死且无恨。"二吏曰："明晦各殊，去留有隔，不合见也。"环曰："向者传语云已见责。此身不入，何以受刑？"吏曰："入则不得归矣。凡人有三魂，一魂在家，一魂受杖耳。不信，看郎胫合有杖痕。"

遂褰衣自视，其两胫各有杖痕四，痛苦不济，匍匐而行，举足甚艰。同到之人，叹羡之声，喧于歧路。南行百馀步，街东有大林。二吏前曰："某等日夜事判官，为日虽久，幽冥小吏，例不免贫。各有许惠资财，竟无暇取，不因送郎阴路，无因得往求之。请郎暂止林下，某等偕去，俄顷即来。诸处皆是恶鬼曹司，不合往，乞郎不移足相待。"言讫各去，久而不来。

环闷，试诣街西行，一署门题曰"人矿院"，门亦甚静。环素有胆，且恃其父为判官，身又蒙放，遂入其中。过屏障，见一大石，周回数里。有一军将坐于石北厅上，据案而坐，铺人各绕石及石上，有数千大鬼，形貌不同，以大铁椎椎人为矿石。

东有杻械枷锁者数千人，悲啼恐惧，不可名状。点名拽来，投来石上，遂椎之，既碎，唱其名。军将判之，一吏于案后读之云："付某狱讫。"鬼卒捧去。

其中有付碓狱者，付火狱者，付汤狱者。环直逼石前看之，军将指之云："曹司法严，不合妄入，彼是何人，敢来闲看！"人吏竞来传问，环悸不对。

军将怒曰："看既无端，问又不对，傍观岂如身试之审乎？"敕一吏拽来锻之。环一魂尚立，见其石上别有一身，被拽扑卧石上，大椎椎之，痛苦之极，实不可忍。须臾，骨肉皆碎，仅欲成泥。二吏者走来，槌胸曰："郎君，再三乞不闲行，何故来此？"遽告军将曰："此是判官郎君，阳禄未终，追来却放，暂来人者，遂道如斯。何计得令复旧？无间地狱，入不须臾。"

军将者亦惧曰："初问不言，忿而处置，如何？"因问诸鬼曰："何计得令复旧？"皆曰："唯濮阳霞一人耳。"曰："远近？"曰"去此万里。昨者北海王子化形出游，为海人所惧。其王请出，今亦未回。"乃令一鬼召之。有顷而到，乃一髯眇目翁也，应急而来，喘犹未定。

军将指环曰："何计？"霞曰："易耳。"遂解

038

衣缠腰，取怀中药末，糁于矿上团扑，一翻一糁，糁遍槎其矿为头项及身手足，剞刻五脏，通为肠胃，雕为九窍，逡巡成形，以手承其项曰："起！"遂起来，与立合为一，遂能行。大为二吏所责。相与复南行。

将去，濮阳霞抚肩曰："措大，人矿中搜得活，然而去不许一钱。"环许钱三十万。霞笑曰："老吏身忙，当使小鬼枭儿往取，见即分付。"遂行，欲及城门，见一吏从北走向南者。二吏以私行有矿环之过，恐宣之怒环而召也，谓环曰："彼见若问，但言欲观地狱之法，以为儆戒，故在此耳。"吏见果问，环答之如言。遂别去复行。

须臾，至荥阳，二吏曰："还生必矣。某将有所取，能一观乎？"环曰："固所愿也。"共入县郭，到一人家中堂，一吏以怀中绳系床上女人头，尽力拽之，一吏以豹皮囊徐收其气，气尽乃拽下，皆缚之，同送环家，入门，二吏大呼曰："崔环！"误筑门扇，遂寤。其家泣候之，已七日矣。

后数日，有枭鸣于庭，环曰："濮阳翁之子来矣。"

遂令家人刻纸钱焚之，乃去。疾平，潜寻所见妇人家，乃县纠郭霈妻也。其时尚未有分河之议，后数日，河中节度使司徒薛公平议奏分河一枝，冀减冲城之势。初奏三丁取一，既虑不足，复奏二丁役一，竟如环阴司所见也。

卷
四

柳归舜 / 崔书生 / 来君绰 / 曹惠

柳归舜

　　吴兴柳归舜，隋开皇九年，泛舟抵巴陵，遇风吹至君山。因维舟登岸，寻小径，不觉行三四五里，兴酣，踰越磎涧，不由径路，忽道傍有一大石，表里洞彻，圆而坦平，周匝六七亩，其外尽生翠竹，圆大如盘，高百馀尺，叶曳白云，森罗映天，清风徐吹，戛戛为丝竹音。

　　石中央又生一树，高百馀尺，条干偃阴为五色，翠叶如盘，花径尺馀，色深碧，蕊深红，异香成烟，著物霏霏，有鹦鹉数千，丹嘴翠衣，尾长二三尺，翱翔其间，相呼姓字，音旨清越，有名武游郎者，有名阿苏儿者，有名武仙郎者，有名自在先生者，有名踏莲露者，有名凤花台者，有名戴蝉儿者，有名多花子者。

　　或有唱歌者曰："吾此曲是汉武钩弋夫人常所唱，词曰：'戴蝉儿，分明传与君王语，建章殿里未得归，朱箔金缸双凤舞。'"

名阿苏儿者曰:"我忆阿娇深宫下泪时,唱曰:'昔请司马郎,为作《长门赋》,徒使费百金,君王终不顾。'"

又有诵司马相如《大人赋》者曰:"吾初学赋时,为赵昭仪抽七宝钗横鞭,余痛实不彻,今日诵得,还是终身一艺。"

名武游郎者言:"余昔见汉武帝,乘郁金楫,泛积翠池,自吹缥玉笛,音韵朗畅,帝意欢适。李夫人歌以随,歌曰:'顾鄙贱,奉恩私;愿吾君,万岁期。'"

又名武仙郎者问归舜曰:"君何姓氏行第?"归舜曰:"姓柳,第十二。"曰:"柳十二自何许来?"归舜曰:"吾将至巴陵,遭风泊舟,兴酣至此耳。"武仙郎曰:"柳十二官人,偶因遭风,得臻异境,此所谓因病致妍耳。然下官禽鸟,不能致力生人,为足下转达桂家三十娘子。"

因遥呼曰:"阿春,此间有客。"即有紫云数片,自西南飞来。去地丈馀，云气渐散，遂见珠楼翠幕，重槛飞楹，周匝石际。

一青衣自户出，年始十三四，身衣珠翠，颜甚姝美，谓归舜曰："三十娘子使阿春传语郎君，贫居僻远，劳此检校，不知朝来食否？请垂略坐，以具蔬馔。"即有捧水晶床出者，归舜再让而坐。阿春因呼："凤花台鸟何不看客？三十娘子以黄郎不在，不敢接对郎君。汝若等闲，似前度受捶。"

有一鹦鹉即飞至，曰："吾乃凤花台也。近有一篇，君能听乎？"归舜曰："平生所好，实契所愿。"凤花台乃曰："吾昨过蓬莱玉楼，因有一章诗曰：'露接朝阳生，海波翻水晶。玉楼瞰寥廓，天地相照明。此时下栖止，投迹依旧楹。顾余复何忝，日侍群仙行。'"

归舜曰："丽则丽矣，足下师乃谁人？"凤花台曰："仆在王母左右千馀岁，杜兰香教我真篆，东方朔授我秘诀。汉武帝求太中大夫，遂在石渠署见扬雄、王褒等赋颂，始晓箴论。

王莽之乱，方得还吴。后为朱然所得，转遗陆逊，复见机、云制作，方学缀篇什。机、云被戮，便至于此。殊不知近日谁为宗师？"归舜曰："薛道衡、江总也。"因诵数篇示之，凤花台曰："近代非不靡丽，殊少骨气。"

俄而阿春捧赤玉盘，珍羞万品，目所不识，甘香裂鼻。饮食讫，忽有二道士自空飞下，顾见归舜曰："大难得！与鹦鹉相对。君非柳十二乎？君船以风便，索君甚急，何不促回？"因投尺绮曰："以此掩眼，即去矣。"

归舜从之，忽如身飞却坠，以达舟所。舟人欲发，问之，失归舜已三日矣。后却至此，泊舟寻访，不复见也。

崔书生

开元天宝中，有崔书生者，居东州逻谷口，好植花竹，乃于户外别莳名花，春暮之时，英蕊芬郁，远闻百步。书生每晨必盥漱独看。忽见一女郎自西乘马东行，青衣老少数人随后。女郎有殊色，所乘马骏。崔生未及细视，而女郎已过矣。

明日又过，崔生于花下先致酒茗樽杓，铺陈茵席，乃迎马首曰："某以性好花木，此园无非手植。今香茂似堪流盼。伏见女郎频日过此，计仆驭当疲，敢具单醪，希垂憩息。"女郎不顾而过。

其后青衣曰："但具酒馔，何忧不至。"女郎顾叱曰："何故轻与人言！"言讫遂去。崔生明日又于山下别致醴酒，候女郎至，崔生乃鞭马随之，到别墅之前，又下马拜请。

良久，一老青衣谓女郎曰："车马甚疲，暂歇无伤。"因自控女郎马至堂寝下，老青衣谓崔生曰："君既未婚，予为聘可乎？"崔生大悦，再拜跪，请不相忘。

老青衣曰："事即必定，后十五日大吉辰，君于此时，但具婚礼所要，并于此备酒馔。小娘子阿姊在逻谷中，有微疾，故小娘子日往看省。某去，便当咨启，至期则皆至此矣。"于是促行。

崔生在后，即依言营备吉席所要。至期，女郎及姊皆到。其姊亦仪质极丽。遂以女郎归于崔生。母在旧居，殊不知崔生纳室。以不告而娶，但启聘媵。

母见女郎，新妇之礼甚具。经月馀日，忽有一人送食于女郎，甘香特异。后崔生觉母慈颜衰瘁，因伏问几下，母曰："吾有汝一子，冀得永寿。今汝所纳新妇，妖美无双。吾于土塑图画之中，未尝识此，必恐是狐媚之辈，伤害于汝，遂致吾忧。"

崔生入室见女郎，女郎涕泪交下，曰："本侍箕帚，仗望终天，不知尊夫人待以狐媚辈，明晨即便请行，相爱今宵耳。"崔生掩泪不能言。

明日，女郎车骑至。女郎乘马，崔生从送之，入逻谷三十馀里，山间有川，川中异香珍果，不可胜纪。馆宇屋室，侈于王者。青衣百许，迎拜女郎曰："小娘子，无行崔生，何必将来！"于是捧入，留崔生于门外。

未几，一青衣传女郎姊言曰："崔生遗行，使太夫人疑阻，事宜便绝，不合相见。然小妹曾奉周旋，亦当奉屈。"俄而召崔生入，责诮再三，辞辩清婉，崔生但拜伏受谴而已。遂坐于中寝对食，食讫，命酒，召女乐洽饮，铿锵万变。

乐阕，其姊谓女郎曰："须令崔郎却回，汝有何物赠送？"女郎遂出白玉合子遗崔生，崔生亦有留别。于是各鸣咽而出，行至逻谷口，回望千岩万壑，无径路，自恸哭归家。常持玉合子，郁郁不乐。

忽有胡僧扣门求食，崔生出见，胡僧曰："君有至宝，乞相示也。"崔生曰："某贫士，何有见请？"僧曰："君岂不有异人奉赠乎？贫道望气知之。"崔生因出合子示胡僧，僧起拜请曰："请以百万市之。"
遂将去。

　　崔生问僧曰："女郎是谁？"曰："君所纳妻，
王母第三女玉卮娘子也，姊亦负美名在仙都，况复人
间。所惜君娶之不得久远。倘住一年，君举家必仙矣。"
崔生叹怨迨卒。

来君绰

　　隋炀帝征辽，十二军尽没，总管来护坐法受戮，炀帝尽欲诛其子。君绰忧惧连诛，因与秀才罗巡、罗逖、李万进结为奔走之友，共亡命至海州。夜黑迷路，路旁有灯火，因与共投之。

　　扣门数下，有一苍头迎拜君绰，君绰因问："此是谁家？"答曰："科斗郎君，姓威，即当府秀才也。"遂启门，又自闭，敲中门，曰："蜗儿，外有四五个客。"蜗儿即又一苍头也。

　　遂开门，秉烛引客就馆客位，床榻茵褥甚备。俄有二小童持烛自中门出，曰："大郎子出来。"君绰等降阶见主人，主人辞彩朗然，文辩纷错，自通姓名曰"威污蠖"。叙寒温讫，揖客由阼阶，坐曰："污蠖忝以本州乡赋，得与足下同声，清宵良会，殊是所愿。"即命酒合坐。渐至酣畅，谈谑交至，众所不能对。

君绰颇不能平，欲以理挫之，无计，因举觞曰："君绰请起一令，以坐中姓名双声者，犯罚如律。"君绰曰："威污蠖。"实讥其姓。众皆抚手大笑，以为得言。

及至污蠖，改令曰："以坐中人姓为歌声，自二字至五字。"令曰："罗李，罗来李，罗李罗来，罗李罗李来。"众皆惭其辩捷。

罗巡又问："君风雅之士，足得自比云龙，何玉名之自贬耶？"污蠖曰："仆久从宾贡，多为主司见屈。以仆后于群士，何异尺蠖于污池乎？"

巡又问："公华宗，氏族何为不载？"污蠖曰："我本田氏，出于齐威王，亦犹桓丁之类，何足下之不学耶？"

既而蜗儿举方丈盘至，珍羞水陆，充溢其间。君绰及仆者无不饱饫。夜阑彻烛，连榻而寝。迟明叙别，恨恨俱不自胜。

君绰等行数里，犹念污蠖，复来，见向所宿处，了无人居，唯污池，池边有大蟆，长数尺。又有蜗螺丁子，皆大常者数倍，方知污蠖及二竖皆此物也。遂共恶昨宵所食，各吐出青泥及污水数升。

曹惠

国初，有曹惠者，制授江州参军，官舍有佛堂，堂中有二木偶人，长尺馀，雕饰甚巧，丹青剥落。惠因持归与稚儿，方食饼，木偶即引手请之。儿惊报惠，惠笑曰："取木偶来。"即言曰："轻红轻素自有名，何呼木偶！"于是转盼驰走，悉无异人。

惠问曰："汝何时物，颇能作怪？"轻素曰："某与轻红是宣城人守谢家俑偶，当时天下丁巧，总不及沈隐侯家老苍头孝忠也。轻素轻红，即孝忠所造。隐侯哀宣城无常，葬日故有此赠。时轻素圹中，方持汤与乐家娘子濯足，闻外有持兵称敕声，娘子畏惧，跣足化为白蟆。少顷，二贼执炬至，尽掠财物，谢郎时颔瑟瑟环，亦为贼敲颐脱之。贼人照见轻红等，曰：'二冥器不恶，可与小儿为戏具。'遂持出，时天平二年也。自尔流落数家，陈末麦铁杖犹子咬头将至此，以到今日。"

惠又问曰："曾闻谢宣城婚王敬则女，尔何遽云乐家娘子？"轻素曰："王氏乃生前之妻，乐家乃冥婚耳。王氏本屠酤种，性粗率多力，至冥中犹与宣城琴瑟不睦，伺宣城颜严，则砾石抵关以为威胁。宣城自密启于天帝，帝许逐之。二女一男，悉随母归矣。遂再娶乐彦辅第八娘子，美资质，善书，好弹琴，尤与殷东阳仲文、谢荆州晦夫人相得，日恣追寻。

宣城尝云："我才方古人，唯不及东阿耳。其馀文士，皆吾机中之肉，可以宰割矣。"见为南曹典铨郎，与潘黄门同列，乘肥衣轻，贵于生前百倍。然十日一朝晋、宋、齐、梁，可以为劳，近闻亦已停矣。"

惠又问曰："汝二人灵异若此，吾欲舍汝，何如？"即皆喜曰："以轻素等变化，虽无不可，君意如不放，终不能逃。庐山山神欲娶轻素作舞姬久矣，今此奉辞，便当受彼荣富。然君能终恩，请命画工，便赐粉黛。"即令工人为图之，使被锦绣。

轻素喜笑曰："此度非论舞姬，亦当彼夫人。无以奉酬，请以微言留别。百代之中，但有他人会者，无不为忠臣居大位矣。言曰：'鸡角入骨，紫鹤吃黄鼠，甲不害，五通泉室，为六代吉昌。'"言讫而灭。

后有人祷庐山神，女巫云："神君新纳一夫人，要翠花钗簪，汝宜求之，当降大福。"祷者求荐之，遂如愿焉。惠亦不能知其微言，访之时贤皆不识，或云：中书令岑文本识其三句，亦不为人说云。

卷
五

滕庭俊 / 元无有 / 顾总 / 周静帝

滕庭俊

　　文明元年，毗陵掾滕庭俊，患热病积年，每发身如烧，热数日方定。召医，医不能治。后之洛调选，行至荥阳西十四五里，天向暮，未达前所。

　　遂投一道旁庄家，主人暂出未至，庭俊心无聊赖，自叹吟曰："为客多苦辛，日暮无主人。"即有老父，须发甚秃，衣服亦弊，自堂西出而曰："老父虽无所解，然性好文章，适不知郎君来，正与和且耶联句次，闻郎君吟'为客多苦辛，日暮无主人'，虽曹丕'客子常畏人'不能过也。老父与和且耶同作浑家门客，门客虽贫，亦有斗酒接郎君清话耳。"

　　庭俊甚异之，问："老父居止何所？"老父曰："仆忝浑家扫门之客，姓麻，名束禾，第大，君何不呼为麻大。"庭俊即谢不敏，与之偕行，绕堂西隅，遂见一门，门启，华堂复阁甚绮秀，馆中有樽酒盘杓。麻大揖庭俊同坐。

良久，门中一客出，麻大曰："和至矣。"庭俊即降阶揖让，还坐，且耶谓麻大曰："适与君联句，诗题成未？"麻大自书题目曰："同在浑平原门联句一首。予已为四句矣。"麻大诗曰："自与浑家邻，馨香遂满身。无关好清净，又用去灰尘。"

　　且耶良久乃曰："仆是七言，韵又不同，如何？"麻大曰："但自为一章，亦不恶。"于是且耶即吟曰："冬日每去依烟火，春至还归养子孙。曾向苻王笔端坐，迩来求食浑家门。"

　　庭俊犹未悟，见其馆华盛，因有淹留歇马之计，乃书四言云："田文称好客，凡养几多人？如使冯欢在，今希厕下宾。"且耶、麻大皆笑曰："何得相讥！向使君得在浑家，一日自当足矣。"

　　治饮引满十巡，主人至，觅庭俊不见，家人叫呼之，庭俊应曰："唯。"而馆宇麻大二人一时不见，身在厕屋下，傍有大苍蝇、秃帚而已。庭俊先有热疾，自此后顿愈，不复更发矣。

元无有

宝应中，有元无有，尝以仲春末独行维扬郊野。值日晚，风雨大至。时兵荒后，人户逃窜，入路旁空庄。须臾霁止，斜月自出，无有憩北轩，忽闻西廊有人行声。

未几至堂中，有四人，衣冠皆异，相与谈谐，吟咏甚畅，乃云："今夕如秋，风月若此，吾党岂不为文，以展平生之事？"其文即曰口号联句也。吟咏既朗，无有听之甚悉。

其一衣冠长人曰："齐纨鲁缟如霜雪，寥亮高声为予发。"其二黑衣冠短陋人曰："嘉宾长夜清会时，辉煌灯烛我能持。"其三故弊黄衣冠人，亦短陋，诗曰："清泠之泉俟朝汲，桑绠相牵常出入。"其四黑衣冠，身亦短陋，诗曰："爨薪贮水常煎熬，充他口腹我为劳。"

无有亦不以四人为异，四人亦不虞无有之在堂隍也，递相褒赏，虽阮嗣宗《咏怀》亦不能加耳。四人迟明方归旧所，无有就寻之，堂中惟有故杵、烛台、水桶、破铛，乃知四人即此物所为也。

顾总

梁天监元年，顾总为县吏，数被鞭捶，尝郁郁怀愤，因逃墟墓之间，仿徨惆怅，不知所适。忽有二黄衣见顾总曰："刘君，颇忆畴昔周旋否？"总惊曰："弊宗顾氏，先未曾面清颜，何有周旋之问？"

二人曰："仆二人，王粲、徐干也。足下生前是刘桢，为坤明侍中，以纳赂金谪为小吏，公今当不知矣。然公言辞历历，犹有记室音旨。"因出袖中五轴书示总曰："此君集也，当谛视之。"总试省览，乃了然明悟，便觉藻思泉涌。其集人多有本，惟卒后数篇记得一章诗，题目曰《从驾游幽丽宫却忆平生西园文会因寄修文府正郎蔡伯喈》。

诗曰："在汉绝纲纪，溟渎多腾湍。煌煌魏英祖，拯溺静波澜。天纪已垂定，邦人亦保完。大开相公府，掇拾尽幽兰。始从众君子，日侍真主欢。文皇在春宫。

蒸孝踰问安。监抚多馀闲，园囿恣游观。末臣戴簪笔，翊圣从和鸾。月出行殿凉，珍木清露溥。天文信辉丽，铿锵振琅玕。被命仰为和，顾己诚所难。弱质不自持，危脆朽萎残。岂意十馀年，陵寝梧楸寒。今朝坤明国，再顾簪蝉冠。侍游于离宫，高躔浮云端。却忆西园时，生死暂悲酸。君昔汉公卿，未央冠群贤。倘若念平生，览此同怆然。"其馀七篇，传者失本。

王粲谓总曰："吾本短小，无何娶乐进女，似其父，短小尤甚。自别君后，改娶刘荆州女。寻生一子，荆州与名似翁奴，今年十八，长七尺三寸，所恨未得参丈人也。当渠年十一，与余同览镜，余谓之曰："汝首魁梧于余。"渠立应余曰："防风骨节专车，当不如白起头小而锐。"余又谓曰："汝长大当为将。"又应余曰："仲尼三尺童子，羞言霸道。况某承大人严训，敢措意于相斫刺乎？"余知其了了过人矣。不知足下生来有郎娘否？"

良久沉思，稍如相识，因曰："二君子既是总友人，何计可脱小吏之厄？"徐干曰："君但执前集诉于县宰，则脱矣。"总又问："坤明是何国？"干曰："魏开国邺地也。公昔为开国侍中，何遽忘也？公在坤明国家累悉无恙，贤小娘子娇羞娘，有一篇奉忆，昨者已诵似丈人矣，诗曰："忆爷抛女不归家，不作侍中为小吏，就他辛苦弃荣华，愿爷相念早相见，与儿买李市甘瓜。"

诵讫，总不觉涕泗交下，为一章寄娇羞娘云："忆儿貌，念儿心，望儿不见泪沾襟。时殊世异难相见，弃谢此生当访寻。"既而王粲、徐干与总殷勤叙别。乃携刘桢集五卷，并具陈见王粲、徐干之状，仍说前生是刘桢，县宰因见桢卒后诗，大惊曰："不可使刘公干为小吏。"即解遣以宾礼待之。后不知总所在，集亦寻失矣。时人晁子弟皆曰："死刘桢犹庇得生顾总，可不进修哉！"

周静帝

周静帝初，居延部落主勃都骨低，富虐陵暴，奢逸好乐，居处甚盛。忽有人数十至门，一人先投刺曰："省名部落主成多受。"因趋入，骨低问曰："何为省名部落？"多受曰："某等数人各殊，名字皆不别造，有姓马者，姓皮者，姓鹿者，姓熊者，姓麞者，姓卫者，姓斑者，然皆名受，唯其帅名多受耳。"

骨低曰："君等悉似伶官，不知有何所解？"多受曰："晓弄椀珠。性不爱俗，言皆经义。"骨低大喜曰："目所未睹者。"有一优即前曰："某等肚饥，腊腊恰恰，皮漫绕身三匝，主人食若不充，开口终当不合。"骨低甚惊，命加食，一人曰："某请弄大小相成，终始相生。"于是长人吞短人，肥人吞瘦人，相吞残两人，共一人人，长者又曰："请作终始相生耳。"遂吐下一人，吐者又吐一人，递相吐出，人数复足。骨低甚惊，因重锡赉遣之。

明日又至，戏弄如初。连翻半月，骨低颇烦，不能设食。诸伶皆怒曰："主人当以某等为幻术，请借郎君娘子试之。"于是持骨低儿女弟妹甥侄妻妾等吞之于腹中，皆啼呼请命，骨低惶怖，降阶顿首，哀乞亲属。伶者皆笑曰："此无伤，不足忧。"即吐之出，亲属完全如初。

　　骨低深怀喜怒，欲伺隙杀之。因令密访诸伶，果于一厅宅基而灭。骨低闻而令掘之，深数尺，得瓦砾，瓦砾之下得一大木槛，槛中有皮袋数十，槛旁有谷麦，触即为灰。槛中得竹简书，文字磨灭不可识，惟隐隐似有三数字，若是陵字。

　　骨低知诸袋为怪，欲举出焚之，诸袋因号呼槛中曰："某等无命，寻合化灭。缘李都尉李少卿留水银在此，欲得且存，某等即李都尉李少卿般粮袋，屋崩平压，因至时绵历岁月，今已有命，见为居延山神收作伶人。伏乞存情于神，不相残毁，自尔不敢更扰高居矣。"

　　骨低利其水银，尽焚诸袋，无不为冤楚声，血流漂洒。焚讫，骨低房廊户牖皆为冤痛之音，如焚袋时，经旬月馀日不止。其年骨低举家病死，死者相继，周岁，无复子遗。其水银后亦失所在也。

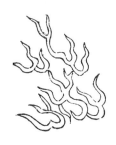

卷
六

刘讽 / 董慎 / 袁洪儿夸郎

刘讽

文明年，竟陵掾刘讽，夜投夷陵空馆，月明下憩。忽有四女郎西轩至，仪质温丽，缓歌闲步，徐徐至中轩，回命青衣曰："紫绥，取西堂花茵来，兼屈刘家六姨姨、十四舅母、南邻翘翘小娘子，并将溢奴来，传语道此间好风月，足得游乐。弹琴咏诗，大是好事。虽有竟陵判司，此人已睡明月下，不足回避也。"

未几而三女郎至，一孩儿，色皆绝国。于是紫绥铺花茵于庭中，揖让班坐。坐中设犀角酒樽，象牙杓，绿靦花觯，白琉璃盏，醪醴馨香，远闻空际。女郎谈谑歌咏，音词清婉。

一女郎为明府，一女郎为录事，明府女郎举觞浇酒曰："愿三姨婆寿等只果山，六姨姨与三姨婆寿等，刘姨夫得太山府君纠判官，翘翘小娘子嫁得诸馀国太子，溢奴便作诸馀国宰相，某三四女伴总嫁得地府司文舍人，不然，嫁得平等王郎君六郎子、七郎子，则平生素望足矣。"一时皆笑曰："须与蔡家娘子赏口。"

翘翘录事独下一筹，罚蔡家娘子曰："刘姨夫才貌温茂，何故不与他五道主使，空称纠判官，怕六姨姨不欢，深吃一盏。"蔡家娘子即持杯曰："诚知被罚，直缘刘姨夫年老眼暗，恐看五道黄纸文书不得，误大神伯公事。饮亦何伤。"于是众女郎皆笑倒。又一女郎起传口令，仍抽一翠簪，急说，须传翠簪，翠簪过令不通即罚。

令曰："鸾脑老，头脑好，好头脑鸾老。"传说数巡，因令紫绥下坐，使说令，紫绥素吃讷，令至，但称"鸾鸾"。女郎皆笑，曰："昔贺若弼弄长孙鸾侍郎，以其年老口吃，又无发，故造此令。"三更后，皆弹琴击筑，齐唱迭和。

歌曰："明月清风，良宵会同。星河易翻，欢娱不终。绿樽翠杓，为君斟酌。今夕不饮，何时欢乐？"又歌曰："杨柳杨柳，袅袅随风急，西楼美人春梦中，翠帘斜卷千条入。"又歌曰："玉户金釭，愿陪君王。

邯郸宫中,金石丝簧。卫女秦娥,左右成行。纨绮缤纷,翠眉红妆。王欢转盼,为王歌舞。愿得君欢,常无灾苦。"

歌竟,已是四更。即有一黄衫人,头有角,仪貌甚伟,走入拜曰:"婆提王屈娘子,使请娘子速来!"女郎等皆起而受命,却传曰:"不知王见召,适相与望月至此。既蒙王呼唤,敢不奔赴。"因命青衣收拾盘筵。讽因大声嚏咳,视庭中无复一物。明旦,谛视之,拾得翠钗数个,将出示人,更不知是何物也。

董慎

隋大业元年，兖州佐史董慎，性公直，明法理，自都督以下，用法有不直，必起犯颜而谏之。虽加诮责，亦不惧，必俟刑正而后退。尝因事暇偶归家，出州门，逢一黄衣使者曰："太山府君呼君为录事，知之乎？"因出怀中牒示慎。

牒曰："董慎名称茂实，案牍精练，将平疑狱，必俟良能，权差知右曹录事者。"印处分明，及后署曰倨。慎谓使者曰："府君呼我，岂有不行，然不识府君名谓何？使者曰："录事勿言，到府即知矣。"因持大布囊，内慎于中，负之趋出兖州郭，致囊于路左，汲水调泥，封慎两目，慎目既无所睹，都不知经过远近，忽闻大唱曰："范慎追董慎到。"使者曰："诺。"趋入。

府君曰："所追录事，今复何在？"使者曰："冥司幽秘，恐或漏泄，向请左曹匿影布囊盛之。"府君大笑曰："使一范慎追一董慎，取左曹布囊盛一右曹录事，可谓能防慎矣。"便令写出，抉去目泥，便赐青缣衫、鱼须笏、豹皮靴，文甚斑驳。

邀登副阶，命左右取榻令坐，曰："借君公正，故有是请。今有闽州司马令狐寔等六人，置无间狱。承天曹符，以寔是太元夫人三等亲，准令递减三等。昨罪人程翥一百二十人引例，喧讼纷纭，不可止遏。已具名申天曹。天曹以为罚疑唯轻，亦令量减二等，余恐后人引例多矣，君谓宜如何？"

慎曰："夫水照妍蚩而人不怒者，以其至清无情，况于天地刑法，岂宜恩贷奸慝。然慎一胥吏尔，素无文字，虽知不可，终语无条贯。常州府秀才张审通，辞彩隽拔，足得备君管记。"

府君令帖召之，俄顷审通至，曰："此易耳，君当判以状申。"府君曰："君善为辞。"即补充左曹录事，仍赐衣服如董慎，各给一玄狐，每出即乘之。审通判曰："天本无私，法宜画一，苟从恩贷，是恣奸行。

令狐寔前命减刑，已同私请；程翥后申薄诉，且异罪疑。倘开递减之科，实失公家之论。请依前付无间狱，仍录状申天曹者。"

即有黄衫人持状而往，少顷，复持天符曰："所申文状，多起异端。奉主之宜，但合遵守。周礼八议，一曰议亲，又元化匮中释冲符，亦曰无不亲。是则典章昭然，有何不可。岂可使太元功德，不能庇三等之亲。仍敢愆违，须有惩谪。府君可罚不紫衣六十甲子，馀依前处分者。"

府君大怒审通曰："君为判辞，使我受谴。"即命左右取方寸肉塞却一耳，遂无闻。审通诉曰："乞更为判申，不允，则甘罪再罚。"府君曰："君为我去罪，即更与君一耳。"审通又判曰："天大地大，本以无亲；若使奉主，何由得一？苟欲因情变法，实将生伪丧真。太古以前，人犹至朴；中古之降，方闻各亲。岂可合太古育物之心，生仲尼观蜡之叹。无不亲，是非公也，何必引之。请宽逆耳之辜，敢荐沃心之药。庶其阅实，用得平均。令狐寔等并请依正法。仍录申天曹者。"

黄衣人又持往，须臾又有天符来曰："再省所申，甚为允当。府君可加六天副正使，令狐寔、程翥等并正法处置者。"府君悦，即谓审通曰："非君不可以正此狱。"因命左右割下耳中肉，令一小儿擘之为一耳，安于审通额上，曰："塞君一耳，与君三耳，何如？"

又谓慎曰："甚赖君荐贤以成我美，然不可久留君，当寿一周年相报耳。君兼本寿，得二十一年矣。"即促送归家，使者复以泥封二人，布囊各送至宅，欻如写出，而顾问妻子，妻子云："君亡精魂已十馀日矣。"慎自此果二十一年而卒。

审通数日额角痒，遂踊出一耳，通前三耳，而踊出者尤聪。时人笑曰："天有九头鸟，地有三耳秀才。"亦呼为鸡冠秀才者。慎初见府君称邻，后方知偈乃邻字也。

袁洪儿夸郎

陈朱崖太守袁洪儿，小名夸郎，年二十，生来性好书乐静，别处一院，颇能玄言。尝野见翠翠鸟，命罗得之。袁甚好玩，清夜月明，彻烛长吟："露湿寒塘草，月映清淮流。"

忽失翠翠鸟所在，见一双鬟婢子立在其左，曰："袁郎此篇甚为佳妙，然未知我二十七郎封郎，能押剧韵，又为三言四言句诗，一句开口，一句合口，咏春诗曰："花落也，蛱蝶舞，人何多疾，吁足忧苦。"如剧韵押法之诗，有一二百首，不能尽记得。"

夸郎甚异之，曰："汝是谁家青衣，乃得至此？且汝封郎，吾可屈致之乎？"婢子曰："某王家二十七郎子从嫁，本名翡翠，偶因化身游行，使为袁郎子罗得。封郎去此不远，但具主人之礼，少顷封郎即至。"

夸郎乃命酒具茶器，未移，翡翠至，曰："封郎在门外。"出见一少年，可二十馀，言辞温雅，风流爽迈，揖让登席，博论子史，自晡竟夕，宾主相得。夸郎曰："足下高居，当垂见喻。"封郎曰："平仲来日当有蔬馔奉邀，然非仆本居，赘于瑯琊耳。"再三殷勤而别。

及明日辰后，有小童前拜曰："封郎使归儿送书，令从二郎引路。"启书读曰："佳辰气茂，思得良会，驻足层台，企俟光仪，唯足下但东驰耳。"夸郎即策马从之，可行十里，忽见泉石莹彻，异花骈植，宾馆宏敞，穷极瑰宝。门悬青绡幕，下宛一尺馀，皆蓺兽炭。

夸郎与封郎相见，方顾异之，平仲回叱一小童曰："捧笔奴，早令汝煎火浣幕，何故客至犹未毕！"但令去火，而幕色尤鲜。坐未几，又有四人出宅，皆风雅士也。封生曰："主人王二兄、三兄、四兄、六郎子，其名曰准、曰推、曰惟、曰淮。"

夸郎相见坐讫，即有六青衣，皆有殊色，悉衣珠翠，捧方丈盘至，珍羞万品，中有珍异，无不殚尽。王淮曰："有少家乐，请此奉娱。"即有女娃十馀人并出，别有胡优，咬指翘足，一时拜员外资，次即为给舍。淮指一妓曰："石崇妾仙娥娘也，名称亚于绿珠。"于是丝竹并作，铿锵清亮。

日晚，王氏兄弟醉寝，封生谓夸郎曰："此亦足为富贵，然丈人为太守，当不以此盛。"夸郎曰："不以鄙贱，愿陪行末，不审何以致之？"封生曰："君诚能结同心，仆便请为行人。拙室有姨，美淑善音，请袁君思之。"夸郎曰："但恐龙门下难为鱼耳。"

封生因入白王氏尊长，即出曰："允矣！明日吉，便为迎日。"夸郎大悦，许之。明日，王氏昆弟方陈设于堂下，茵榻帷帐，赫然炫目。及夸郎入，帘下有女郎曰："袁郎行动趑跹，犹似把书入学时。"又老青衣过，夸郎拜谢讫，目之，即又笑曰："禽霏无乳久矣，袁郎何用目之！"

将暮，傧乐皆至，有青衣持笺催妆诗，夸郎下笔赋诗曰："好花本自有春晖，不偶红妆乱玉姿。若用何郎面上粉，任将多少借光仪。"其馀吉礼，无不毕备。篇咏甚多，而不悉记得。唯忆得咏花扇诗曰："圆扇画方新，金花照锦茵。那言灯下见，更值月中人。"

夸郎妻殊丽绝国，举止闲雅，小名曰从从，正名携。第二十七仪质亦得类娣娣，辩捷善戏谑，赠袁郎诗曰："人家女美大须愁，往往丑郎门外求。昨日金刚脚下见，今朝何得此间游？"

及后班坐桐阴，封平仲鼓琴，顾谓夸郎曰："姨夫岂无一言相赠？"夸郎即赋诗曰："宝匣开玉琴，高梧追烦暑。商弦一以发，白云飘然举。何必苍梧东，激琴怀怨浦。"夸郎日恣饮谦，遂无归思。忽觉妻皆惨然，又饰行装。

夸郎问封生，封生曰："丈人晋侍中王济也，久为阴道交州牧，近改并州刺史。若足下以贤尊在此，不能俱往，则当从此有终天之别。"其妻呜咽流涕曰："君本自殊途，不期与会，致今日之别，亦封郎二兄之过。"遂闻外人呼声，走出，回顾已苍然不复见一物。

太守求不得已近一年。及至数月，犹惝恍，往往奔至前所，别无所见，复涕泣而退，终岁乃如故。

卷
七

张左 / 萧志忠 / 李汭 / 南缵

张左

前进士张左，尝为叔父言：少年南次鄠杜，郊行，见有老父乘青驴，四足白，腰背鹿革囊，颜甚悦怿，旨趣非凡。叟自斜径合路，左甚异之，试问所从来，叟但笑而不答。

至于再三，叟忽怒叱曰："年少子，乃敢相逼！吾岂盗贼椎埋者耶，何必问所从来。"左逊谢曰："向慕先生高躅，愿从事左右耳，何赐深责？"叟曰："吾无术教子，但寿永者。子当嗤我潦倒，欲噱吾释志耳。"遂鞭乘促走，左亦扑马趋，俱至逆旅。

叟枕鹿囊，寝未熟，左方疲倦，赍取酒将饮，试就请曰："单醪期先生共之。"叟跳起曰："此正吾所好，何子解吾意！"饮讫，左觇其色悦，徐请曰："小生寡昧，愿先生赐言以广闻见，然非所敢望。"

叟曰："吾所见梁陈隋唐耳，贤愚治乱，国史已具。然请以身所异者语子：吾宇文周时居岐，扶风人也，姓申名宗，慕齐神武，因改为欢。十八，从燕公于谨征梁元帝于荆州，州陷，大军将旋，梦青衣二人谓余曰："吕走天年，人向主寿。"既觉，吾乃诣占梦者于江陵市，占梦者谓余曰："吕走，回字也。人向主，住字也。岂子住乃寿也。"

时留兵于江陵，吾遂陈情于校尉托跋烈，许之。因却诣占梦者曰："住即合矣，寿有术乎？"占者曰："汝生前梓潼薛君胄也，好服木蕊散，多寻异书，日诵黄老一百纸，徙居鹤鸣山下，草堂三间，户外骈植花竹，泉石萦绕。八月十五日，长啸独饮，闷酒酣畅，大言曰："薛君胄疏淡若此，何无异人降止？"

忽觉两耳中有车马声，因颓然思寝，才至席，遂有小车，朱轮青盖，驾赤犊出耳中，各高二三寸，亦不知出耳之难。车有二童，绿帻青帔，亦长二三寸，凭轼呼御者，踏轮扶下，而谓君胄曰："吾自兜玄国来，向闻长啸月下，韵甚清激，私心奉慕，愿接清论。"

君冑大骇曰："君适出吾耳,何谓兜玄国来?"二童子曰："兜玄国在吾耳中,君耳安能处我?"君冑曰:"君长二三寸,岂复耳有国土!倘若有之,国人当尽焦螟耳。"二童曰:"胡为其然!吾国与汝国无异,不信,盍从吾游。或能便留,则君亡生死苦矣。"

一童因倾耳示君冑,君冑觇之,乃别有天地,花卉繁茂,薨栋连接,清泉翠竹,萦绕香甸,因扪耳投之,已至一都会,城池楼堞,穷极瑰丽。君冑仿徨,未知所之,顾见向之二童已在侧,谓君冑曰:"此国大小于君国,即至此,盍从吾谒蒙玄真伯。"

蒙玄真伯居大殿,墙垣阶陛,尽饰以金碧,垂翡翠帘帷帐,中间独褰,真伯身衣云霞日月衣,冠通天冠,垂旒皆与身等。玉童四人,立侍左右,一执白拂,一执犀如意。二人皆拱手拜伏,不敢仰视。

有高冠长鬣绛纱衣人,宣青纸制曰:"肇分大素,国既百亿,尔沦下土,贱卑万品,聿臻于此,实由冥合。况尔清乃躬诚,叶于真宰,大官厚爵,俾宜享之。右可主箓大夫。"

君胄拜舞出门，即有黄帔三四人，引至一曹署。其中文簿，多所不识，每月亦无请受，但意有所念，左右必先知，当便供给。因暇登楼远望，忽有归思，赋诗曰："风软景和丽，异花馥林塘。登高一怅望，信美非吾乡。"

因以诗示二童子，童子怒曰："吾以君质性冲寂，引至吾国，鄙俗馀态，果乃未去，卿有何忆耶！"遂疾逐君胄，如陷落地，仰视乃自童子耳中落，已在旧居处，随视童子亦不见，因问诸邻人，邻人云："失君已七八年矣。"君胄在彼如数月。

未几而君胄卒，遂生于申家，即今身也。"占者又云："吾前生乃出耳中童子，以汝前生好道，已得至兜玄国，然俗想未尽，不可长生。然汝由此寿千岁矣。吾授汝符，即归。"因吐朱绢尺馀，令吞之。占者遂复童子形而灭。

自是不复有疾，周行天下名山，迨兹向二百馀岁。然吾所见异事甚多，并记鹿革中。"因启囊，出二轴书甚大，字颇细。

左不能读，请叟自宣，略述十馀事，其半昭然可纪。此卷八事，无非叟之所说。其夕将明，左略寝，及觉已失叟。后数日，有人于炭谷湫见之，叟曰："为我致意于张君。"左遽寻之，已复不见。时贞元中。

萧志忠

中书令萧志忠，景云元年为晋州刺史，将以腊日畋游，大事罝罗。先一日，有薪者樵于霍山，暴疟不能归，因止岩穴之中，呻吟不寐，夜将艾，似闻谷峚有人声，初以为盗贼将至，则匍匐于枯木中。

时山月甚明，有一人身长丈馀，鼻有三角，体被豹韐，目闪闪如电，向谷长啸。俄有虎、兕、鹿、豕、狐、兔、雉、雁骈迆百许步，长人即唱言曰："余玄冥使者，奉北帝之命。明晨腊日，萧使君当顺时畋猎。汝等若干合鹰死，若干合箭死。"

言讫，群兽皆俯伏战惧，若请命者。有老虎泊老麋皆屈膝白长人言曰："以某之命，死亦以分。然萧公仁者，非意欲害物，以行时令耳，若有少故则止。使者岂无术救余？"

使者曰："非余欲杀汝辈，但以帝命宣示汝等刑名，即余使乎之事毕矣。自此任尔自为计。然余闻东谷严四善谋，尔等可就彼祈求。"群兽皆轮转欢叫。使者即东行，群兽毕从。时薪者疾亦少间，随往觇之。既至东谷，有茅堂数间，黄冠一人，架悬虎皮，身熟寝，惊起见使者曰："阔别既久，每多思望。今日至此，得无配群生腊日刑名乎？"

使者曰："正如高明所问。然彼皆求生于四兄，四兄当为谋之。"老虎老麇即屈膝哀请。

黄冠曰："萧使君役人，必恤其饥寒。若祈滕六降雪，巽二起风，即不复游猎矣。余昨得滕六书，知已丧偶。又闻索泉家第五娘子为歌姬，以妒忌黜。若汝求得美女纳之，雪立降矣。又巽二好饮，汝若求得醇醪以赂之，则风立生。"

有二狐自称："多媚，能取之。河东县尉崔知之第三妹，美淑娇艳。绛州卢思由善酿醪，妻产，必有美酒。"言讫而去。诸兽皆有欢声。

黄冠乃谓使者曰："忆含质在仙都，岂意千年为兽身，悒悒不得志。聊为述怀一章。"乃吟曰："昔为仙子今为虎，流落阴崖足风雨。更将斑毳被余身，千载空山万般苦。""然含质谴谪已满，惟有十一日即归紫府矣。久居于此，将别不无恨恨，因题数行于壁，使后人知仆曾居于此矣。"乃书北壁曰："下玄八千亿甲子，丹飞先生严含质，谪下中天被斑革。六千甲子血食润饮，厕猿狖，下浊界，景云元祀升太一。"时薪者素晓书诵，因密记得之。

　　少顷，老狐负美女至，才及笄岁，红袂拭目，残妆妖媚。又有一狐负美酒二瓶，香气芳烈。严四兄即以美女泊美酒瓶，各内一囊中，以朱书_符，取水噀之，二囊即飞去。薪者惧其为所见，即寻路却回。未明，风雪暴至，竟日乃罢，而萧使君不复猎矣。

李汩

汉中从事李汩言：天宝中有士人，尉于巴蜀，才至成都而卒。时连帅章仇兼琼哀其妻少而无投止，因与青城下置一别墅。又以其色美，欲聘纳之，计无所出，谓其夫人曰："贵为诸侯妻，何不盛为盘筵，邀召女客，五百里内，尽可迎致。"夫人甚悦。

兼琼因命衙官遍报五百里内女郎，即日会成都，意欲因会便留亡尉妻。时已为卢舅纳之。卢舅密知兼琼意，令尉妻辞疾不行，兼琼大怒，促左右百骑往收捕。

卢舅时方食，兵骑绕宅四合，卢谈笑自若，殊不苦怀，食讫，谓尉妻曰："兼琼之意可知矣，夫人不可不行。少顷即当送素色衣来，便可服之而往。"言讫，乘驴出门，兵骑前揽不得，徐徐而去，追不及矣。

俄使一小童捧箱，内有故青裙、白衫子、绿帔子、绯罗縠绢素，皆非世人之所有。尉妻服之至成都，诸女郎皆先期而至，兼琼觇于帷下。及尉妻入，光彩绕身，美色旁射，不可正视，坐皆慑气，不觉起拜。

会讫归，三日而卒，红坏立尽。兼琼大骇，具状录奏闻，帝问张果，果云："知之，不敢言。请问青城王老。"帝即诏兼琼求访王老进之。

兼琼搜索青城山前后，并无此人。惟草市药肆云："常有二人日来买山药，称王老所使。"二人至，兼琼即令衙官随访，入山数里，至一草堂，王老皤然鬓发，隐几危坐。衙官随入，遂宣诏，兼致兼琼意。

王老曰："此必多言小子张果也。"因与兼琼克期至京师，令先发表，不肯乘传，兼琼从之。使才至银台，王老亦到。帝召问，张果犹在席侧，见王老，惶恐再拜。

王老叱果曰："小子何不言之！又遣远取吾来。"果言："小仙不敢，专俟仙伯言耳。"因奏曰："卢二舅即太元夫人库子，因假下游，以亡尉妻微有仙骨，故纳为媵。无何，盗太元夫人衣服与着，已受谪至重，为郁单天子矣。亡尉妻以衣太元夫人衣服，堕无间狱矣。"

奏讫，苦不愿留，帝命放还，出后不知所在也。

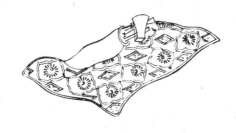

南缵

广汉守南缵，尝为人言：至德中有调选得同州督邮者，姓崔，忘名字，轻骑赴任，出春明门，见一青袍人乘马出，亦不知其姓字，因相揖偕行。徐问何官，青袍人云："新授同州督邮。"崔云："某新授此官，岂不错误乎？"青袍人笑而不答。

又相与行，悉云赴任，去同州数十里，于斜路中，有官吏拜迎。青袍人谓崔君曰："君为阳道录事，某为阴道录事。路从此别，岂不相送耶？"崔生异之，即与连辔入斜路，遂至一城郭，街衢局署，亦甚壮丽。

青袍人至厅，与崔生同坐，伍伯通胥徒僧道等讫，次通辞讼狱囚，崔之妻与焉。崔生大惊，谓青袍人曰："不知拙室何得至此？"青袍人即避大案后，令崔生自与妻言。妻云："被追至此已是数日，君宜哀请录事耳。"崔生即祈求青袍人，青袍人因令胥吏促放崔生妻令回。

崔生试问妻犯何罪至此，青袍人曰："君寄家同州，应同州亡人皆听勘过。盖君管阳道，某管阴道。"崔生淹留半日，即请却回。

青袍人令胥吏合拜送，曰："虽阴阳有殊，然俱是同州也，可不拜送督邮哉！"青袍人亦偕饯送，再三勤款，挥袂，又令斜路口而去。

崔生至同州，问妻子，妻子病七八日，冥然无知，神不识主，愈才得一日。崔生计之，恰放回日也。妻不记阴道见崔生时，崔生言之，妻始悟如梦，亦不审记也。

卷

八

侯遹 / 巴邛人 / 刘法师 / 刁俊朝 / 古元之 / 卢公涣

侯遹

隋开皇初，广都孝廉侯遹入城，至剑门外，忽见四黄石，皆大如斗。遹爱之，收藏于笼，负之以驴，因歇鞍取看，皆化为金。遹至城货之，得钱百万，市美妾十馀人，大开第宅，近甸良田别墅，货买甚多。

后乘春景出游，尽载妓妾随从，下车陈设酒殽。忽有一老翁，负大笈至，厕下坐。

遹怒诟之，命苍头杖之，皆不嗔恚，但引满啖炙而笑云："吾此来求君偿债耳。君昔将我金去，不忆记乎？"尽取遹妓妾十馀人，投之于笈，亦不觉笈中之窄，负之而趋，走若飞鸟遹令苍头驰马逐之，斯须已失所在。

自后遹家日贫，却复昔日生计。十馀年，却归蜀，到剑门，又见前者老翁，携所将妓妾游行，嫔御极多，见逼皆大笑。问之不言，逼之又失所在。访剑门前后，并无此人，竟不能测也。

巴邛人

有巴邛人，不知姓名，家有橘园。因霜后，诸橘尽收，馀有两大橘，如三四斗盎。巴人异之，即令攀摘，轻重亦如常橘。剖开，每橘有二老叟，鬓眉皤然，肌体红润，皆相对象戏，身仅尺馀。谈笑自若，剖开后亦不惊怖，但与决赌。

赌讫，一叟曰："君输我海龙神第七女发十两，智琼额黄十二枚，紫绢帔一副，绛台山霞宝散二庾，瀛洲玉尘九斛，阿母疗髓凝酒四锺，阿母女态盈娘子蹑虚龙缟袜八緉，后日于王先生青城草堂还我耳。"

又有一叟曰："王先生许来，竟待不得，橘中之乐，不减商山，但不得深根固蒂，为愚人摘下耳。"

又一叟曰："仆饥矣，当取龙根脯食之。"即于袖中抽出一草根，方圆径寸，形状宛转如龙，毫釐罔不周悉，因削食之，随削随满。食讫，以水噀之，化为一龙，四叟共乘之，足下泄泄云起。须臾，风雨晦冥，不知所在。

巴人相传云：百五十年来如此，似在陈隋之间，但不知的年号耳。

刘法师

贞元中，华州云台观有刘法师者，炼气绝粒，迨二十年。每三元设斋，则见一人，衣缝掖，面黧瘦，来居末座，斋毕而去，如此者十馀年，而衣服颜色不改。

法师异而问之，对曰："余姓张名公弼，住莲花峰东隅。"法师意此处无人之境，请同往。公弼怡然许之，曰："此中甚乐，师能便往，亦当无闷。"

法师遂随公弼行，三二十里，援萝攀葛，才有鸟道，经过崖谷险绝，虽猿狖不能过也，而公弼履之若夷途，法师从行亦无难。遂至一石壁削成，高直千馀仞，下临无底之谷，一迳阔数寸，法师与公弼侧足而立。

公弼乃以指扣石壁，中有人问曰："为谁？"对曰："某。"遂划然开一门，门中有天地日月。公弼将入，法师随公弼亦入，其人乃怒，谓公弼曰："何故引外人来?"其人因阖门,则又成石壁矣。

公弼曰:"此非他人,乃云台刘法师也,余久交,故请来此,何见拒之深也!"又开门,内公弼及法师.

公弼曰:"法师此来甚饥,君可丰食遣之。"其人遂问法师:"便能住否?"法师请以后期。其人遂取一盂水,以肘后青囊中刀圭粉和之,以饮法师,其味甚甘香,饮毕而饥渴之想顿除矣。

公弼曰:"余昨云山中甚乐,君盍为戏,令法师观之。"其人乃以水噀东谷中,俄有苍龙白象各一,对舞,舞甚妙。威凤彩鸾各一,对歌,歌甚清。

顷之,公弼送法师回,师却顾,惟见青崖丹壑,向之歌舞,一无所睹矣。及去观将近,公弼乃辞。法师至观,处置事毕,却寻公弼,则步步险阻,杳不可阶,痛恨前者不住,号天叫地,遂成腰疾。公弼更不复至矣。

兹昭应县尉薛公干为僧孺叔父言也。

刁俊朝

安康伶人刁俊朝，其妻巴妪，项瘿者初微若鸡卵，渐巨如三四升瓶盎，积四五年，大如数斛之囊，重不能行。其中有琴瑟笙磬埙篪之响。细而听之，若合音律，泠泠可乐。

积数年，瘿外生小穴如针芒者不知几亿。每天欲雨则穴中吐白云，霏霏如丝缕，渐高布散，结为屯云，雨则立降。其家少长惧之，咸请远送岩穴。

俊朝恋恋不能已，因谓妻曰："吾以迫众议，将不能庇于伉俪，送汝于无人之境，如何？"妻曰："此疾诚可憎恶，送之亦死，拆之亦死，君当为我决拆之，看有何物。"

俊朝即磨淬利刃，挥挑将及妻前，瘿中轩然有声，遂四分拆裂，有一大猱跳走腾踏而去。即以帛絮裹之，虽瘿疾顿愈，而冥然大渐矣。

明日，有黄冠扣门曰："吾乃昨日瘿中走出之猱也。本是老狝猴精，解致风雨，无何与汉江鬼愁潭老蛟还往，常与舰船舫将至，俾他覆之，以求舟中餱粮，以养孙息，昨者太一诛蛟，搜索党与，故借君夫人蜍蛴之领，以匿性命，虽外不相干，然为累亦甚矣。今于凤凰山神处求得少许灵膏，请君涂之，幸当立愈。"

俊朝如其言涂之，随手疮合。俊朝因留黄冠，烹鸡设食，食讫，赍酒欲饮。黄冠因啭喉高歌，又为丝匏琼玉之音，罔不铿锵可爱。既而辞去，莫知所诣。时大定中也。

古元之

古元之，不知何许人也，尝暴疾，尸卧数日，家以为死，已而醒，却生矣。元之云：

当昏醉时，忽如有人沃冷水于体中。仰见一衣冠，绛裳霓帔，仪容甚伟，顾元之曰："吾乃古弼也，是汝远祖，适欲至和神国中，无人担囊侍从，故来取汝。"

即令负一大囊，可重一钧。又与一竹杖，长丈二馀，令元之乘骑随后，飞举甚速，常在半天。西南行，不知里数，山河愈远，欻然下地，已至和神国。

其国无大山，山皆积碧岷，石际生青彩籍箓，异花珍果，软草香媚，好禽嘲哳。山顶皆正平如砥，清泉迸下者二三百道。

原野无凡树，悉生百果及相思楠榴之辈。每果树花卉俱发，实色鲜红，映翠叶于香丛之下，纷错满树，四时不改。唯一岁一度，暗换花实叶等，更生新嫩，人不知觉。

田畴尽长大瓠，瓠中实以五谷，甘香珍美，非中国稻粱所拟。人得足食，不假耕种。原隰滋茂，莸秽不生。一年一度，出彩丝树，枝干悉缠绕五色丝纩，人得随色织纴，不假蚕杼。四时之气，常熙熙和淑，如中国二三月。无蚊虻螟虮虱蜂蝎蛇虺守宫蜈蚣蛛蚁之虫，又无鸥枭鸦鹠鹐鸽蝙蝠之禽，又无虎狼犲豹狐狸貜驳之兽，又无猫鼠猪犬扰害之类。

其人长短妍媸皆等，无有嗜欲爱憎之志。人生二男二女，为邻则世世为婚姻，笄年而嫁，二十而娶，人寿百二十，中无夭折疾病瘄聋跛躄之患。百岁以下，皆自记忆；百岁已外，皆不知其寿几何。至寿尽则欻然失其所在，虽亲戚子孙，皆忘其人，故常无忧戚。

每日午时一食，中间惟食酒浆果实耳。餐亦不知所化，不置溷所。人无私积囷仓，馀粮栖亩，要者取之。无灌园鬻蔬，野菜皆足人食。十亩有一酒泉，味甘而香。

国人日相携游览歌咏，陶陶然，暮夜而散，未尝昏醉。

人人有婢仆，皆自然谨慎，知人所要，不烦役使。随意屋室，靡不壮丽。其国六畜唯有马，驯扰而骏，不用荂秣，自食野草，不近积聚。人要乘则乘，乘讫而却放，亦无主守。

其国千官皆足，而仕宦不自知其身之在仕，杂于下人，以无职事操断也。虽有君主，而君不自知为君，杂于千官，以无职事升贬也。

又无迅雷风雨，其风常微轻如煦，袭万物不至木有鸣条。其雨十日一降，降必以夜，津润调畅，不至地有淹流。

一国之人，皆自相亲，有如戚属，人各相惠多与，无市易商贩之辈，以不求利故也。

古弼既到其国，顾谓元之曰："此和神国也，虽非神仙，风俗不恶。汝回当为世人言之。吾既至此，回即别求人负囊，不用汝矣。"因以酒饮元之。

元之引满数巡，不觉沉醉冥然。既而复醒，身已活矣。自是元之疏逸，无宦情之意，游行山水，自号知和子，竟不知其终也。

卢公涣

黄门侍郎卢公涣，为明州刺史，属邑象山县□□，溪谷迥无人处，有盗发墓者云：初见车辙中有花砖，因揭之，知是古冢墓。乃结十人于县投状，请路旁居止，县尹允之。遂种麻，令外人无所见，即悉力发掘，入其隧路，渐至圹中，有三石门，皆以铁封之。

其盗先能诵呪，因斋戒禁之。翌日，两门开，每门中各有铜人铜马数百，持执干戈，其制精巧。盗又斋戒三日，中门一扇开，有黄衣人出，传语曰："汉征南将军刘忘名使来相闻，某生有征伐大勳，及死，敕令护葬及铸铜人马等，以象存日仪卫。奉计来此，必要财货，西门所居之室，实无他物，且官葬不瘗货宝，何必苦以神呪相侵，若更不已，当不免两损。"言讫却入，门复合如初。

盗又诵呪数日不已，门开，一青衣又出传语，盗弗允，两扇欻辟，大水漂荡，盗皆溺死。一盗解泅而出，自缚诣官，具说本末。黄门令覆视其墓，其中门内有一石床，骷髅枕之，水漂已半垂于床下，因却为封两门，窒其隧路矣。

卷
九

齐饶州 / 吴全素 / 掠剩使

齐饶州

饶州刺史齐推女，适湖州参军韦会。长庆三年，韦以妻方娠，将赴调也，送归鄱阳，遂登上国。

十一月，妻方诞之夕，齐氏忽见一人长丈馀，金甲仗钺，怒曰："我梁朝陈将军也，久居此室。汝是何人，敢此秽触！"举钺将杀之。

齐氏叫乞曰："俗眼有限，不知将军在此。比来承教，乞容移去。"将军曰："不移当死。"左右悉闻齐氏哀诉之声，惊起来视，则齐氏汗流浃背，精神恍然，绕而问之，徐言所见。

及明，侍婢白于使君，请居他室。使君素正直，执无鬼之论，不听。至其夜三更，将军又到，大怒曰："前者不知，理当相恕，知而不避，岂可复容！"复将用钺。

齐氏哀乞曰："使君性强，不从所请。我一女子，敢拒神明。容至天明，不待命而移去。此更不移，甘于万死。"将军者拗怒而去。未曙，令侍婢洒扫他室，移榻其中。

方将輂运，使君公退，问其故，侍者以告，使君大怒，杖之数十，曰："产蓐虚羸，正气不足，妖由之兴，岂足遽信。"女泣以请，终亦不许。入夜，自寝其前，以身为援，堂中添人加烛以安之。

夜分闻齐氏惊痛之声，开门入视，则头破死矣。使君哀恨之极，倍百常情，以为引刀自残不足以谢其女，乃殡于异室，遣健步者报韦会。

韦以文籍小差为天官所黜，异道来复，凶讣不逢，去饶州百馀里，忽见一女人，仪容行步酷似齐氏，乃援其仆而指之曰："汝见彼人乎？何以似吾妻也？"仆曰："夫人刺史爱女，何以行此，乃人有相类耳。"韦审观之，愈是，跃马而近焉。

女人乃入门，斜掩其扇。又意其他人也，乃不下马，过而回视之，齐氏自门出，呼曰："韦君忍不相顾？"遽下马视之，真其妻也，惊问其故，具云陈将军之事，因泣曰："妾诚愚陋，幸奉巾栉，言词情礼，未尝获罪于君子。方欲竭节闺门，终于白首，而枉为狂鬼所杀。自检命籍，当有二十八年。今有一事，可以相救，君能相哀乎？"悲恨之深，言不尽意。

韦曰："夫妻之情，事均一体，鹣鹣翼坠，比目半无，单然此身，更将何往？苟有歧路，汤火能入。但生死异路，幽晦难知。如可竭诚，愿闻其计。"

齐曰："此村东数里，有草堂中田先生者，领村童教授，此人奇怪，不可遽言。君能去马步行，及门趋谒，若拜上官然，垂泣诉冤，彼必大怒，乃至诟骂，屈辱捶击，拖拽秽唾，必尽数受之，事穷然后见哀，即妾必还矣。先生之貌，固不称焉。晦冥之事，幸无忽也。"

于是同行，韦牵马授之，齐氏哭曰："今妾此身，故非旧日，君虽乘马，亦难相及。事甚迫切，君无推辞。"韦鞭马随之，往往不及。

行数里，遥见道北草堂，齐氏指曰："先生居也。救心诚坚，万苦莫退。渠有凌辱，妾必得还。无忽忿容，遂令永隔。勉之，从此辞矣。"挥涕而去。数步间，忽不见。

韦收泪诣草堂，未到数百步，去马公服，使仆人执谒前引，到堂前，学徒曰："先生转食未归。"韦端笏以候。

良久，一人戴破帽、曳木屐而来，形状丑秽之极，问其门人，曰："先生也。"命仆呈谒，韦趋走迎拜，先生答拜曰："某村翁，求食于牧竖，官人何忽如此，甚令人惊。"韦拱诉曰："妻齐氏，享年未半，枉为梁朝陈将军所杀，伏乞放归，终其残禄。"因扣地哭拜。

先生曰："某乃村野鄙愚，门人相竞，尚不能断，况冥晦间事乎！官人莫风狂否？火急须去，勿恣妖言。"不顾而入。

韦随人，拜于床前曰："实诉深冤，幸垂哀宥。"先生顾其徒曰："此人风疾，来此相喧，众可拽出。

又复入，汝共唾之。"村童数十，竞来唾面，其秽可知。韦亦不敢拭，唾歇复拜，言诚恳切。

先生曰："吾闻风狂之人，打亦不痛，诸生为吾击之，无折支败面耳。"村童复来群击，痛不可堪。韦执笏拱立，任其挥击。击罢，又前哀乞，又敕其徒推倒，把脚拽出，放而复入者三。

先生谓其徒曰："此人乃实知吾有术，故此相访。汝今归，吾当救之耳。"众童既散，谓韦曰："官人真有心丈夫也，为妻之冤，甘心屈辱，感君诚恳，试为检寻。"因命入房，房中铺一净席，席上有案，置香一炉，炉前又铺席。坐定，令韦跪于案前。

俄见黄衫人引向北行数百里，入城郭，鄽里闹喧，一如会府。又如北，有小城，城中楼殿，峨若皇居，卫士执兵立者坐者各数百人，及门，门吏通曰："前湖州参军韦某。"乘通而入，直北正殿九间，堂中一间卷帘设床案，有紫衣人南面坐者。韦入，向坐而拜，起视之，乃田先生也。

韦复诉冤，左右曰："近西通状。"韦乃趋近西廊，又有授笔砚者，乃为诉词。韦问当衙者曰："何官？"曰："王也。"吏收状上殿，王判曰："追陈将军，仍检状过。"状出，瞬息间，通曰："提陈将军。"仍检状过，有如齐氏言。

王责曰："何故枉杀平人？"将军曰："自居此室已数百岁，而齐氏擅秽，再宥不移，忿而杀之，罪当万死。"王判曰："明晦异路，理不相干。久幽之鬼，横占人室，不相自省，仍杀无辜，可决一百，配流东海之南。"

案吏过状曰："齐氏禄命，实有二十八年。"王命呼阿齐问："阳禄未尽，理合却回，今将放归，意欲愿否？"齐氏曰："诚愿却回。"王判曰："付案勒回。"

案吏咨曰："齐氏宅舍破坏，回无所归。"王曰："差人修补。"吏曰："事事皆戾，修补不及。"王曰："必须放归。"出门商量状过，顷复入，曰："唯有放生魂去，此外无计。"王曰："魂与生人，事有何异？"

曰："所以有异者，唯年满当死之日，病笃而无尸耳。其他并同。"王召韦曰："生魂只有此异。"韦拜请之，遂令齐氏同归，各拜而出。

黄衫人复引南行，既出其城，若行崖谷，足跌而坠，开目即复跪在案前，先生者亦据案而坐。先生曰："此事甚秘，非君诚恳，不可致也。然贤夫人未葬，尚瘗旧房，宜飞书葬之，到即无苦也。慎勿言于郡下，微露于人，将不利于使君尔。贤阁只在门前，便可同去。"

韦拜谢而出，其妻已在马前矣。此时却为生人，不复轻健。韦掷其衣驮，令妻乘马，自跨卫从之，且飞书于郡，请葬其枢。使君始闻韦之将到也，设馆，施穗帐以待之。及得书，惊骇殊不信，然强葬之，而命其子以肩舆迓焉。见之，益闷，多方以问，不言其实。其夏，醉韦以酒，迫问之，不觉具述，使君闻而恶焉。俄而得疾，数月而卒。

韦潜使人觇田先生，亦不知所在矣。齐氏饮食生育，无异于常，但肩舆之夫不觉其有人也。

余闻之已久，或未深信。太和二年秋，富平尉宋坚，因坐中言及奇事，客有郿王府参军张奇者，即韦之外弟，具言斯事，无差旧闻，且曰："齐嫂见在，自归复已来，精神容饰，殊胜旧日。"冥吏之理于幽晦也，岂虚言哉！

吴全素

　　吴全素，苏州人，举孝廉，五上不第，元和十二年，寓居长安永兴里。十二月十三日夜既卧，见二人白衣执简，若贡院引牓来召者，全素曰："礼闱引试，分甲有期，何烦夜引？"

　　使者固邀，不得已而下床随行，不觉过子城，出开远门二百步，正北行，有路阔二尺已来，此外尽是深泥，见丈夫妇人，捽之者，拽倒者，枷杻者，锁身者，连裾者，僧者，道者，囊盛其头者，面缚者，散驱行者，数百辈，皆行泥中，独全素行平路，约数里。

　　入城郭见官府，同列者千馀人，军吏佩刀者分部其人，率五十人为一引，引过，全素在第三引中。其正衙有大殿，当中设床几，一人衣绯而坐，左右立吏数十人，衙吏点名，便判付司狱者，付碪狱者，付矿狱者，付汤狱者，付火狱者，付案者。闻其付狱者，方悟身死。

见四十九人皆点付讫，独全素在，因问其人曰："当衙者何官？"曰："判官也。"遂诉曰："全素忝履儒道，年禄未终，不合死。"

判官曰："冥司案牍，一一分明。据籍帖追，岂合妄诉！"

全素曰："审知年命未尽，今请对验命籍。"乃命取吴郡户籍到，检得吴全素，元和十三年明经出身，其后三年卒，亦无官禄。

判官曰："人世三年，才同瞬息，且无荣禄，何必却回！既去即来，徒烦案牍。"

全素曰："辞亲五载，得归即荣，何况成名尚馀三载，伏乞哀察。"

判官曰："任归。"仍诫引者曰："此人命薄，宜令速去。稍以延迟，即天明矣。"引者受命，即与同行。

出门外，羡而泣者不可胜纪。既出其城，不复见泥矣。复至开远门，二吏谓全素曰："君命甚薄，天明即归不得，不见判官之命乎？我皆贫，各惠钱五十万，即无虑矣。"

全素曰："远客又贫，如何可致？"

吏曰："从母之夫，居宣阳为户部吏者甚富，一言可致也。"

既同诣其家，二吏不肯上阶，令全素入告，其家方食煎饼，全素至灯前拱曰："阿姨万福！"不应。又曰："姨夫安和！"又不应。乃以手笼灯，满堂皆暗。

姨夫曰："何不抛少物？夜食香物，鬼神便合恼人。"全素既憾其不应，又目为鬼神，意颇忿之。

青衣有执食者，其面正当，因以手掌之，应手而倒，家人竞来拔发喷水，呼唤良久方寤。

全素既言情不得，下阶问二吏，吏曰："固然，君未还生，非鬼而何。鬼语而人不闻，笼灯行掌，诚足以骇之。"

曰："然则何以言事？"

曰："以吾唾涂人大门，一家睡；涂人中门，门内人睡；涂堂门，满堂人睡。可以手承吾唾而涂之。"全素掬手，二吏交唾。逡巡掬手以涂堂门，才毕，满堂欠伸，促去食器，遂入寝。

二吏曰："君入，去床三尺立言之，慎勿近床，以手摇动，则魇不寤矣。"全素依其言言之，其姨惊起，泣谓夫曰："全素晚来归宿，何忽致死。今者见梦求钱，言有所遗，如何？"

其夫曰："忧念外甥，偶为热梦，何足遽信！"又寝，又梦，惊起而泣，求纸于柜，适有二百幅，乃令遽剪焚之，火绝则千缗宛然在地矣。

二吏曰："钱数多，某固不能胜，而君之力，生人之力也。可以尽举，请负以致寄之。"全素初以为难，

试以两手上承，自肩挑之，巍巍然极高，其实甚轻，
乃引行寄介公庙，主人者紫衣腰金，敕吏受之。

寄毕，二吏曰："君之还生必矣，且思便归，为
亦有所见耶？今欲取一人送之受生，能略观否？"全
素曰："固所愿也。"

乃相引入西市绢行南人家，灯火荧煌，呜呜而泣，
数僧当门诵经，香烟满户，二吏不敢近，乃从堂后檐
上，计当寝床，有抽瓦折椽，开一大穴。穴中下视。
一老人气息奄然，相向而泣者周其床。一吏出怀中绳，
大如指，长二丈馀，令全素安坐执之，一头垂于穴中，
诫全素曰："吾寻取彼人，人来，当掣绳。"

全素遂出绳下之，而以右手捽老人，左手掣绳。
全素遽掣出之，拽于堂前，以绳囚缚，二吏更荷而出，
相顾曰："何处有屠案最大？"

其一曰："布政坊十字街南王家案最大。"乃相
与往焉。既到，投老人于案上，脱衣缠身，更上推扑，
老人曰苦，其声感人。

全素曰："有罪当刑，此亦非法，若无罪责，何以苦之？"

二吏曰："讶君之问何迟也。凡人有善功清德，合生天堂者，仙乐彩云霓旌鹤驾来迎也，某何以见之？若有重罪及秽恶，合堕地狱者，牛头奇鬼铁叉枷杻来取，某又何以见之？此老人无生天堂之福，又无入地狱之罪，虽能修身，未离尘俗，但洁其身，净无瑕秽，既舍此身，只合更受男子之身。当其上计之时，其母已孕，此命既尽，彼命合生，今若不团扑，令彼妇人，何以能产？"

又尽力揉扑，实觉渐小，须臾，其形才如拳大，百骸九窍，莫不依然。于是依依提行，踰子城大胜业坊西南下东回第二曲北壁，入第一家，其家复有灯火荧煌，言语切切，沙门二人，当窗诵《八阳经》。此因吉来，不敢逼僧，直上阶，见堂门斜掩，一吏执老人投于堂中，才似到床，新子已啼矣。二吏曰："事毕矣，送君去。"

又偕入永兴里旅舍，到寝房，房内尚黑，略无所见，二吏随自后，乃推全素大呼曰："吴全素！"若失足而坠，既苏，头眩者良久方定。而街鼓方动，姨夫者自宣阳走马来，则已苏矣，其仆不知觉也。

乘肩舆憩于宣阳，数日复故，再由子城入胜业生男之家，历历在眼，自以明经中第，不足为荣，思速侍亲。

卜得行日，或头眩不果去，或驴来脚损，或雨雪连日，或亲故往来，因循之间，遂逼试日，入场而过，不复似旧日之用意。俄而成名，笑别长安而去。乃知命当有成，弃之不可；时苟未会，躁亦何为。举此一端，可以诚其知进而不知退者。

掠剩使

　　杜陵韦元方外兄裴璞，任邠州新平县尉，元和五年卒于官。长庆初，元方下第，将客于陇右，出开远门数十里低偏店，将憩，逢武吏跃马而来，骑从数十，而貌似璞，见元方若识，而急下马避之，入茶坊，垂帘于小室中，其徒御散坐帘外。

　　元方疑之，亦造其邸。及搴帘入见，实裴璞也，惊喜拜之，曰："兄去人间，复效武职，何从吏之赳赳焉？"

　　裴曰："吾为阴官，职辖武士，故武饰耳。"

　　元方曰："何官？"

　　"陇右三川掠剩使耳。"

曰："何为典耶？"

曰："吾职司人剩财而掠之。"

韦曰："何谓剩财？"

裴曰："人之转货求丐也，命当即叶，忽遇物之简稀，或主人深顾所得，乃踰数外之财，即谓之剩，故掠之焉。"

曰："安知其剩而掠之？"

裴曰："生人一饮一啄，无非前定，况财宝乎？阴司所籍，其获有限，获而踰籍，阴吏状来，乃掠之也。"

韦曰："所谓掠者，夺之于囊耶，窃之于怀耶？"

裴曰："非也。当数而得，一一有成，数外之财，为吾所运，或令虚耗，或累横事，或买卖不及常价，殊不关身尔。始吾之生也，常谓商勤得财，农勤得谷，士勤得禄，只叹其不勤而不得也。夫覆舟之商，旱岁之农，屡空之士，岂不勤乎？而今乃知勤者德之基，学者善之本。德之为善，乃理身之道耳，亦未足以邀财而求禄也。子之逢吾，亦是前定，合得白金二斤，过此遗子，又当复掠，故不厚矣。子之是行也，岐甚厚而邠甚薄，于泾殊无所得，诸镇平平耳。人生有命，时不参差，以道静观，无复躁竞，勉之哉！璞以公事，须入城中，阴冥限数，不可违越。"遂以白金二斤授之，揖而上马。

元方固请曰："阔别多年，忽此集会，款言未几，又隔晦明，何遽如此？"

璞曰："本司廨署，置在汧陇间，吐蕃将来，虑其侵轶，当与阴道京尹，共议会盟。虽非远图，聊亦纾患，亦粗安边之计也。戎马已驾，来期不遥，事非早谋，不可为备，且去！且去！"上马数里，遂不复见。顾其所遗，乃真白金也。

怅然而西，所历之获，无差其说。彼乐天知命者，盖知事皆前定矣。俄而蕃浑骚动，朝廷知之，又虑其叛，思援臣以为谋，宰相范盟，相国崔公不欲临境，遂为城下之盟，卒如其说也。

卷
十

开元明皇幸广陵

　　开元十八年正月望夕，帝谓叶仙师曰："四方之盛，陈于此夕，师知何处极丽？"

　　对曰："灯烛华丽，百戏陈设，士女争妍，粉黛相染，天下无踰于广陵矣。"

　　帝曰："何术可使吾一观之？"

　　师曰："侍御皆可，何独陛下乎。"俄而虹桥起于殿前，板阁架虚，阑楯若画。师奏："桥成，请行，但无回顾而已。"于是帝步而上之，太真及侍臣高力士、黄旛绰、乐官数十人从行，步步渐高，若造云中。俄顷之间，已到广陵矣。

　　月色如昼，街陌绳直，寺观陈设之盛，灯火之光，照灼台殿。士女华丽，若行化焉，而皆仰望曰："仙人现于五色云中。"乃蹈舞而拜，阗溢里巷。帝大悦焉，乃曰："此真广陵也？"

师曰："请敕乐官奏《霓裳羽衣》一曲，后可验矣。"于是作乐云中，瞻听之人，纷纭相蹈。曲终，帝意将回，有顷之间，已到阙矣。帝极喜。人或谓仙师幻术造微，暂炫耳目。久之未决。

后数旬，广陵奏云："正月十五日三更，有仙人乘彩云自西来，临孝感寺道场上，高数十丈。久之，又奏《霓裳羽衣》一曲，曲终西去。官僚士女，无不具瞻。斯盖陛下孝诚感通，玄德昭著，名应仙箓，道冠帝图。不然，何以初元朝礼之晨而庆云现，小臣贱修之地而仙乐陈。则垂衣裳者徒闻帝德，歌《南风》者才洽人心，岂与盛朝同日而语哉！"

上览表，大悦，方信师之不妄也。

叶天师

开元中，道士叶静能讲于明州奉化县兴唐观，自陞座也，有老父白衣而髯者，每先来而后去，必迟迟然，若有意欲言而未能者。讲将罢去，愈更淹留。

听徒毕去，师乃召问，泣拜而言，自称鳞位，曰："有意求哀，不敢自陈，既蒙下问，敢不尽其诚恳。位实非人，乃宝藏之守龙也。职在观南小海中，千秋无失，乃获稍迁，苟或失之，即受炎沙之罚。今九百馀年矣，胡僧所禁且三十春，其僧虔心，有大咒力，今忧午日午时，其术即成，来喝水干，实无所隐。弟子当死，不敢望荣迁，然千载之炎海，诚不可忍。惟仙师哀之，必免斯难，不敢忘德。"师许之，乃泣谢而去。

师恐遗忘，乃大书其柱曰："午日午时救龙。"其日赴食于邑人，既回，方憩，门人忽读其柱曰："午日午时救龙，今方欲午，吾师正憩，岂忘之乎？"将入，师已闻，遽问曰："今何时？"对曰："顷刻正午耳。"

仙师遽使青衣门人执墨书符，急往海一里馀，见黑云惨空，毒风四起，有婆罗门伏剑乘黑云，持咒于海上连喝，海水寻减半矣。青衣使亦随声堕焉。又使黄衣门人执朱符奔马以往，去海一百馀步，又喝，寻堕，海水十涸七八矣。有白龙跳跃浅波中，喘喘焉。又使朱衣使执黄符以往，僧又喝之，连喝不堕，及岸，则海水才一二尺，白龙者奋鬣张口于沙中。朱衣使投符于海，随手水复。

婆罗门抚剑而叹曰："三十年精勤，一旦术尽，何道士之多能哉！"拗怒而去。

既空海恬然，波停风息，前堕二使，亦渐能起，相与偕归，具白于师。未毕，老父者已到，泣拜曰："向者几死于胡术，非仙师之力，不能免矣。位兽也，惧不克报，然终天依附，愿同门人，可指使也。若承师命，虽秦越地阻，江山路殊，一念召之，即立左右矣。"自是朝夕定省，若门人焉。

师以其观在原上，不可穿井，童稚汲水，必于十里之外，阖观患之。他日，师谓髯父曰："吾居此多日，怜其汲远，思绕观有泉以济之，子可致乎？"

曰："泉水之流，天界所有，非力可致。然师能见活，又脱千年之苦，岂可辞乎！夫非可致而致之，界神将拒，俟战胜然后可。令诸人皆他徙。其日晦明三复，然后归，庶几有从命之功。"合观从之。

过期而还，则石甃绕观，清流潺潺，既周而南，入于海，黄冠赖焉。乃题渠曰"仙师渠"。师所以妙术广大天下，盖龙之所助焉。

许元长

　　许元长者，江陵术士，为客淮南。御史陆俊之从事广陵也，有贤妻，待之情分倍愈于常。俄而妻亡，俊之伤悼，情又过之。每至春风动处，秋月明时，众乐声悲，征鸿韵咽，或展转忘寐，思苦长叹，或伫立无憀，心伤永日，如此者踰年矣。全失壮容，骤或雪鬓。

　　他日元长来，陆生知有奇术也，试以汉武帝李夫人之事诱之，元长曰："此甚易耳。"曰："然则能为我致亡妻之神乎？"曰："彼所致者，但致其魂，瞥见而已。"元长又异焉。

　　陆曰："然则子能致者何？"曰："可致其身若生人，有以从容尽平生之意。"陆喜极拜曰："先生诚能致之，顾某骨肉，手足无所措矣。"曰："亡夫人周身之衣，亦仿佛能记乎？"曰："然。"

于是择癸丑日，艮宫直音，空其室，陈设焚香之外，悉无外物，乃备美食，夜分，使陆生公服以俟焉。老青衣一人侍立。

元长曰："夫人之来，非元长在此不可。元长若去，夫人隐矣。侍御夫人久丧，枕席单然，魂劳晦明，恨入肌骨，精诚上达，恳意天从。良会难逢，已是逾年之思，必不可以元长在此，遂阻佳期。阳台一归，楚君望绝，纵使高唐积恨，宋玉兴辞，终无及也。"陆深感之。

既而坐久，绝无来响，陆益倦，屡顾元长问焉。元长因出北望，入曰："至矣，虔诚待之。"俄而悉窣若有人行阶下者。元长揖曰："请入。"其妻遂入，二青衣不识，徐而思之，乃明器女子也。

陆拜哭，妻亦拜哭，因同席而坐，共话离间之思，且悲且欢。食毕，饮酒数巡。饮罢，元长觉其意洽，因回视仙海图。久之，忽闻其妻长吁整衣之声，正坐，复明灯，又饮数巡。

其妻起曰："生死路殊，交欢望绝，非许山人之力，何以及此！此之一别，又是终天，幽暗之中，泪目成血。冥晦有隔，不可久淹，请从此辞。"陆又抱之而哭。

哭竟，又曰："绝望之悲，无身乃已。虽以许山人之命暂得此来，若更淹留，为上司所责。"乃拜泣而去，下阶失之，泣拜未息。陆号恸若初丧焉。乃信元长有奇异之术，且厚谢焉。元长固辞，终请不他言而已。

今见在江陵。太和壬子岁得知其事于武宁曹侍郎弘真处，因备录之。

王国良

庄宅使巡官王国良，下吏之凶暴者也，凭恃宦官，常以凌辱人为事。李复言再从妹夫武全益，罢献陵台令，假城中之宅在其所管。武氏贫，往往纳佣违约束，即言词惨秽，不可和解。宾客到者，莫不先以国良告之，虑其谤及，畏如毒蛇。

元和十二年冬，复言馆于武氏，国良五日一来，其言愈秽，未尝不掩耳而走。忽不来二十日，俄闻缓和之声，遣人问之，徐曰："国良也。"一家畏其恶辞，出而祈之，乃讶其羸瘠。曰："国良前者奉辞，遂染重病，卧七日而死，死亦七日而苏。冥官以无礼见谴，杖疮见在。久不得来。"复言呼坐，请言其实。

国良曰："疾势既困，忽有壮士数人，揎拳露肘，就床拽起，以布囊笼头，拽行不知里数，亦不知到城郭，

140

忽去其头囊，乃官府门也，署曰"太山府君院"。

喘亦未定，捽入厅前，一人绯衣当衙坐，谓案吏曰："此人罪重，合沉地狱，一日未尽，亦不可追。可速检过。"其人走入西廊，逡巡曰："国良从今日已后，有命十年。"

判官令拽出放归，既出门，复怒曰："拽来！此人言语惨秽，抵忤平人。若不痛惩，无以为诫。"遂拗坐决杖二十，拽起，不苏者久之。

判官又赐厅前池水一杯，曰："饮之不忘，为吾转语世间人，慎其口过。口之招非，动挂网罗，一言以失，驷马不追。"国良匐匐来归，数宿方到，入门蹶倒，从此忽悟。

家人泣伺将殓，问其时日，家人曰："身冷已七日矣，唯心头似暖，不忍即殓。"今起五六日矣，疮痛犹在。"袒而视之，满背黯黑，若将溃烂然，四际微紫，欲从外散，且曰："自小凶顽，不识善恶，言词狂悖，罪累积多，从此见戒，不敢复怒矣。凡若有钱，幸副期约，勿使获罪于上也。"乃去。自是每到，必有仁爱。

明年九月，忽闻其死。计其得杖，仅满十月，岂非阴司之事，十年为月乎？

张宠奴

长庆元年，田令公弘正之失律镇阳也，进士王泰客焉。闻兵起，乃出城南走。时兵交于野，乃昼伏宵行。

入信都五六里，忽有一犬黄色随来。俄而犬顾泰曰："此路绝险，何故夜行？"泰默然久之，以诚告之曰："镇阳之难矣。"犬曰："然得逢捷飞，亦郎之福也。许捷飞为仆，乃可无患。"泰私谓："夫人行爽于显明之中者，有人责；行爽于幽冥之中者，有鬼诛。今吾行无爽，于吾何诛？神只尚不惧，况妖犬乎。固可以正制之耳。"乃许焉。

犬忽化为人，拜曰："幸得奉事，然捷飞钝于行，请元从暂为驴，借捷飞乘之，乃可从行。"泰惊不对，乃驱其仆下路。未数步，不觉已为驴矣。犬乃乘之。泰甚惧，然无计御之，但仗正心而已。

偕行十里，道左有物，身长数尺，头面倍之，赤目而髯者，扬眉而笑曰："捷飞安得事人？"犬曰："吾乃委质于人。"乃曰："郎幸无怖。"大头者低面而走。又数里，逢大面多眼者，赤光闪闪，呼曰："捷飞安得事人？"又对如前。多眼者亦遁去。

捷飞喜曰："此二物者，以人为上味，得人则戏投而争食之，困然后食。今既去矣，馀不足畏。更三五里有居人刘老者，其家不贫，可以小憩。"俄而到焉，乃华居大第也。

犬扣其门，有应而出者，则七十馀老人，行步甚健，启门，喜曰："捷飞安得与上客来？"犬曰："吾游冀州不遇，回次山口，偶事王郎，郎以违镇阳之难，不敢昼行，故夜至。今极困，愿得稍休。"老人曰："何事不可。"因揖以入，馆泰于厅中，盘馔品味，果栗之属，有顷而至。又有草粟筐贮饲马，化驴亦饱焉。

当食而捷飞预坐，曰："倦行之人，夜蒙嘉馔，若更有酒，主人之分尽矣。"老人曰："不待启言，已令涤器。"俄有小童陈酒器，亦甚精洁。老人令捷飞酌焉，遂与同饮。

数巡，捷飞曰："酒非默饮之物，大凡人之家乐，有上客而不见，复谁见乎？"老人曰："但以山中妓女不足侍为惧，安敢惜焉。"遽召宠奴。

有顷，闻宠奴至，乃美妓也，貌称三十馀，拜泰而坐其南，辞色颇不平。泰请歌，即唱。老人请，即必辞拒。犬曰："宠奴之不肯歌者，当以无侣为恨耳。侧近有花眼者，亦善歌，盍召乎？"主人遽令邀之。少顷呼入，乃十七八女子也，其服半故，不甚鲜华，坐宠奴之下。

巡及老人，请花眼即唱，请宠奴即不唱。其意愈不平，似有所诉。巡又至老人，执杯固请不得，老人颇愧，乃笑曰："常日请歌，宠奴未省相拒，今有少客，遂弃老夫耶！然以旧情当未全替，终请一曲。"宠奴拂衣起曰："刘琨被段匹磾杀却，张宠奴乃与老野狐唱歌来！"灯火俱灭，满厅暗然。

徐窥户外似明，遂匍匐而出。顾其厅，即大墓也。

马系长松下，旧仆立于门前，月轮正午。泰问其仆曰："汝向者何为？"曰："梦化为驴，为人所乘，而与马偕食草焉。"

泰乃寻前路而去。行十馀里，天曙，逢耕人，问之曰："近有何墓？"对曰："此十里内，有晋朝并州刺史刘琨歌姬张宠奴墓。"乃知是昨夜所止也。

又三数里，路隅有朽骷髅，傍有穿穴，草生其中，近视之，若四眼，盖所召花眼也。而思大头多眼者，杳不可知也。

吾尝以儒视世界，人死固有鬼；以释观之，轮回之义，理亦昭然。奈何此妓华落千载，犹歌于冥冥之中，则信乎视听之表，圣贤有不言者也。

叶氏妇

叶诚者，中牟县梁城乡染人也。妇耿氏，有洞晦之目，常言曰："天下之居者、行者、耕者、桑者、交货者、歌舞者之中，人鬼各半；鬼则自知非人，而人则不识也。"其家有牛騂而角者，夫妇念之可知矣。

元和二年秋，忽有二鬼，一若州使，一若地界，入圈视牛，曰："引重致远，毛角筋骨可爱者，吾州无如此牛也。"若地界者口："何远役追牛？"曰："王之季女适南海君次子，从车五百两，两一牛，皆天下之美俊者。河南道配供十牛，当州唯一，只此牛耳，盍报使乎？"遂去。

其妇视牛，则惴惴然喘，汗流若沃水矣。其翁染人也，遽取蓝花涂之。才毕，有军吏紫衣乘马，道从数十骑，笑而入视牛，则异前所报矣。

军吏大怒，执地界，将决之，责曰："贵主远嫁，一州择牛，既此牛中，奈何虚妄！"对曰："适与衙官对定，所以驰报。及回失牛，乃本牛主隐匿也。请收牛主问之，牛不远矣。"乃令捉主人来。

遂数人登阶，捽其翁以出，其家只见中恶，呼不应矣。长幼绕而呼之，妇独不哭，乃汲水浇牛，蓝色尽，见界吏牵去而翁复来，上阶，乃承呼而起曰："吾为军吏责以隐牛，方欲洗涤，赖新妇自洗，遂得放归。"使视其牛，已死矣。

杨曙方宰中牟，闻此说，乃召而问之，一无谬矣。

马仆射总

检校右仆射马总,元和末节制东平。长庆二年六月十日午时,寝熟,梦二军吏乘马入中门,及阶而下,一人握刀拱手而前,曰:"都统屈公。"公惊曰:"都统谁耶?"曰:"见则知矣。"公欲不去,使者曰:"都统之命,仆射不合辞。"不觉衣服上马。

一吏引,一吏从,遂出郓州北郭门数百里,入城又数十里,见城门题曰"六押大都统府"。门吏武饰,威容甚严。入一二百步,有大衙门,正北百馀步,有殿九间,垂帘下有大声曰:"屈上阶。"阴知其声,乃杜司徒佑也,遂趋而陞,二阉竖出卷帘。既而见之,果杜司徒也。

公素承知友,交契甚深,相见极喜,慰劳如平生。遂揖坐,都统曰:"莫怪奉邀否?佑任此官,年劳将转,上司许自择替。中朝之堪付重权者,今揣量无踰于阁下者，将欲奉托耳。此官名六押大都统，阴官不是过也，且以大庇亲族知友耳。人之生世，白驹过隙，谁能不死。而又福不再遇，良时易失，苟非深分，岂荐自代。权位既到，幸勿因循。"

公曰："生为节制，死岂为民，阳禄方崇，阴位谁顾。直使为王且不愿，况都统哉？"

杜曰："上请授公，天命难拒。文符即下，何能违天！"公曰："天听甚卑，亦从人欲，奈何自取求替，诬其天命乎？"

杜曰："终与公，公岂能免。"公曰："终不受，都统安能与？必若以鬼相逼，岂无天乎？"杜乃顾谓群吏曰："公既拒，事不谐矣！"

公曰："渴，请一两盂茶。"杜乃促煎茶。从吏曰："仆射既不住，不合饮此茶。况时热，不可久住，宜速命驾。"俄而牵马立于故处，公辞将去，都统步步送之。

既下阶，执手曰："勉修令图，此位终奉。"遂乘马南行，旧吏引从如初，乃却从故道而归，入北郭，从吏忽大叫。公惊，回视，应声坠马，忽寤，乃申候也。姬仆之辈，但见熟寐，不知其他。

明年，罢镇还京，及夏而薨，斯乃果从所请乎？公之将薨也，有阍人逢甲兵万骑拥公东去者，得非赴是职欤？

卷十一

华山客 / 尹纵之 / 王煌 / 岑曦 / 李沈

华山客

　　党超元者，同州郃阳县人。元和二年，隐居华山罗敷水南。明年冬十二月十六日，夜近二更，天清月朗，风景甚好，忽闻扣门之声。令童候之，云："一女子，年可十七八，容色绝代，异香满路。"

　　超元邀之而入，与坐，言词清辩，风韵甚高，固非人世之材。良久，曰："君识妾何人也？"超元曰："夫人非神仙耶，必非寻常人也。"女曰："非也。"又曰："君知妾此来何欲？"超元曰："不以陋愚，特垂枕席之欢耳。"

　　女笑曰："殊不然也。妾非神仙，乃南冢之妖狐也。学道多年，遂成仙业。今者业满愿足，须从凡例，祈君活之耳。枕席之娱，笑言之会，不置心中有年矣，乞不以此怀疑，若徇微情，愿以命托。"超元唯唯。

又曰："妾命后日当死于五坊箭下。来晚猎徒有过者，宜备酒食以待之。彼必问其所须，即曰："亲爱有疾，要一腊狐，能遂私诚，必有殊赠。"以此恳请，其人必从。赠礼所须，今便留献。"因出束素与党曰："得妾之尸，请夜送旧穴。道成之后，奉报不轻。"乃拜泣而去。

至明，乃鬻束素以市酒肉，为待宾之具。其夕，果有五坊猎骑十人来求宿，遂厚遇之。十人相谓曰："我猎徒也，宜为衣冠所恶。今党郎倾盖如此，何以报之？"因问所须，超元曰："亲戚有疾，医借腊狐，其疾见困，非此不愈。"乃祈于诸人："幸得而见惠，愿奉五素为酒楼费。"

十人许诺而去。南行百馀步，有狐突走绕大冢者，作围围之，一箭而毙。其徒喜曰："昨夜党郎固求，今日果获。"乃持来与超元，奉之五素。既去，超元洗其血，卧于寝床，覆以衣衾。至夜分人寂，潜送穴中，以土封之。

后七日夜半，复有扣门者，超元出视，乃前女子也，

155

又延入。泣谢曰："道业虽成，准例当死，为人所食，无计复生。今蒙深恩，特全毙质，修理得活，以证此身。磨顶至踵，无以奉报。人尘已去，云驾有期，仙路遥遥，难期会面。请从此辞。药金五十斤，聊充赠谢。此金每两值四十缗，非胡客勿示。"

乃出其金，再拜而去，且曰："金乌乍分，有青云出于冢上者，妾去之候也。火宅之中，愁焰方炽，能思静理，少涤俗心，亦可一念之间，暂臻凉地。勉之！勉之！"言讫而去。

明晨往视，果有青云出于冢上，良久方散。及验其金，真奇宝也。即日携入市，市人只酬常价。后数年，忽有胡客来请，曰："知君有异金，愿一观之。"超元出示，胡笑曰："此乃九天液金，君何以致之？"于是每两酬四十缗，收之而去。后不知其所在耳。

尹纵之

尹纵之，元和四年八月肄业中条山西峰，月朗风清，必吟啸鼓琴以怡衷。一夕，闻檐外履步之声，若女子行者。

纵之遥谓曰："行者何人？"曰："妾山下王氏女，所居不远，每闻郎君吟咏鼓琴之声，未尝不倾耳向风，凝思于蓬户。以父母训严，不敢来听。今夕因亲有适人者，父母俱往，妾乃独止。复闻久慕之声，故来潜听。不期郎之闻也。"

纵之曰："居止接近，相见是常。既来听琴，何不入坐？"纵之出迎，女子乃拜。纵之略复之，引以入户，设榻命坐。仪貌风态，绰约异常，但耳稍黑。纵之以为真村女之尤者也。

山居闲寂，颇积愁思，得此甚惬心也。命仆夫具果煮茗，弹琴以怡之。山深景静，琴思清远，女意欢极。因留宿，女辞曰："父母如何？"纵之曰："喜会是赴，固不夜归。五更潜复闭户为独宿者，父母曙到，亦何觉之。"女笑而止。相得之欢，誓将白首。绸缪之意，无不备尽。

天欲曙，衣服将归，纵之深念，虑其得归而难召也，思留质以系之。顾床前有青花毡履，遽起取一只锁于柜中。女泣曰："妾贫，无他履，所以承足止此耳。郎若留之，当跣足而去，父母召问，以何说告焉？杖固不辞，绝将来之望也。"

纵之不听，女泣曰："妾父母严，闻此恶声，不复存命。岂以承欢一宵，遂令死谢？缱绻之言，声未绝耳，不忘陋拙，许再侍枕席，每夕尊长寝后，犹可潜来。若终留之，终将杀妾，非深念之道也。绸缪之欢，弃不旋踵耳，且信誓安在？"

又拜乞曰："但请与之，一夕不至，任言于邻里。"自五更至晓，泣拜床前，言辞万端。纵之以其辞恳，益疑，坚留之。将明，又不敢住，又泣曰："是妾前生负郎君，送命于此。然郎之用心，神理所殛，修文求名，终无成矣！"收泪而去。

纵之以通宵之倦，忽寝熟，日及窗方觉，闻床前腥气，起而视之，则一方凝血在地，点点而去。开柜验毡履，乃猪蹄壳也。遽策杖寻血而行，至山下王朝猪圈，血踪入焉。乃视之，一大母猪，无后右蹄壳，血卧墙下，见纵之怒目而走。

纵之告王朝，朝执弓矢逐之，一矢而毙。其年纵之下山求贡，虽声华籍甚，然终无成，岂负豕之罪欤？

王煌

太原王煌，元和三年五月初申时，自洛之缑氏庄，乃出建春门二十里，道左有新冢，前有白衣姬设祭而哭甚哀。煌微觇之，年适十八九，容色绝代。傍有二婢，无丈夫。

侍婢曰："小娘子秦人，既笄适河东裴直，未二年，裴郎乃游洛不复，小娘子讶焉，与某辈二人，偕来到洛，则裴已卒矣。其夫葬于此，故来祭哭耳。"

煌曰："然则何归？"曰："小娘子少孤无家，何归？顷婚礼者外族，其舅已亡。今且驻洛，必谋从人耳。"

煌喜曰："煌有正官，少而无妇。庄居缑氏，亦不甚贫，今愿倾微诚，试为咨达。"

婢笑，徐诣姬言之。姬闻而哭愈哀，婢牵衣止之，曰："今日将夕矣，野外无所止，归秦无生业。今此郎幸有正官而少年，行李且赡，固不急于衣食。必欲他行，舍此何适？若未能抑情从变，亦得归休，奈何不听其言耶？"

姬曰："吾结发事裴，今客死洛下，绸缪之情，已隔明晦。碎身粉骨，无谢裴恩。未展哀诚，岂忍他适。汝勿言，吾且当还洛。"其婢以告煌。

煌又曰："归洛非有第宅，决为客，客于缑，何伤？"婢复以告。姬顾日将夕，回无所抵，乃敛哀拜煌，言礼欲申，哀咽良久。煌召左右饰骑。与煌同行十馀里，偕宿彭婆店，礼设别榻。每闻煌言，必呜咽而泣，不敢不以礼待之。

先曙而到芝田别业，于中堂泣而言曰："妾诚陋拙，不足辱君子之顾。身今无归，已沐深念。请备礼席，展相见之仪。"

煌遽令陈设，对食毕，入成结褵之礼，自是相欢之意，日愈殷勤。观其容止婉娩，言词闲雅，工容之妙，卓绝当时。信誓之诚，惟死而已。

后数月，煌有故入洛。洛中有道士任玄言者，奇术之士也，素与煌善，见煌颜色，大异之，曰："郎何所偶，致形神如此耶？"

煌笑曰："纳一夫人耳。"

玄言曰："所偶非夫人，乃威神之鬼也。今能速绝，尚可生全。更一二十日，生路即断矣，玄言亦无能奉救也。"煌心不悦，以所谋之事未果，白衣遣人请归，其意尤切。缠绵之思，不可形状。

更十馀日，煌复入洛，遇玄言于南市，执其手而告曰："郎之容色决死矣，不信吾言，乃至如是。明日午时，其人当来，来即死矣。惜哉！惜哉！"因泣与煌别，煌愈惑之。

玄言曰："郎不相信，请置符于怀中。明日午时，贤宠入门，请以符投之，当见本形矣。"煌乃取其符而怀之。既背去，玄言谓其仆曰："明日午时，芝田妖当来，汝郎必以符投之。汝可视其形状，非青面耐重鬼，即赤面者也。入反坐汝郎，郎必死。死时视之，坐死耶？卧死耶？"其仆潜记之。

及时，煌坐堂中，芝田妖果来，及门，煌以怀中符投之，立变面为耐重鬼。鬼执煌，曰："如此，奈何取妖道士言，令吾形见！"反捽煌，卧于床上，一踏而毙。

日暮，玄言来候之，煌已死矣。问其仆曰："何形？"仆乃告之。

玄言曰："此乃北天王右脚下耐重也，例三千年一替，其鬼年满，自合择替，故化形成人而取之。煌得坐死，满三千年亦当求替。今既卧亡，终天不复得替矣。"前睹煌尸，脊骨已折。玄言泣之而去。

此传之仆人，故备书焉。

岑曦

　　进士郑知古，睿宗朝客于相国岑公门下有日矣。一夕，因寝于内厅。夜分，远闻众闹祈哀之声。倾耳听之，声声渐近。

　　既而分明闻其祈救人曰："岑氏寒微，未达于天下，幸而生之。曦，谬掌朝政，其心畏慎，未尝敢危人。设使妇人而持权者，其心亦猛于曦也。即曦持衡御物，生无怨人，死无怨鬼，何所触犯，而当此戮？唯使者恕之。某等当使曦以阴缗百万奉谢。"泣告之声盈路。

　　俄见大鬼丈馀，蓬头朱衣，执长剑逾墙而入，有丈夫、妇女、老者、少者亦随之入，或自投于墙下遮拜，其辞恳切。大鬼不顾，又逾中门，众亦纷纭而入。食顷，闻阁门大哭之声，惊起听之，大鬼者执曦头而出，门内哭声极哀，若有大祸。

衙鼓将动，稍稍似息。知古徬徨不知所为，行于廊下，以及鸣鼓。鼓发，中门大开，厩吏乃饰马。道从之士，俨立于门下矣。知古微觇之，闻曦起而□冠矣。有顷，朝天时至，执炬者告之。

曦簪笏而出，抚马欲上，忽扪其颈曰："吾夜半项痛，及此愈甚，如何！"急命书吏为简，请展前假小憩之。遂复入，行数步，回曰："今晨有事，须自对敭。"强投简而登马。

知古所见中夜之事小验，益忧。有顷，一骑奔归曰："相国伏法矣，家当籍没！"知古逾垣而出，免为法司所诘。前拜泣而求恕者，盖岑氏之先也。

仆常闻人之荣辱，皆禀自阴灵。惟此鬼吏，其何神速矣。乃知幽晦之内，其可忽之乎！

李沈

　　陇西李沈者，其父尝受朱泚恩，贼平伏法，沈乃逃而得免。既而逢赦，以家产僮仆悉施洛北惠林寺而寓生焉。读书弹琴，聊以度日。今荆南相公清河崔公群，群弟进士于，皆执门人礼，即其所与游者，不待言矣。常以处士李擢为刎颈交。

　　元和十三年秋，擢因谓沈曰："吾有故将适宋，回期未卜，兄能泛舟相送乎？"沈闻其去，离思浩然，遂登舟。初约一程，程尽则曰："兄之情，岂尽于此？"及又行，言似有感，竟不能别，直抵濉阳。

　　其暮，擢谢舟人而去，与沈乃下汴堤，月中徐曰："承念诚久，兄识擢何人也？"沈曰："辩博之士也。"擢曰："非也。擢乃冥官，顷为洛州都督，故在洛多时。阴道公事，故不任昼，乃得与兄同游。今去阴迁阳，托孕于亲已五载矣。所以步步邀兄者，意有所托。"

沈曰："何事？"曰："擢之此身，艺难为匹，唯虑一舍此身，都醉前业，祈兄与醒之耳。然擢孕五载，寓亲腹中，其家以为不祥，祈神祝佛之法，竭赀而为。擢尚未往，神固何为。兄可往其家，朱书"产"字令吞之，擢即生矣。必奉兄绢素。兄得且去，候擢三岁，宜复来视之，且曰："主人孙久不产者，某以朱字吞之，生儿奇慧，今三载矣，思宿以验之，故复来也。"可取儿抱卧，夜久伺掌人闭户，即抱于静处呼曰："李擢记我否？"儿当啼，啼即掌之。再三问之，擢必微悟。兄宜与擢言洛中居处及游宴之地，擢当大悟，悟后此生之业无孑遗矣。此事必醒素以归，擢乃后荣盛，兄必可复得从容矣。兄声名籍甚，不久当有大谏之拜，慎勿赴也，赴当非寿。此邵北二十里有胡村，村前有车门，即擢新身之居也。"言讫，泣拜而去。

迟明，沈策杖访之，果有胡村。叩门求憩，掌人翁年八十馀，倚杖延入。既命坐，似有忧色，沈问之，翁曰："新妇孕五载矣，计穷术尽，略无少徵。"沈因曰："沈道门留心，颇善咒术，不产之由，见之即辨。"遽令左右召新妇来，沈诊其臂曰："男也，甚明慧，有非常之才，故不拘常月耳。"

于是令速具产所帷帐床榻毕，沈执笔若祝者，朱书"产"字令吞之，入口，而男生焉。翁极喜，奉绢三十匹，沈乃受焉，曰："此儿不常也，三岁当复来为君相之。"言讫而去。

及期再往，乃曰："前所生子，今三岁矣，愿得之一宿占相之。"掌人喜而许之。沈伺夜人静，抱之远处，呼曰："李擢，今识我否？"儿惊啼，沈掌之，曰："李擢何见我不记耶？"又掌之，儿愈啼。而问之者三四，儿忽曰："十六兄果能来此耶？"沈因语洛中事，遂大笑言若平生，曰："擢——悟矣。"乃抱之归宿。

及明朝，告其掌人曰："此儿有重禄，乃成家之贵人也，宜保持之。"胡氏喜，又赠绢五十匹，因取别。乃忆醒素之言，盖以三才五星隐其成数耳。

以沈食禄而诛，不食而免，其命乎？足以警贪禄位而不知其命者也。

图书在版编目（CIP）数据

博物志怪/（晋）张华,（晋）干宝,（唐）牛僧孺著. —北京:中
华书局,2020.11
ISBN 978-7-101-14783-4

Ⅰ.博… Ⅱ.①张…②干…③牛… Ⅲ.①笔记-中国-晋代-
选集②笔记-中国-唐代-选集③晋代-历史-史料④唐代-历史
-史料 Ⅳ.K237.106.6

中国版本图书馆 CIP 数据核字（2020）第 182122 号

书　　名　博物志怪（全四册）
撰　　者　〔晋〕张　华　〔晋〕干　宝　〔唐〕牛僧孺
责任编辑　刘　明　汪　煜
出版发行　中华书局
　　　　　（北京市丰台区太平桥西里 38 号　100073）
　　　　　http://www.zhbc.com.cn
　　　　　E-mail:zhbc@zhbc.com.cn
印　　刷　北京瑞古冠中印刷厂
版　　次　2020 年 11 月北京第 1 版
　　　　　2020 年 11 月北京第 1 次印刷
规　　格　开本/850×1092 毫米　1/32
　　　　　印张 28¼　插页 8　字数 462 千字
印　　数　1-8000 册
国际书号　ISBN 978-7-101-14783-4
定　　价　78.00 元